JN376045

日本東洋文庫本古典小說解題

鄭良婉

國學資料院

머릿말

日本 東京都文京區本駒込二丁目28-21號에 있는 東洋文庫(현재는 日本國會 圖書館 支部로 되어 있음.)에는 모리슨文庫·岩崎文庫 등 外에 前間恭作舊藏本 등이 많이 갊아져 있다. 筆者는 1970년 9月初부터 다음해 9月初까지 滿1年 東洋文庫에서 우리 古代小說을 읽어 보았다. 그저 趣味삼아 읽는데, 재미있는 表現이랄까 낯선 古語 등에 끌려 아무렇게나 적어 둔 것이 두꺼운 大學 노오트 6권쯤이 되었다. 그러나 書誌的인 狀況의 調査를 갖추지 못하였던 것을, 이번(1991. 9. 3~1991. 12. 3) 日本서의 滯留 3個月동안에 조금은 補充할 수 있어서 그 동안의 노오트 等을 參照하여 작은 報告書를 作成하게 되었다.

東洋文庫에 갊아진 所藏番號 Ⅶ-四-二二五로부터 二五五에 이르는 한글本小說은 대부분이 貰冊舍의 筆寫本이고, 30枚內外의 板本들이 있고, 이 所藏番號中에는 萬言詞와 같은 歌辭도 끼어 있어 두루 읽고 적은 때문에 記念삼아 解題에 넣어두기로 한다.

古代小說에 대한 興味는 지니고 있지만 꼼꼼한 研究를 거듭한 일이 없는 筆者로서는 各小說에 대한 異本考 등은 專攻者의 比較에 맡기기로 하고, 二十年前에 적은 노오트에, 書誌的인 狀況을 보태어 古代小說의 研究에 작으마한 보탬이라도 되었으면 하는 바람으로 이 報告書를 쓰기로 하였다.

그러므로, 所藏番號順에 따라 하나하나 첫장과 그 끝장을 사진으로 紹介하고 간단한 書誌狀況을 內容紹介의 머리에 얹기로 한다. 所藏番號는 $\frac{\text{Ⅶ}}{\text{四}-\text{二二五}}$ 式으로 되어 있으나 二二五 앞의 「−」은 「一」字로 誤認될 염려가 있어 模書할 때 225式으로 고쳐 놓음을 밝혀 둔다. 모두 青色 外匣

을 만들어 그 속에 한 가지 혹은 여러 가지 다른 小說들을 한꺼번에 넣어 두기 위해, 原裝과는 달리 도련쳐서 혹 위의 餘白이 짧고 아래는 넉넉한 흔적을 쉽게 알아 볼 수 있었고, 貰册本은 大部分 헌 종이를 뒤집어 쓴 것이 많고, 册끝엔 刊記들이 조금씩은 적혀 있어, 筆寫 年代를 짐작할 수 있고 또한 뒤집어 쓴 戶籍帳簿에 찍힌 年代보다는 뒤인 六甲으로 짐작되기도 하였다. 大部分 20世紀初 前後일 듯한 느낌을 받을 수 있었다. 册 뒤에 찍힌 前間恭作氏의 K. Mayema의 스탬프印과, Jan, 7. 1892, Dec, 24. K. Mayema等의 年代 記錄으로 미루어 그것을 짐작할 수도 있었다. 그것은 그가 購入한 年代임으로 筆寫는 그보다는 앞섰을 것으로 推定되므로 刊記의 六甲을 짐작할 수 있다고 생각한다.

上部機關에 올리는 報告書·上疏草藁·經書註解 혹은 諺解 등등을 뒤집어 쓴 것도 있으나 大部分 戶籍帳簿를 뒤집어 쓴 것이라, 筆寫者中에는 아전이 끼어 있지 않았는가 조심스런 推定을 해 본다. 또한 筆寫年度도 光武前後가 아니던가 推定해 본다. 앞서 말한 바와 같이 青色 册匣에 모아서 保管하기 위해, 도련친 흔적이 있기 때문에 筆寫當時의 크기를 짐작할 수는 없어서, 現狀대로만 재어 온 것을 밝혀 두고, 낱 册의 겉크기와 안크기를 잴 때도, 線裝으로 自然스레 접힌 部分을 限界로 안크기를 재었음 또한 밝혀 둔다.

필사본은 대부분 '향목동'에서 筆書된 것으로 적혀 있다. 최남선의 〈조선의 가정문학〉이라는 글 (『육당 최남선 전집』, 9, 현암사)에서 보면, 당시 香木洞에 세책집이 있었음을 알 수 있다. (장효현, 장편 가문소설의 성립과 존재양태, 『정신문화연구』, 44호, 1991 참조) 일부 필사본의 경우 '향슈동'으로 적힌 경우도 있는데, 이는 흘려쓴 '목'자를 再寫하면서 誤記된 것으로 보인다.

한국정신문화연구원에서 석달의 연구휴가를 준 덕으로 東洋文庫에서 이 일을 끝마칠 수 있었던 것을 고맙게 생각하는 바이다.

그리고 순한글로만 적혀 있는 책들이라 人名, 地名은 筆者의 單純한 생각대로 깨워 넣음 또한 밝혀 두며 여러분의 叱正을 우러르는 터이다.

차 례

□ 자료 □

1. 折花奇談

1) 書誌狀況

「折化奇談」은 日本 東京 東洋文庫 所藏의 在山樓藏本(前間恭作) 漢文小說로 表紙 : 18.8㎝×29.5㎝, 속 : 16.5㎝×29.5㎝, 內廓 : 14.5㎝×20㎝, 外廓 : 14.5㎝×20.2㎝, 每面 : 10行 18字, 但 序 : 10行 17字로 세로 줄이 있는 종이에 쓰여진 筆寫本이다. 直徑 4.8㎝의 둥근 陽刻「在山樓藏書印」이 맨 첫 장 오른쪽 위에 찍혀 있고, 맨 뒷 장에「嘉林白氏之章」이라는 原所藏者의 것으로 보이는 3.6㎠의 네모난 陰刻도장이 찍혀 있다.

ㄱ. 折花奇談序

1張表~2張裏(表는 A, 裏는 B, 張表示는 생략키로 한다) 7行까지로, 17字×36行에 7行은 10字이므로 모두 622字의 序文이 실려 있고, 2-B의 第8行에는 南華散人識라 하여 序文을 쓴 사람의 雅號가 姓 없이 실려 있다.

ㄴ. 石泉主人 自序

그리고 뒤이어 2-B의 9行으로부터 4-B의 5行까지, 17字×26行에, 6行의 14字를 合친 모두 456字의 石泉主人 自序(4-B-6行)가 붙어 있다.

ㄷ. 本文

本文은 4-A 4行으로부터 36-B 5行에 이르는데, 第一回에서 第二回로

끝나는 章回小說의 形式을 지니고 있다.

第一回는 "李家媼媒結朱陳緣 方氏鸞打破陽臺夢(李家네 할멈이 두 사람을 짝짓는 因緣을 맺어주는데, 方氏네 干鸞이가 두 사람의 사이를 깨뜨린다)"이라는 小題로 시작되나, 4-A-10行으로부터 두 字를 내린, 每行 16字의 "南華子曰"이라는 解說이 5-B-7行(9字)까지 계속되고 있다. 모두 441字다.

이 小說의 정작 內容은 "壬子年間有李生者僑居于帽洞(壬子年間에 李生이란 사람이 있어 帽洞에 寓居하였는데)"으로 시작된다. 壬子年間이란, 이 책 맨 뒤에 쓰인 '嘉慶十四年 己巳 端陽後一日 石泉主人追書于薰陶坊精舍'라는 刊記를 보건대, 아마도 正祖16년(1792)이 아닌가 한다.

第一回는 4-A-7行에서부터 12-B-8行으로 끝나고, 8行下3字로부터 9行3字까지는 "看下文分解"라는, 다음이 어찌 되나 보라는 말이 덧붙어 있고, 第一回 中에는 七言絶句 1首와 一捻紅 1闋이 挿入되어 있다.

第二回는 12-B-10行으로부터 시작되는데 小題는 "雙鳶打破兩遭夢 一鸞媒得三盃酒(두 사나이가 두 번의 만남의 꿈을 깨뜨리고, 干鸞이는 自媒하며 석잔 술을 얻어 마시다)"이다. 역시 곧 이어 "南華子曰"이라는 16字 15行(235字)의 解說이 먼저 실려 있고, 24-B-5行으로 끝나는데 그 사이에 相思之情을 읊은 七律 一首와 桂枝香 一闋이 挿入되어 있다.

第三回는 24-B-6行으로부터 시작되는데, 小題는 "老李能接早梅 媒鸞還作魔鬼(늙은 李家네 할멈은 能히 舜梅를 맺어 주는데, 自媒한 干鸞은 오히려 魔障이 된다)"로 앞으로 벌어질 內容을 暗示하거니와, "南華子曰"이라 하여 24-B-9行으로부터 26-B-3行에 이르는 모두 553字의 解說이 역시 앞선다. 그래서 26-B-4行 "且說"로 시작되는 3回의 정작 內容은 37-B-5行에서 끝난다. 그 사이에 "滿庭芳 一闋과 七律 二首의 寓懷 및 愁懷詩가 挿入되어 있다.

그러나 35-A-10行으로부터 36-B-5行에 이르는 總結이 역시 17字로 한 字를 내려 쓴 433字가 덧붙여 있다.

그리고도 미심적어 다시 덧붙인 追序가 36-B-6行에서 37-A-10行에 이른다. 모두 합해 224字이다. 그리고 37-B-1行에서 2行에 걸쳐 "南華山人追序于帶存堂書室"이라 쓰여 있고, 37-B-3行에는 "嘉慶十四年己巳端陽後一日"이라 하여 純祖九年(1809) 5月 초엿새라는 刊記가 적혀 있고, 37-B-4行에서 5行에 걸쳐 "石泉主人追書于薰陶房精舍"라 덧붙여 있고, 37-B-10行에 "折花奇談終"이라 마무리져 있다. 그리고 張張이 折花奇談이라 쓰여 있음은 물론이다.

2) 内容의 대강

2-ㄱ. 序(南華散人識)

술과 (女)色과 財(物), (俠)氣, 이 네가지는 선비가 탐탁치 않게 여기는 바이지만, 理想과는 달리 現實에 있어서는 예로부터 英雄·豪傑·貴人·賤夫에 이르기까지 이 네가지(酒色財氣) 範疇 안에서 벗어나는 사람이 없으므로, 이 네 가지 嗜慾의 싹틈으로 해서 제 몸을 망치고 집안을 망치고 하는 사람이 있게 마련이라고 南華散人은 말하고 있다. 人間의 이 네 가지 嗜慾이 奇聞異觀인 小說의 主題가 되어 人間生活을 그려낸다고 보고 있다. 그리고 아무리 남다른 生活體驗을 가졌다 하더라도 그것을 記錄해 줄 作者를 못만나면 奇聞異觀은 세상에 傳해지지 못하고 泯滅되고 마는 것임을 애닯아한다. 그런데 이 折花奇談은 石川의 손에 세상에 알려지게 되었고, 특히 이 작품은 自己의 벗 李某의 實錄으로 元稹의 "鶯鶯"이나, 金瓶梅의 西門慶의 "潘金蓮"과의 만남과도 같아 더 없이 奇異하며, 그 중에는 中國의 小說보다도 나은 点이 있다고 보았다.

그것은 내 벗(李生)이 自媒하는 干鬻을 매정히 끊음이라든지, 사랑에 빠진 가운데도 人倫의 紀綱은 지켰다는 点이라든지, 舜梅가 제 남편의 못남을 가슴아파하면서도, 끝내 家庭을 破壞하지 않은 点 등을 들어 지금 사람이 오히려 古人보다 낫다고 말하고 있다.

主人公인 李生, 自己의 벗은 信實한 사람이라, 西施나 羅敷같은 美人에게도 끄떡도 않던 이인데, 어쩌다가 한 閭巷의 賤婢에게 이렇게 반하게 되었는지 가늠이 안가는 모양이다. 그러나 挿入된 詩가 제법 古體를 지녔으며 次序며 來歷이 환하여 "靜中一唉之資"가 될 만하며, 全篇이, 눈이 빠지는 기다림, 그리움에 녹는 애, 失望, 虛脫의 句들로 차 있다고 強調한다. 小說이 심심한 때 한바탕 웃을 거리가 된다고 말하고는 있지만, 이에 덧붙여 이 小說의 價值로서 南華散人이 들고 있는 것은 詩律詞闋이 古體를 지녔다는 点과, "序次來歷如在掌中"이라는 讀者를 끌 만한 文章力을 역시 들어, 眼穿·腸斷·心灰·意涸之句로 具體化하고 있다.

그러나, 끝에 가서 "惜乎莫如痛斷於未遇之前, 然猶幸自絶於一見之後也"(애닯다! 만나기 前에 애당초 이는 情을 끊음만 못하여라. 그러나 한번 본 뒤에 스스로 끊었으니 오히려 多幸이로다.)하여, 먼저 한 "莫如痛斷於未遇之前"이라는 規範的 倫理的인 論評을 뒤이은 "猶幸自絶於一見之後也"로 누그치며, 이것이 人間生活의 한 面貌임을 또한 넌지시 認定하고 있는 것이다. "幸自絶於一見之後"란, 感情的인 彷徨을 經驗은 하였지만, 倫理的인 規範에서 完全히 벗어나 破鏡을 招來하지는 않음을 多幸하게 여기고 있는 것이다.

2-ㄴ. 石泉主人 自序

"情이란 알 수 없는 게 있고, 일이란 豫測할 수 없는 게 있다. 情이란 이렇게 알 수 없으면서도 잊을 수 없고 끝내어 버릴 수 없는 게 있고, 일이란 이렇게 豫測할 수 없으면서도 窮究할 수도, 끝간 데도 없는 것이 있다"고 운을 뗀다. 그런데 "感情은 因緣 따라 생기고 일은 機微에서 생긴다. 아무런 因緣없이 情이 생길 理 있으며, 아무런 機微도 없이 어떤 일이 어떻게 생기겠느냐?"고 따져들기 시작하여 結局 機微에 충동되고, 因緣을 짓는 것은 모두가 人間이기 때문에 禍福은 모두 人間이 自招하는 것이라고 하여 모든 責任을 人間自身에게 매섭게 돌렸다.

그래서 財의 害로서 "黃金白璧適足爲喪命之祟(黃金과 白玉에 대한 貪慾은 마침 목숨을 잃는 빌미가 되고)를 들고, 名譽慾의 害로서 "富貴功名適足爲滅名之窠" (富貴功名에 대한 貪慾은 오히려 名譽를 잃는 구덩이가 되며)를, 술의 害로서 "因牛飮之醉而失邦"(술을 많이 마시고는 나라를 잃게 되며)을, 色의 害로써 "因狐媚之色而焚身喪其命"(아름다운 女色에 홀려 몸을 사르고 목숨을 잃게 된다)을 들었다. 특히 이렇게 마침내 어찌할 수도 없는 境地에 이르게 됨은, 自己도 모르는 사이에 차츰차츰 물배듯 빠져 듦이라 하면서, 스스로들도 어쩔 수 없이 醉해 드는 中에 美人에 대한 情慾은 가눌 수 없다고 하였다. 그래서 이렇게 말하고 있다.

"萬丈慾火際乎天地間 千層洪濤汎濫方寸之內, 勢如累卵而不知其危亡之接踵, 急如燃眉而不知其禍網之壓頭 仁智勇略迴出一世之上而亦莫能返轍復路, 終須入於向所謂浸浸之境而後已, 可不懼哉?"

(萬길의 慾情의 불길이 天地間에 닿고 千겹의 큰 파도가 가슴 속에 넘쳐 벌창을 하여, 그 형세는 달걀을 쌓아올린 것 같건만도 위급하여 곧 亡할 듯함이 잇달은 줄도 모르며, 다급하기 눈섭이 탈 지경인데도 災殃의 그물이 머리를 짓누르는 줄도 모르는 것이다. 仁智勇略이 한 세상에 뛰어나건만도 수레를 돌려 제 길로 復歸할 줄을 모르고서는, 끝내는 앞서 이른바, 스미어 번져드는 지경에까지 이른 뒤에야그치니 두렵지 아니한가?)

라 하여 애당초 機微가 보이려 할 때 끊어버려야지, 그렇지 못하면 마침내 스스로를 亡치고 집안을 망치는 結果를 빚게 된다고 警戒하고 있다. 여기에 그가 이 作品을 쓴 뜻이 있다고 하겠다. 역시 戒世의 뜻이 있는 것이다.

"折花奇談은 바로 내가 한 스무살에 겪은 바라, 그 일을 있는 그대로 記錄한 것이니, 한가한 때 보고 즐길 만한 거리이긴 하지만, 글은 脈이 닿지 않고, 일(事件)은 틈 번 데가 많아, 나의 벗 南華子에게 質正하자, 南華子가 차례를 고치고 따라 潤色하였다. 그러니 아무리 내가 親히 겪은 일이라고는 하지만 그 마음이 썩을 지경으로 그리워하며, 애 끊이게 잊을 수 없는 情이

句節마다 살아 있고, 글자마다 빤짝빤짝 맺혀 있어서, 더러는 책을 덮고 한숨 지은 곳도 있으며, 더러는 마음이 근지럽고 눈이 신 句節이 있는가 하면 첫번의 期約이 두번이나 어긋나고, 두번이나 한 言約이 세번이나 깨어져서 마치 鬼神이 놀리는 듯, 하늘이 이끄는 듯하여 이제야말로 비로소 女色이 사람을 홀리기 쉬움을 알겠다. 또한 序文이 내 마음을 勸勉함이 많다. 이후로는 옛일을 고치고 그릇됨을 돌려서 올바름으로 들도록 努力하려 하니 모두가 내 벗이 내게 준 바이다.)

自序 역시 "閒中翫覽之資"로서의 小說의 구실을 내세우고 있다. 그러나 독자에게 읽히기 위해서는 文脈이 짜임새 있게 通해야 하고 빈틈없이 事件도 아귀가 맞아야 하기에 南華散人의 손을 빌어 自作의 缺陷을 메꾸었다 한 点을 미루어 볼 때 역시 文學性의 強調로 볼 수 있다. 여기서 "余丁年所由閱歷者"라 "敍其事 記其實"이라 하고 "雖吾親履之事"라 하여 自記의 實錄으로 主張하고 있으나, 南華散人의 序에서 "此折花之說即吾友李某之實錄"이라 한 것을 보면 石泉主人의 自序는 어디까지나 二次經驗으로 밖에는 여겨지지 않는다(물론 石泉을 李某와는 別個人으로 볼 때의 말이지만)고 小說의 구실에 대해, "反非入是"하는 戒世의 뜻이 強함을 엿볼 수 있다. 戒世하기 위해 읽혀야 하고 읽히려면 짜임새 있는 차례, 事件, 그리고 文章力 등 文學예술로서의 高度의 솜씨가 必要함을 밝혔다고 보겠다.

3) 줄거리

主人公 男子 : 帽洞에 寓居한 李生으로 날 때부터 俊雅하고 風彩가 뛰어났으며, 詩文도 제법 아는 一代의 才子인데 살림엔 뜻이 없어 閥閱인 이웃 친구 李氏네에 붙여 사는 사람.

女主人公은 열일곱인데 벌써 머리를 얹은 지 몇해나 되는 方氏네의 계집종으로「顏不藻飾而千態無欠, 身不粧束而百媚俱生(얼굴은 꾸미지 않아도 千態가 갖추어졌고, 몸은 단장치 않아도 온갖 아름다움이 갖추發하는)」 絶世의 秀色. 이름은 舜梅.

마침 李生이 얹혀 사는 집에 돌우물이 있어, 아침 저녁 모여 드는 아낙네 속에서 李生의 눈을 끈 舜梅가 李의 마음을 사로잡아 그의 마음을 그리움과 기다림에 불사르고 만다. 하루는 蒼頭가(전당) 잡아서 갖다 맡기는 舜梅의 畫竹銀佩가 두 사람의 만남의 媒介物로 등장한다. 게다가 李生이 묵삭이고 있는 李家네 집에는 말 잘하고 手段꾼인 늙은 媒婆가 있어 李生은 厚한 賞給을 주기로 하고 舜梅와의 사랑에 다리 놓기를 부탁한다.

李生이 첫번으로 舜梅에게 接近할 때는 노리개를 보이면서 "幸無慳一夜之期 得遂三生之願(하룻밤의 期約을 아끼지 않아 三生의 所願을 이룰 수 있게 해 주면 多幸이겠노라)으로 시작된다. 잡힌 물건을 어떻게 거저 돌려 받겠느냐고 正色하는 舜梅의 퉁김에서 호락호락치 않은 그녀의 매무새를 볼 수 있게 한다.

舜梅는 돌려주겠다는 노리개를 받지 않고 웃음만 머금은 채 대답 않고 훌쩍 물만 길고 떠나 버린다. 이러기를 또 한번 이 때가 봄에서 여름으로 접어드는 三月末 四月初쯤이다.

하루는 할멈이 와서 舜梅와의 結緣의 어려움을 세 가지로 든다.

① 梅女之賦性愷潔 身賤心貴不可奪志(舜梅가 타고 나길 깨끗하여 몸은 賤한 종이지만 마음은 高貴하여 그 不更二夫의 志操를 빼앗을 수 없음)
② 毋弟 千鸞嗜酒貪色 善小(少의 誤記)惡多 梅女之進退僑(譸의 誤記)張專在於此女 梅可說 鸞不可說(姨母인 千鸞이는 술 좋아하고 男子 밝히고, 착한 짐은 적고 몹쓸 점이 많으니 舜梅의 出入을 속임이 오로지 이 계집에게 달렸으니 舜梅는 달랠 수 있지만, 千鸞이는 막무가내하라)
③ 同舍婢福連淫佚善辯 善伺人之動靜 言未孚而事反覺則爲害於老身者多(한 집에 사는 계집종 福連이는 淫亂하고 말 잘하고 남의 낌새를 살피기 잘하니, 말은 아직 긴가 민가 할 때,일만 도리어 발각되면 이 늙은 것에게 害만 많겠나이다)

위의 세 가지를 三難으로 내세우고, 할멈은 돈을 要求한다. 돈만 많으면 千鸞이와 福連이를 撫摩하여 일을 되게 해 보겠다는 것이다.

이러저럭 가을도 다 지나가고 동짓달 그믐날 밤, 그들은 비로소 그리움을 풀게 되나, "郎君自有婦 賤妾亦有夫 羅敷自靖之節 恨不相守(서방님은 아씨가 계시고, 저 또한 서방이 있으니 羅敷가 스스로 다스린 節介를 서로 지키지 못함이 恨스럽나이다)라 하면서 "郎君의 眷戀함을 저버리지 못해, 겨우 틈을 타서 왔으나 깊은 못에 다달은 듯 바늘방석에 앉은 듯하다"고 自己의 마음 속의 不安을 吐露한다. 李生의 強勸에 다시금 주저앉았다가 舜梅를 찾는 큰 소리에 자지러져서 一回는 끝난다.

通禁을 무릅쓰고 할멈의 호들갑에 가슴이 철렁하여 그녀를 따라 집으로 오면서 "未及見而思益切 已之見喜極 忽夢散 而憂愁之外 又有危怖之情 身蹈虎穴 自犯夜禁 思之及此 還不覺凜(미처 보기 전에는 그리움만 더욱 간절터니, 보게 되니 기쁨이 限없다가 갑자기 그 꿈이 깨어져서, 憂愁外에 또한 두려운 마음이 들어, 마치 범의 굴에 발을 디딘 듯 通禁까지 어기고 보니, 문득 自己도 모르게 몸서리가 쳤다)하였다." 만남의 기쁨에 엇갈리는 悖倫의 恐怖가 그를 사로잡는다.

> "然從此好約便成浮雲 強自寬懷 置諸忘域 而亦不可得也(이로부터 이 좋은 言約이 문득 뜬 구름이 되었으니, 억지로 제 마음을 눅치어 잊어버리려 하여도 역시 잊을 수가 없었다)

'그러나'로 시작되는 이 部分은, 現實世界에의 規範的인 覺醒을 오히려 물리치는, 自己도 모르게 빠져드는 感情의 實體이기 때문에 四韻一首로 相思의 情을 읊기에 이른다. 一捻紅一闋은 眞韻과 尤韻으로 戀戀한 그리움을, 連續性을 나타내는 舌音[n]으로 강조했는가 하면 寂寞하고 서글픈 尤韻字를 달고 있어 그 느낌을 더욱 북돋고 있다. 相思의 情을 읊은 四韻七律 한 首도 역시 先韻으로 戀戀한 그리움을 連續性을 나타내는 舌音[n]으로 북돋고 있다. 第二回에서도 先韻으로 相思之情을 읊고 있어 끊임

없이 連이어지는 戀戀한 情을 읊는 [n]音에 의한 強調는 如前하다.

約束이 어글어져 몸이 달은 李生은 舜梅에게 "萬斗塵渴已生胸中 千層火焰已燒心肺 除非爾起死回生之術 無有更起爲人之日"이라는 말에 "以妾思朗君之心 亦知郎君戀妾之心也"로 시작하여 마침내는 "郎君一日之愛成賤妾終身之憂, 恩與怨仇 情反爲讐 此生此世此恨難洩 但願一死 而爲犬爲馬 以報郎君委曲之情也"라 하며 우는 모습이 또한 李生을 못견디게 만드는데, 이번에는 아우 舜德이 와서 이 만남을 깨고 兄을 데려가 버린다.

선달 그믐날 李生은 老婆를 通하여 細紅銀粧玉佩를 舜梅에게 情표로 傳한다. 그들의 만남은 老婆와 舜梅의 病남으로 번번히 깨어지고 만다. 그리고 다음의 만남의 기회도 친구들과의 踏靑놀이도 뜻아닌 李生 自身의 실수로 霧散되고 만다. 할멈이 또 낸 꾀는 遠交近攻策이라 하면서 舜梅의 姨母인 千鸞을 갖다 댄다. 이것이 내내 두 사람의 사이의 魔障이 된 채 第二回는 끝난다.

第三回의 解說에서 南華子는 이런 말을 한다.

> "…意趣無窮 情緖備悉, 覽之者徒知生之豪 · 梅之美 而不知文之巧 · 意之詳 · 言之細 · 情之篤也."

作者의 安排에 따라 만날 듯 만날 듯 못만나게 되고, 끊었다 생각하고서도 또 못잊고, 오마하고 안 오고, 傳하마 하고 傳하지 않고 하는 여러가지를 讀者는 마냥 속아넘어 가서, 意趣가 無窮하고, 情緖가 고루 갖추어졌건만도, 보는 이는 한갖 事件의 工巧하다든가 李生은 豪蕩하고 舜梅는 아름답다는 것만 알 뿐, 文章의 工巧로움, 意趣의 꼼꼼스럼, 말의 微妙함이나 情感의 篤實함은 모르고 만다고 슬며시 푸념한다. 그러나 사실은 讀者들—독자의 層은 여러가지일 것이지만—이 作者의 創作體驗을 逆으로 再體驗함으로써 참다운 讀者가 되는 것이니, 이러한 體驗없이 참다운 讀者는 될 수 없으니 독자로 하여금 이런 興動을 알게 함이 바로 小說의 技巧라고 생각하고 있는 것이다.

마침내 둘은 郭老가 제삿집에 간 사이에 오랫만의 情을 풀게 된다. 기쁨에 넘쳐 滿庭芳 一闋을 짓는다. 그 자리에서 "妾賤命奇險 所天無良 名雖夫婦 情實吳越 言必矛盾 動輒訾謷…" 自己의 몹쓸 남편 만난 슬픔을 푸념하자 李生은 "爾之情曲亦甚可矜. 自古才子佳人之改適其行者不可彈記. 金屋之貯不可望也, 吾當貯汝以茅屋 未知汝意如何?"하고 꾀이자 舜梅는 "情實不忘 義固難負, 此生薄命亦云已矣. 重泉之下 得遂餘願 則是妾之望也"라 하고 맺고 끊는다. "吾與汝乘間偸樂亦不美哉?"하고 갖은 소리로 꾀건만, 야속하게 여름밤은 짧아 날은 새고, 서로 헤어지기 아쉬워 "梅亦五步一回, 三步再顧"하며 차마 걸음이 내키지 않는다. 李生은 寓懷詩 七律 二首를 짓는다. 그러다가 다시 또 만날 뻔한 기회를 놓치고 李生은 七言律詩로 愁懷詩 한 首를 지어 自己의 幽愁를 푼다 舜梅를 부르러 가니 기다리라 해 놓고서는 자물쇠를 채우고 가버린 老婆, 李生을 찾아왔다가는 채워진 자물쇠를 보고 그냥 돌아가는 舜梅를 戱畫的으로 그렸고, 끝에는 干鸞의 몹쓸 監視때문에 그만 이울고 마는 두 사람의 사랑을 永絶의 뜻으로 길게 읊고 끝난다.

4) 南華散人의 追序

稗說盖尙華 非華勝東 人情固然, 輒以未聞睹爲快 好古非今 · 樂遠厭近 非東之病 乃天下同病

稗說은 대개 中國 것을 崇尙하니, 中國 것이 朝鮮 것보다 나아서 그러는 것이 아니다. 人情이 本來 그러하여 듣도 보도 못한 것을 좋게 여기고 옛 것은 좋아하고 지금 것은 시원치 않게 여기며 먼 것은 좋아라 하리, 요즘 것은 싫어 하되, 이는 朝鮮의 病弊가 아니요 온 天下의 병통이다.

하여, 우선 中國 것만 못하지 않은 조선稗說을 시원치 않게 여기는 것을 天下의 共通된 병통인 好古非今 · 樂遠厭近하는, 새로운 것만 좋아하는, 人間의 俗性으로서 나무라고 들어간다. "非華勝東"은 조선 것이 中國 것보다 못하지 않다는 自矜임을 깨닫게 된다. 보다 具體的으로 다음과 같이 잇고 있다.

> 東人著說必用夏 必曰東無觀焉 盖今說東且今 則東無觀 今尤何論?
>
> 조선사람이 글을 지을 때는, 의례껏 中國얘기를 하며, 의례껏 "조선에는 볼 게 없는 걸!" 한다. 대개 이제 조선 것을 이야기하고, 게다가 요즘 것을 이야기한다면, 조선에 볼 것도 없는데, 더군다나 요즘 것을 말할 게 무엇이 있는가?

하면서 自卑自侮한다. 그러나 이는 自卑自侮가 아니라 실로 逆戰을 위한 발구름임을 알게 된다.

> 然事甚切至與西廂說相表裏, 雖美且賤不過衣縷而頭蓬不施膏不染粉 玩好無見稱巾裳絶烜然 所謂工雖巧 朽不雕 瓦不琢也. 然意極而情篤若是可觀焉 若身錦頭翠金樓玉成 則豈特西子無光 玉妃失顔?
>
> 그러나, 事件은 切實 至極하기 西廂記의 이야기와 表裏가 되고, 아무리 아름답지만 또한 賤하다 함은, 옷이 누더기에 머리가 헝클어지고 化粧을 안했으며, 愛玩物이 맞갖지 않고 衣服이 다시없이 빛나지 않을 뿐이니, 이른바 솜씨는 있어도 썩은 나무엔 아로사기질 않고, 기왓장엔 쪼음질을 안함일 뿐이니, 그러나 意趣는 至極하고 情感은 篤實하니, 이만 하면 볼 만한 것이다.

하여, 마침내 小說에서 가장 貴한 것이 "意趣의 至極함과 情感의 篤實"에 있다고 외친 것이다. 그밖의 모든 것은 한갖 꾸밈에 지나지 않는다고 喝破한 것이다. 舜梅에게 수 놓은 비단옷을 입히고 머리에 珠翠를 꽂고 金玉으로 裝飾한다면 어찌 유독 西施만이 無色하였겠는가? 楊貴妃도 부끄러웠을 것이라고 力說한다.

결국에 가서 石泉의 文章이 "大且至" 함을 "俗且俚 旣詳且盡(世俗的이며 村스러우면서도 자세하고 曲盡하다)"에 두고 있음에서, 南華散人은 中國의 어느 稗說보다 우리 조선 것을 세웠고, 옛 것보다는 自己가 살고 있는 現實에 重點을 두고 富辭麗文보다 "俗且俚 詳且盡"한 데에 力點을 두고 있음을 본 셈이니, 우리 近世文學의 思潮의 하나인, 民族的인 自矜自我에 대한 覺醒을 다시금 確認하게 되는 것이다.

이 折花奇談은 지극히 짧은 作品이지만, 中國의 美女를 主人公으로 끌어오거나, 舞臺를 中國으로 잡거나 하지 않았으며, 살아 있는 自己 친구 李某의 實話를, 우리의 俚俗대로, 天然스레 꾸밈없이―실은 꾸미지 않은 듯 꾸민 것이지만―우리 겨레의 마음에, 특히 그 時代人의 마음에 폭 안겨 들게 짜 나갔다는 点이 評價받을 만한 文學精神적인 價値이며, 특히, 비록 姓名은 밝히지 않았지만 刊記까지 밝힌 点, 舞臺를 서울안 帽洞으로 잡은 点 등이 色다르다 하겠다.

2. 비쇼긔(悲笑記)

1) 서지상황

Ⅶ-四-225 共二册中 一册缺. 깨끗한 韓紙에 얌전한 宮體의 약간 흘린 筆寫本. 無匣. 無行. 세어보니 總 44장.

册 겉표지 : 19.2×27.5 cm
안 : 17.8×27.5 cm
안글씨 : 16×22 cm

맨 뒷장은 右7行으로 끝나는데 餘白에 "K. Mayema, Jan, 7. 1892"의 스탬프印이 찍혀 있을 뿐 原筆寫本에는 刊記가 없으므로, 購入年代를 알 뿐, 筆寫年代는 그보다 앞섰을 것만을 짐작할 수 있을 뿐이다. 册겉표지는 구름문양에 배꽃문양이 壓紋으로 되어 있음. 첫장 위에는 右2·3·4·5行에 걸쳐 둥근 外廓 直徑 4.8㎝의 在山樓藏書印이 찍혀 있고, 오른손에 直徑이 이의 半되는 2.4㎝의 未遍滿이 쓰인 둥근 도장이 찍혀 있으니 草書體로 ヒラガナ 表記된 まへま(前間)이며 漢文式으로 읽으면 未遍滿이라고 自己藏書가 未洽하다는 謙稱으로도 볼 수 있겠다. 右 下段에는 세로로 된 東洋文庫印이 또한 찍혀 있음.

每面 12行, 每行 20~21~22字.「비쇼긔 권지이」單卷 뿐이나 처음부터 끝까지 똑같은 筆致임.

끝장의 右5行~7行에 걸쳐서

「이둥의 가쇼로온 일도 잇고 비감　일도 만흐므로 이리 긔록ᄒᆞ여 일홈을 비쇼긔라 ᄒᆞ니라」

하는 句節이 덧붙여 있으므로, 可笑로운 일과 悲感한 일에서 悲와 笑를 따서 비쇼긔를 悲笑記라 漢字로 넣었음. 그리고 스탬프로 보아 前間氏가 이 책을 購入한 것이 1892년 1월 7일이 아니었던가 한다.

2) 줄거리

첫권이 缺本이라 卷二만을 훑어 보면 대강 다음과 같다.

尙書 소흥국(蘇興國)의 아들 운경(雲景)의 妾 열경(悅景)은 本妻인 尹小姐를 너무도 시새워 奸淫했다는 陋名을 揑造하여 내어 쫓고 만다. 내어 쫓긴 尹小姐는 前에 살려 주었던 토끼의 도움으로 양중서(楊中書)의 집에 머물며 혜랑(楊惠琅)을 동생 삼아 살게 된다. 妾 열경은 한술 더 떠 本妻의 아들 국효(國孝)·국제(國悌) 兄弟마저 毒殺할 陰謀를 꾸몄으나, 失敗로 돌아가 도리어 내어 쫓겨, 다른 사람의 妾이 되었는데 本妻의 매몰스런 앙갚음에 마침내 목을 매어 죽고 만다.

열세살이 된 蘇國孝는 어머니 尹小姐를 찾아 집을 나서는데, 마침 雲南에서 亂이 일어나 蘇興國도 大將軍左都督으로 出征하게 된다. 興國의 어머니 尹小姐는 여종 운향(雲香)과 함께 男裝하고 從軍하여 아들을 도와 賊 호무덕(胡武德)을 사로잡아 亂을 平定시킨다.

楊中書의 집에 있던 尹小姐는 늘 두 아들을 그리며 염려하고 있던 중, 뜻밖에 凱旋하는 行列中에서 蘇興國을 發見케 된다. 그리고 그 뒤에 충동(忠童)이라는 늙은 종을 데리고 어머니 尹小姐를 찾아 집을 떠났던 國孝가 있는 곳도 찾아 내었건만 두번 다시 蘇氏네로는 돌아가지 않을 마음을 굳힌다. 그러나 男便인 雲景이 맞으러 오고, 수양어머니로 모시고 사는 楊中書夫人이

"전일의 비록 그ᄅᆞ미 이시나, 녀지 지아비 ᄃᆡ졉ᄂᆞᆫ 도리 그러티 아니ᄒᆞ고 ᄒᆞ물며 도적이라도 항복ᄒᆞ면 용샤ᄒᆞᄂᆞᆫ 일이 잇거든 부부지간이ᄯᆞ냐~ 샹셔ᄅᆞᆯ드려보낼 거시니 ᄉᆡᆼ심도 무례히 말라"

하는 준절한 경계를 듣고 마침내 尹小姐는

"더러온 몸을 전일의 죽게 ᄂᆡ티시고 오ᄂᆞᆯ 와 ᄎᆞ지시믄 엇디니잇고? 모딘 목숨이 죽디 못ᄒᆞ여 머리를 드러 이리 뵈ᄋᆞᆸ기 참괴ᄒᆞ여이다"

하고는 결국 男便을 받아들이고 만다. 蘇氏宅에는 다시금 和睦이 찾아들고, 그 뒤 國孝는 楊中書의 딸과 結婚케 된다. 尹夫人母子는 그 동안 恩惠 입은 恩人－尹小姐의 養父母인 귀양살이하던 廉尙書夫妻－에게도 報恩할 수 있게 된다.

謝氏南征記와도 비슷한 勸善懲惡의 內容을 담고 있는데, 人間世上에는 可笑로운 일 悲感한 일도 있다 하여 悲笑記라 하였다고 마무리짓고 있다.

男便의 집으로 돌아가고는 말지만, 尹小姐가 蘇氏네로의 復歸를 처음에는 頑強히 拒否한 点이라든지, 찾아간 男便에게 "내칠 땐 언제고 다시 찾음은 어찌된 일이냐"고 매섭게 따지는 말들에서 謝氏南征記의 謝氏夫人과는 달라진 女性의 位相을 적으나마 感知할 수 있었다.

3. 월왕전(越王傳)

1) 서지상황

Ⅶ-四-226 共5册 青匣 : 20.3×24.5×7.9 cm. 貫册本.
各册 : 黃色表紙 다홍실끈(紅線裝)

卷一 :

겉表紙 : 19.5×23.8 cm
안 : 17.1×23.8 cm
글씨 : 15.7×18.1 cm
每面 : 11行, 12～14字
첫장 : 치부종이 뒤집은 것
끝장 : 31장～B面
刊記 : 부해 버려서 알 수 없음

卷二 :

겉表紙 : 19.8×24.2 cm
안 : 17.6×24.2 cm
글씨 : 15.8×17.2 cm
每面 : 11行
끝장 : 30-B 7行
刊記 : 30-B 8行에 셰임자 칠월일 향목동셔
全卷 : 치부종이 뒤집은 것

卷三 :

겉표지 : 19.5×24 cm
안 : 17.1×24 cm
안글씨 : 15.8×17.7 cm
每面 : 11行 13~15字
끝장 : 29-B-6行
刊記 : 셰임자 칠월일 향목동셔

卷四 :

겉표지 : 19.2×24.3 cm
안 : 17.5×24.2 cm
안글씨 : 15×17.5 cm
每面 : 11行 13~14字
끝장 : 30-A 10行
刊記 : 30-A 11行에 셰임자 칠월일 향목동셔
30-B에는 욕 쓴 것이 있음

卷五 :

겉표지 : 19.5×23.9 cm "월왕젼 권지오죵"
안 : 17.5×23.9 cm
안글씨 : 15.2×17.5 cm
끝장 : 29-B 6行
刊記 : 29-B 7行에 셰임자 칠월일 향목동셔
※ 五册이 同一人의 筆致로 錦香亭記 卷六의 글씨와 같음.

2) 줄거리

宋나라 홍무연간(洪武年間) 戶部侍郎 유방(柳邦)은 膝下에 一点 血肉이 없어 名山大刹, 日月星辰에 빌고, 또 積善한 功인지 태사(太思)라는 아들을 낳는다. 夢中에 靑衣童子가 柳花 한 가지를 던져줌이 胎夢이었다. 열살에 諸子百家에 通한 太思는 어느 날, 張丞相 딸의 글 읽는 소리 듣고 相思得病, 그 까닭을 알게 된 父母가 張丞相과 의론하여 둘은 夫婦가 된다.

그러나 張小姐에게 求婚하다가 拒絶 당한 전목사(全牧使)는, 유태사를 사위 삼고, 상감의 恩寵을 듬뿍 받고 있는 張丞相을 시새우는 나머지, 南녘 오랑캐를 順撫하라는 口實로 멀리 내치고 만다. 南蠻의 호로嶺에서 柳太思는 호로王의 急襲을 받아 敗하여 거지가 되고, 張小姐는 호로王 마적(馬?)에게 사로잡히고 만다. 슬기로운 그녀는 잔치의 어수선한 틈을 타서 곁문으로 도망쳐 投身自殺하려는 차에,

> "俗世에 下降하신 仙女님! 胎中의 貴子는 바로 東海龍王의 아드님이니, 그 아기를 낳으면 원수도 갚고 夫君 柳仙君과도 만나실 터이니, 부디 保重하소서. 염체 몸을 물에 던지시다니!"

하는 한 老人의 말을 듣게 된다. 老人은 이내 자취를 감추고 뜻밖에 나타난 老婆의 배로 江을 건너 그 老婆의 오막살이에 살면서 깁을 짜거나 수를 놓아 生計를 꾸려나가며 老婆를 어머니 삼아 奉養하게 되니, 老婆 또한 그녀를 딸처럼 사랑하며 돌보아 주었다. 마침내 그녀는 아비를 모르는 아들을 낳게 되어 실부(失父)라 이름지었다.

成長한 失父는 弓術이 뛰어나 어느 날, 달아나는 사슴을 좇다가 그 어머니 張小姐를 救해 준 山神靈 老人을 만나게 된다. 그에게 大書, 寶劍을 받아 五年間 武術을 닦아 神術을 익혀, 아버지의 원수를 갚기 소원하는데, 老婆의 말에 따라 宋帝의 危急함을 救하기 위해 南蠻을 征伐하여 무사

히 平征하고 凱旋하게 된다. 그리하여 아비를 모르고 태어난 失父와 남편과 헤어졌던 아내 張小姐는 그리던 柳太思와 다시 만나게 된다. 柳太思夫婦는 失父를 데리고 고향으로 돌아가 柳邦과 張丞相도 만나게 된다. 아비와 再會하게 된 失父는 皇帝의 命으로 逢父라 改名케 되고, 越王에 册封된다. 逢父는 駙馬가 되어 五男二女를 두고, 아흔이 되어 夫婦 함께 白日昇天하니 空中에는 仙樂이 울려 퍼졌다고 한다.

朱蒙說話를 바탕으로 한 作品으로 여겨지니, 失父와 逢父, 또 어머니 張小姐와 柳花(河伯의 딸의 이름이므로) 한가지 등이 다 비슷한 素材로 登場되며, 나중에 王에 封해짐 또한 비슷하다. 또한 夫婦 和樂, 子孫 번창, 長壽하고 함께 白日昇天함은 古代小說에서는 으뜸으로 치는 福이기도 하다.

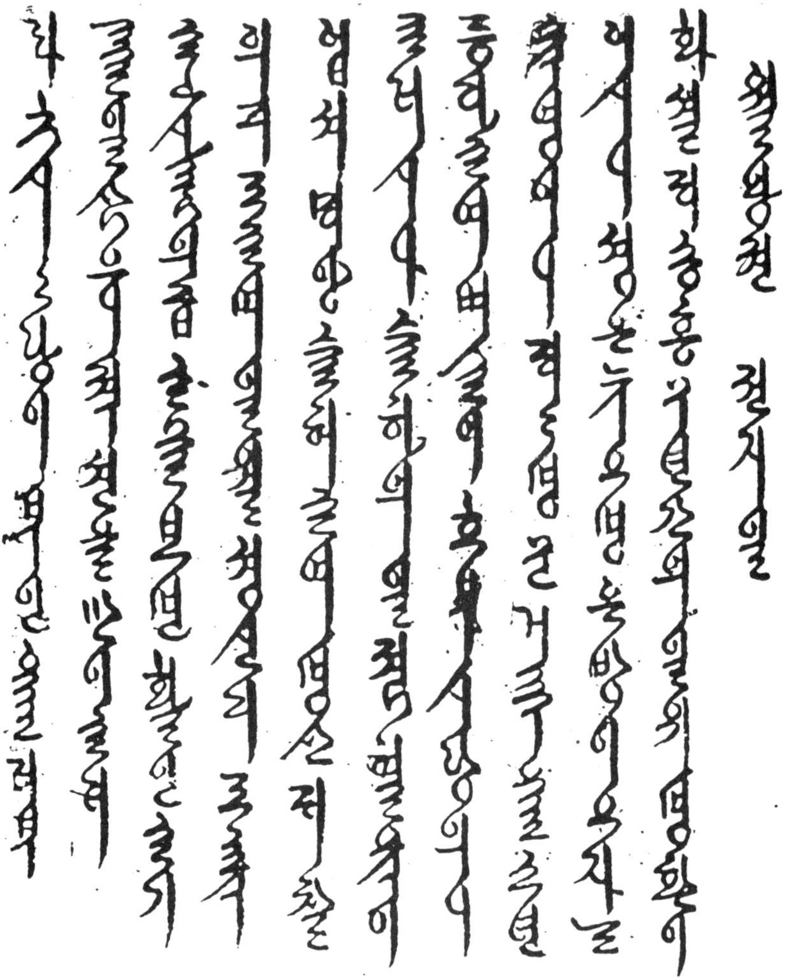

월왕전 권지일

월왕젼 권지오죵

각셜 남방 군현이 주쳐를 방울 못
최더니 방졍이 발셔부 흉노의게 츙
셩을 지다 츄양제 츙졀 방울 보ㄴ
후셔 흉셔 오유 흉노 너지셔 유군하 장
의 졍셔이 누흉셔오 슈쳐이 닥흰
강은지다 주시 본군 흉주의게 손
흉흉 흉치 조졍의 흉군 흉더니
츄셔 원치 흉파 번로 흉더라 흉의
라흉이 리현 흉치 원흉흉흉
졉 흉더부 흉의흉더라 흉

월왕전 권지오종 첫장

ᄒᆞ시니 ᄎᆞ 후 ᄌᆞᆯ 지손이 셰슈 ᄒᆞ
며 왕자의 영복을 누리니 누
시의 자손이 결ᄅᆞ 번셩ᄒᆞ며 ᄎᆡ빅
연의 달ᄒᆞᆯ 즁시 영화ᄒᆞ며 누빅
년의 이ᄅᆞ이 셔ᄌᆞ이 와 르 ᄒᆞᆫ
ᄒᆞᆷ을 셰의 젼 ᄒᆞ노라
셰 임자 칠월일 ᄒᆞᆼ우 ᄃᆞᆼ셔

월왕전 권지오종 끝장

4. 만언사(謾言詞)(萬言詞라고 흔히 함)

1) 서지상황

Ⅶ-四-227 共 2冊 卷1－29-B-3行
卷2－25-B-2行 총 54장.
靑匣 "諺文萬言詞"라 쓰임. 貫冊本
19.4×24.2×3.2 cm

卷一:

겉표지 : 18.5×23.8 cm 黃裝, 紅線
안 : 17×23.7 cm
每面 : 11行 無行. 15~16字
筆寫紙 : 뒤집은 것. 흰 것 섞여 있는데, 11장 뒤에는 儀軌 뒤집은 듯 다음과 같은 기록이 보임.
"七升鼎紬 每疋長三十五尺 廣七寸 元貢 都錄云 諸嬪以下 春秋衣 ……"
끝 : 29-B-3行
刊記 : 29-B-4行에 긔히졍월일 향슈동셔 (乙亥 : 1899?)

卷二:

二止, 共二, 만언사 권지이죵
겉표지 : 18.5×23.8 cm
안 : 16.6×23.7 cm
每面 : 11行 無行. 11~13字

4장 뒤에는
　庚午 元陵衣巾
　丁丑 貞陵衣巾
　別監頸巾 內拱
과 같이 儀軌 뒤집은 종이로 보임
끝　　: 25-B-2行
刊記　: 25-B-3行에 셰 긔히 졍월일 향슈동셔
　　　　25-B-4~7行에 걸쳐

"이 말이 단ᄒᆞ나 한권의ᄂᆞᆫ 너모 만은고로 부득이 이십여장식 두권의 ᄆᆡ엿시나 셰젼(貰錢)을 더 밧고자ᄒᆞ미 아니오니 보ᄂᆞᆫ 이ᄂᆞᆫ 허물마오" 라는 변명이 저혀 있음.

卷二-25A-6~11行~25-B-2行까지에

"뎡묘조시절의 ᄃᆡ젼별감 안도원니 나라의 ᄉᆞ죄를 짓고 귀향갓다가 이글을 지어 올니 나라의셔 블샹니 넉이샤 귀향을 푸러 올니시고 볘구실을 인존ᄒᆞ여 쥬시오니 말ᄉᆞᆷ이 유식ᄒᆞᆫ 고로 긔톡ᄒᆞ니 보나이ᄂᆞᆫ 그리 아오"라고 적고 있다.

2) 줄거리

朝鮮王朝 正祖때 大殿別監이었던 安肇煥(東洋文庫本에는 안도원, 안도환으로 적힌 異本도 있다고 함)이 이야기를 敍事的으로 적어 상감에게 바치자 불쌍히 여겨 楸子島 귀양을 풀고 復職까지 시켰던 사실을 가사체로 읊은 것. 金鎭衡의 北遷歌와 아울러 流配文學의 雙璧이라 일컬어짐. 內容을 여섯部分으로 나누어보면 다음과 같다.

1. 卷1→卷2-8 : 序詞(生長過程부터 34세때 귀향가기까지를 적고 君臣之情을 다시 잇게 해 달라는 말)

2. 卷2-9→12 右 5行 : 思父母

3. 卷2-12 右 6行~13右 1行 : 思伯父

4. 卷2-13 右 2行~15右 8行 : 思妻

5. 卷2-15 右 9行~16-裏 右 15行 : 思子

6. 卷2-16 裏 右2行~25右 5行 : 謾言答書(마치 1~5까지에 대해 對答하는 形式으로 自慰하는 말을 記錄한 部分)

刊記 : 筆寫年代는 셰 긔히 졍월 일 향슈동셔

만언사 권지일 첫장

苙

울어지새 밤을 외와 ᄂᆞᄉᆞ가 잠을 ᄭᆡ올 ᄯᅢ
우슴을 ᄭᅵ여 비즐ᄯᅡᆫ 옹오시며 ᄀᆞᆺ득이
말ᄉᆞᆷ가ᄒᆞ면 ᄉᆞᆼ웅을ᄃᆞ ᄒᆞ오리니
아ᄒᆡ도 세 ᄀᆞᆯᄯᆞᆯ 녀ᄆᆡᄃᆞᄃᆞ리 뎡ᄯᅢ
이라
뎡목세 ᄯᅩᆫ의 ᄂᆡ ᄆᆞᆨ ᄯᅩᄆᆡ감 앗ᄂᆞᆫ
원ᄒᆞ나 다ᄒᆞ나 주진 졀ᄌᆡ지ᄒᆞᆫ
각ᄒᆞ거니 ᄆᆞᆯᄅᆞᆯ 지어 ᄋᆞᆯ니는 다
의니 부ᄉᆞ니 ᄆᆞᄋᆞᆷ ᄀᆡᄒᆞᆷ 울ᄌᆞᆨ
ᄃᆞᆺ 울니 서 비ᄌᆞ ᄉᆞᆯ믈 시ᄆᆞᄂᆞᆫ
ᄯᅥ ᄌᆞ서 오ᄂᆞᆫ 이ᄯᆞᆯ ᄯᆡ이 주

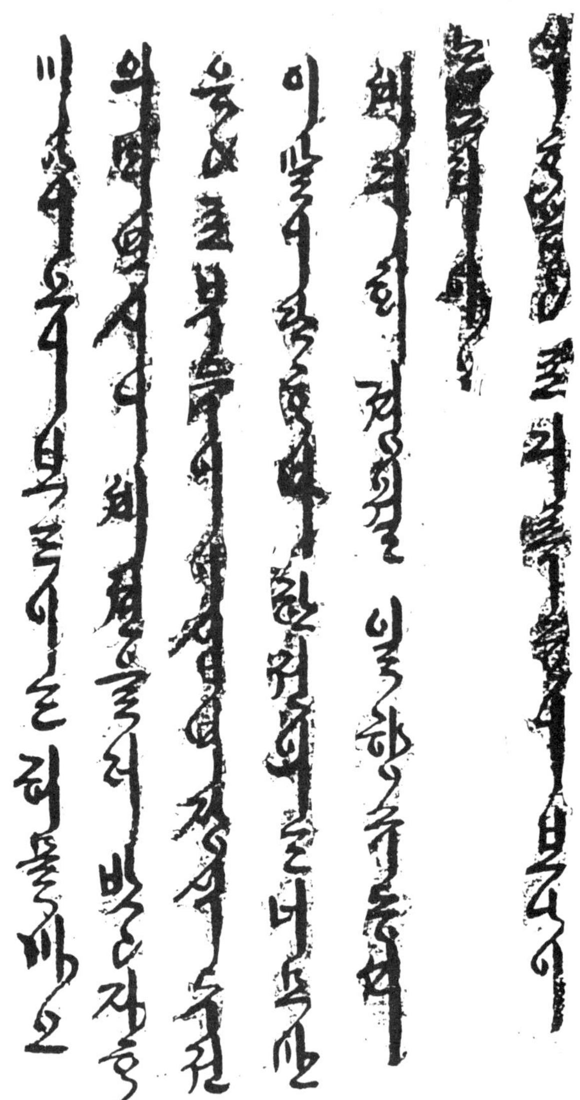

만언사 권지이 끝장

5. 슉녀지긔(淑女知己)

1) 서지상황

Ⅶ : 4-228 共 5冊, 貫冊本
青匣 : 20×23.5×6.9
表紙 : 黃色 紅線裝

卷一 : 슉녀지긔 권지일
外表紙 : 19.2×23.3 cm
안 : 17.1×23.3 cm
每面 : 11行 : 11, 12, 13, 14字
끝 : 34-A-6行 "김학공젼ᄉᆞ종"라 덧붙여 쓰여있음.
刊記 : 세을ᄉᆞ삼월 일 향목동셔 (乙巳 : 1905?)
※ 9-A · B에는 "癸巳(1893) 六月 韓龍錫"
"釜山港進口收稅實數成册" "鐵原 · 揚口稅太入"등과
한글편지, 稅金記錄 및 禮記集說大全 뒤집은 종이

卷二 : 슉녀지긔 권지이
外표지 : 19.3×23
內 : 16.9×23
每面 : 11行 無行 12~14字
26장 접은 속에는
"北紅價 二兩麻布一疋十尺價
大樓二介 價 二兩平壤子四立價] 轉軍服色所入

靑染價(儀軌인듯)

28장 접은 속에는

"警務署 第一項 俸給

錢六兩九戈九分九里 警務官補申光熙 判任六等

32장 접은 속에는

"建陽二年三月 淸安郡守 具鳳祖

忠淸北道觀察使 朴珪熙閣下

끝 : 33-A 11行 "을 덜나ᄒᆞ더라" ᄎᆞ하롤 분히ᄒᆞ라

33-B 셰을ᄉᆞ ᄉᆞ월 일 향목동셔

(붙어있어서 한쪽은 안보임)

卷三 : ᄉᆞᆨ녀지긔 권지삼

外표지 : 19.2×23.1 cm

內 : 17×23.1 cm

每面 : 11行 無行 12~13字

끝 : 33-A-7行 "ᄒᆞ더라"

刊記 : 셰 을ᄉᆞᄉᆞ월 일 향목동셔

卷四 : ᄉᆞᆨ녀지긔 권지.

外表紙 : 19.1×23

內 : 16.5×22.9

每面 : 11行 無行 13~14字

끝 : 31-A-7行

刊記 : 31-A-8行 셰을ᄉᆞᄉᆞ월일 향목동셔

※ 6장 접은 속에는

"第六項 罪囚食費 : 二十七元 六十戔

金二十一元 六十戔 懲丁四十名食費

金六元 押牢 鄭乭伊 金學伊 月給

合計 二十七元六十戔

項合計 八百九十六元六十戔也

(卷2의 28장과 같이 警務署의 會計文書를 뒤집은 것일 듯)

※ 24장 접은 속에는

"十五兩 巡檢 韓維軾 泰安偵察六日費

十　兩 巡檢 明鍾河 (수암의 모양) 手押이 있슴

海美 匪類偵探四日費

十五兩 巡檢 田榮鎭 李敦儀 安興偵探三日費

(6장 접은 속과 같은 警務署의 會計文書인 듯

卷五 : 슉녀지긔 권지오죵

外表紙 : 18.9×22.9 cm

內　: 16.5×22.9 cm

每面　: 11行, 無行, 12～15字

끝　: 31-B 11行

刊記　: 31-B 12行 셰을ᄉᆞ사월일 향목동필셔

※ 筆致가 卷1～4와는 다름

※ 1장 접은 속에는

"司導寺 司贍寺 豊儲倉 司宰監 濟用監 七升白苧布一同八疋十二尺

八寸 每尺價 下地木三疋式 大口魚 一千二百九十六尾

鹽 一百五十九石五斗六升二合"

끝 31-B 10～11行에 걸쳐 "이 ᄎᆡᆨ이 희귀ᄒᆞ므로 ᄃᆡ강 긔록ᄒᆞ노라

※ 卷一 · 二 · 三 同一 필적

卷四 첫部分은 卷五와 같으나, 中間은 卷一 · 二 · 三과 같은 필적임.

나누어 筆寫함을 알 수 있음.

2) 줄거리

皇明 正統(정홍의 홍은 통의 誤記) 年間에 翰林編修 여댱(呂壯)의 아내 관시(關氏)는 사랑하는 외딸 진쥬(眞珠)를 두고 病死한다. 奸臣이 날치던 세상에서 곧은 上試官 뉴종우(柳鍾雨)가 모함을 당해 絶島에 圍籬安置되는 바람에 呂壯도 連坐되어 杭州 秋官으로 左遷된다. 그 무렵 杭州에서는 소준(蘇俊)이라는 者가 自己 둘째아들을 죽이고 며느리를 욕보이려는 事件이 일어났다. 남편을 잃은 며느리 호씨(胡氏)는 너무나 원통하여 높은 다락에서 投身 自殺하자 이 事件은 종의 告發로 官에 알려진다.

秋官 呂壯의 明察함을 두려 혀를 깨문 채, 말도 않고 죽자, 그 아들은 도리어 呂秋官을 원망하여 남몰래 刺客을 시켜 呂秋官을 죽이고 만다. 옆房에서 眞珠를 부르는 아비의 悲鳴에 놀라 眞珠는 自殺코자 하다가 乳母의 달램으로 목숨을 扶持하고 그 아비 葬禮를 지낸다. 天涯의 孤兒가 된 眞珠는 쇼영(小英)이라 改名하고 乳母의 딸 쥬영(珠英)과 姉妹처럼 假裝하여 제시(諸氏)네 종으로 몸을 팔았던 것이다. 諸侍郞은 小英·珠英을 종으로 여기지 말고 벗으로 대접하도록 自己의 딸 쇼요(小瑤)·쇼주(小珠)에게 타일렀건만 맏딸 小瑤는 시새움이 짙고 好淫한 성격이라 小英을 娼妓로 팔라고 諸侍郞을 충동인다. 작은 딸은 원체 영리하고도 어진 성격이라 언니 小瑤의 이야기를 마침 엿들었으므로 小英에게 알려, 小英은 짐짓 미친 척하여 그 禍를 모면하게 된다.

그 뒤 珠英과 小英은 藥草를 캐러 갔다가 偶然히 화홍미(華紅薇)를 만나게 된다. 聰明한 華紅薇는 小英의 슬픈 마음을 환히 꿰뚫어 보았으므로, 小英은 마침내 自己의 신세를 털어 놓고 華紅薇와 姉妹結緣을 하게 된다. 그녀의 아버지인 華尙書도 小英을 딸로서 맞이하게 된다.

때마침 北方 오랑캐가 侵入하였으므로 諸侍郞은 싸움터로 나가게 된다. 諸侍郞이 집을 비운 사이 심술궂은 小瑤는 마음껏 못살게 군다. 奸臣이 날치고 忠臣은 모두 벼슬을 버리고 숨는 형편이라 華尙書도 벼슬을 버리고 故鄕으로 돌아가게 된다. 싸움터에서 大功을 세운 諸侍郞이건만, 뇌물을 바치지 않은 탓으로 奸臣 진경(秦卿)의 미움을 산 諸侍郞의 功은 皇帝의 귀에는 傳해지지도 않았다. 小瑤은 그 어머니를 충동여 小英을 奸臣 秦卿에게 바칠 희생으로 삼고자 사람을 시켜 斡旋하기 시작한다. 小英은 珠英과 함께 모래톱에 신을 벗어 놓고 물에 빠져 죽은 것처럼 꾸미고는, 危機가 닥치거든 變裝하도록 華紅薇에게서 받은 男裝으로 갈아입고 달아나 어느 亭子에 발을 멈추게 된다. 때마침 山川을 遊覽中인 華尙書를 만나게 된다. 華尙書는 상희복(尙喜福)이라는 人物을 만나게 되는데, 그 人品이 마음에 들어 사위를 삼으려던 차에 小英을 만나게 되었던 것이다. 小英의 신세를 측은히 여긴 華尙書는 小英을 양딸로 삼은 것을 식구들에게 알리고 小英과 형제처럼 지내라고 딸 華紅薇에게 전갈한다. 이리하여 華紅薇와 小英은 다시 만나게 되는 것이다.

華尙書는 尙喜福의 아버지인 尙御史에게 부탁하여 紅薇와 小英을 함께 尙喜福에게 시집보내기로 하였다. 그러나 華尙書를 미워하는 배우정(裵佑正)의 奸計로 紅薇는 皇帝의 後宮으로 推薦되고 만다. 이를 拒絶한 華尙書는 皇帝의 命을 거슬렀다는 罪目으로 投獄된다. 紅薇는 세치짜리 匕首와 다섯자짜리 羅巾을 몸에 감추고 小英을 데리고 上京한다. 小英은 條理가 닿는 陳情書를 皇帝에게 올리자, 感動한 皇帝는 華尙書를 釋放하여 復職시켰고, 慘酷하게 죽은 呂秋官의 事件을 再審시키고, 紅薇의 後宮추천을 멈추게 하고 尙御史에게 喜福에게 두 며느리를 맞도록 御命을 내렸다. 小英은 紅薇 대신 諸小珠를 推薦하자, 몹시 마음에 든 皇帝는 諸侍郞을 禮部侍郞으로 삼게 된다. 紅薇는 三男一女, 小英은 四男二女를 두고 尙翰林 喜福은 兵部尙書에 이르고 여든에 이승을 떠났다고 한다.

숙녀지긔 권지일 첫장

슉녀지긔 권지오 죵

숙녀지긔 권지오종

숙녀지긔 권지오종 끝장

6. 뉴화긔연(柳華奇緣)

1) 서지상황

Ⅷ-4-229 共 7冊, 筆寫本

靑匣 : 19×22.4×10.6, 黃色表紙 · 紅線

卷一:뉴화긔연 권지일 낡고 오래되어 누렇고 褐色으로 변한 종이.

外表紙 : 18.2×21.85

內 : 16.5×21.85

글씨 : 14.5×17.5

每面 : 11行 無行. 11~14字

끝 : 33-B 5行

刊記 : 6행 셰을사밍동일 향목동셔

※ 발기를 뒤집은 종이에 쓰여 있슴.

卷二:

外表紙 : 18.5×21.85

內 : 16.5×21.85

글씨 : 14.2×17.1

每面 : 11行 無行, 13~15字

끝 : 33-B 7行

刊記 : 33-B 9行 셰을ᄉᆞ즁동일 향목동신판

卷三 :

外表紙 : 18.4×21.9

內 : 15.7×21.9

글씨 : 14.2×17.2

每面 : 11行 無行. 13~14字內外

끝 : 33-B-6行

刊記 : 33-B-8行 셰을사(乙巳 1905?) 쥬츄일 향목동신판(쥬는 줄의 誤記)

※ 訴訟文書 뒤집은 종이.

卷四:

外表紙 : 18.3×22

內 : 16×22

글씨 : 14.5×17

每面 : 11行 12~14字

※ 특히 1~19장까지는 몹시 좀집음

끝 : 32-B-1行

刊記 : 32-B-3行 셰을사(乙巳 1905)계츄(9月)일 향목동신판

※ 31장뒤에는

"二十日癸未入直堂上趙秉鎬. 乙使 韓圭主事 李觀夏 書吏 朴桂貞……閔泳達 · 洪承憲"등의 이름이 보임.

卷五:

外表紙 : 18.6×22.2

內 : 17.1×22.2

글씨 : 14.5×16.8

每面 : 14字內外

끝 : 32-B 6行

刊記 : 32-B 7行 셰긔유(己酉 1909?) 뉴월 일 향목동셔

※ 周易 뒤집은 종이. 호적 뒤집은 종이

※ 25장 뒤에는

"光武5年(1901) 三月 江陵郡守 金炳驥"

卷六 :

外表紙 : 18.4×22.2

內 : 16.5×22

글씨 : 14.5×17.5

每面 : 11行. 13~14字

끝 : 33-A 9行

刊記 : 세을사즁동일 향목동신판

卷七 : 뉴화긔연 권지칠 듕

外表紙 : 18.5×22

內 : 17×22

글씨 : 14.2×16.8

每面 : 11行 無行. 14~15字

끝 : 32-B 7行

刊記 : 32-B 8行 세을사계추일 향목동신판

※ 筆寫한 종이 뒤집어 씀
15장은 족부 뒤집은 종이

※ 柳華奇緣은 一卷의 첫줄이 다른 小說과 달리 年代의 記錄이 없어 太極이 비롯된 때 陰陽의 이야기로 시작된다. 勿論 陰陽不全한 不具이었던 柳基를 主人公으로 하기 때문이겠으나 시작이 特異하다.

2) 줄거리

明나라 때 형산(衡山) 연화봉(蓮花峰) 기슭에 있는 자하동(紫霞洞) 상운촌(祥雲村)에 사는 유긔(柳基)와 그 아내 소씨(蘇氏)는 나이 마흔이 되도록 子女가 없어 紫雲庵의 住持僧 혜원(惠園)을 通하여 釋迦世尊께 빌어달라 하여서 그 덕으로 유츈(柳春)이라는 아들을 낳게 된다. 아름다운 생김새에, 재주도 뛰어난 아이였으나 不幸하게도 陰陽이 不全한 不具의 사나이였다.

그 때의 名相인 화영(華榮)은 六旬의 외딸인 芳年 13세에 사위를 고르던 中 紫雲庵을 찾았다가 때마침 들려오는 柳春의 朗朗한 讀書聲에 반하여 사위로 삼는다. 그러나 柳春이 不具임을 안 華尙書는 憤한 나머지 柳春을 내어 쫓고 만다. 사나이로서의 不具 때문에 苦悶한 끝에 柳春은 父母를 下直하고 放浪의 길을 떠나게 된다. 西蜀 峨嵋山의 청허도사(淸虛道士)가 現夢하여 그에게 갈 길을 豫言해 준다. 現夢대로 玉통소 소리를 따라 山골짝으로 들어가 몇해 동안 道學이며 天文地理, 兵法, 呼風喚雨術, 槍劍, 弓馬의 道 및 玉笛·弦琴까지 익히게 된다.

한편 華尙書는 원철(元哲)이라는 者의 謀略으로 妻子와 헤어져 장샤(長沙) 땅에 귀양가게 되고, 柳春의 아내인 華小姐는 그 집에 덮친 浮浪者 장평(張平)에게 붙잡힐 뻔하다가 간신히 도망쳐 瀟湘江에 빠졌는데, 世尊의 命으로 侍女 옥셤(玉蟾)과 함께 惠園大師에게 救濟된다. 華小姐는 그 후 紫雲庵에서 惠園의 돌봄을 받아가며 그 父母를 만나게 해 달라고 祈禱를 드리면서 하루하루를 살아 나갔다.

柳春은 峨嵋山 淸虛道士 밑에서 한 三年쯤 修學한 뒤 玉笛을 받고 俗世로 돌아왔는데, 酒樓에서 만난 옥랑(玉娘)의 手術을 거쳐 完全한 사나이가 된다. 柳春은 玉娘과 1年쯤 즐겁게 지낸 뒤, 文武 兩料에 壯元을 하고 故鄕에 돌아가 父母를 기쁘게 한다. 佛心이 깊은 父母의 勸으로 紫雲庵 惠園에게 인사하러 갔다가 뜻밖에 눈물 흘리는 俗人 女子 玉蟾을 通해 아내 華小姐를 만나게 된다.

그 무렵 九尾狐로 遁甲한 청운(清雲)道士의 妖術에 속아 來侵해 온 西戎와 華尙書宅을 덮쳤던 張平을 모조리 平定하고 凱旋하는 길에 妻家인 華府에 들려 丈母를 만나게 된다. 勿論 華小姐도 그 어머니와 再會케 된다. 柳春은 父母의 許諾을 받아 玉娘을 데려다 夫婦 三人이 和睦하게 지내며 華小姐에게는 三男一女, 玉娘에게는 二男二女를 둔다.

그 後 太子가 即位하자, 姜貴妃가 낳은 燕王과 그 外叔 강환(姜煥)은 奸臣과 짜고 柳春을 죽이고 王位를 簒奪하려다가 발각되어 燕王은 海島에 귀양가게 되고 丞相 柳春은 燕王에 封해지고 華小姐는 王妃로, 玉娘은 燕王國貴妃로 册封되어 여든까지 偕老하다가 王과 王妃는 하루아침에 昇天하게 된다.

뉴화긔연 권지일

뉴화긔연 권지칠 동

뉴화긔연 권지칠 동 첫장

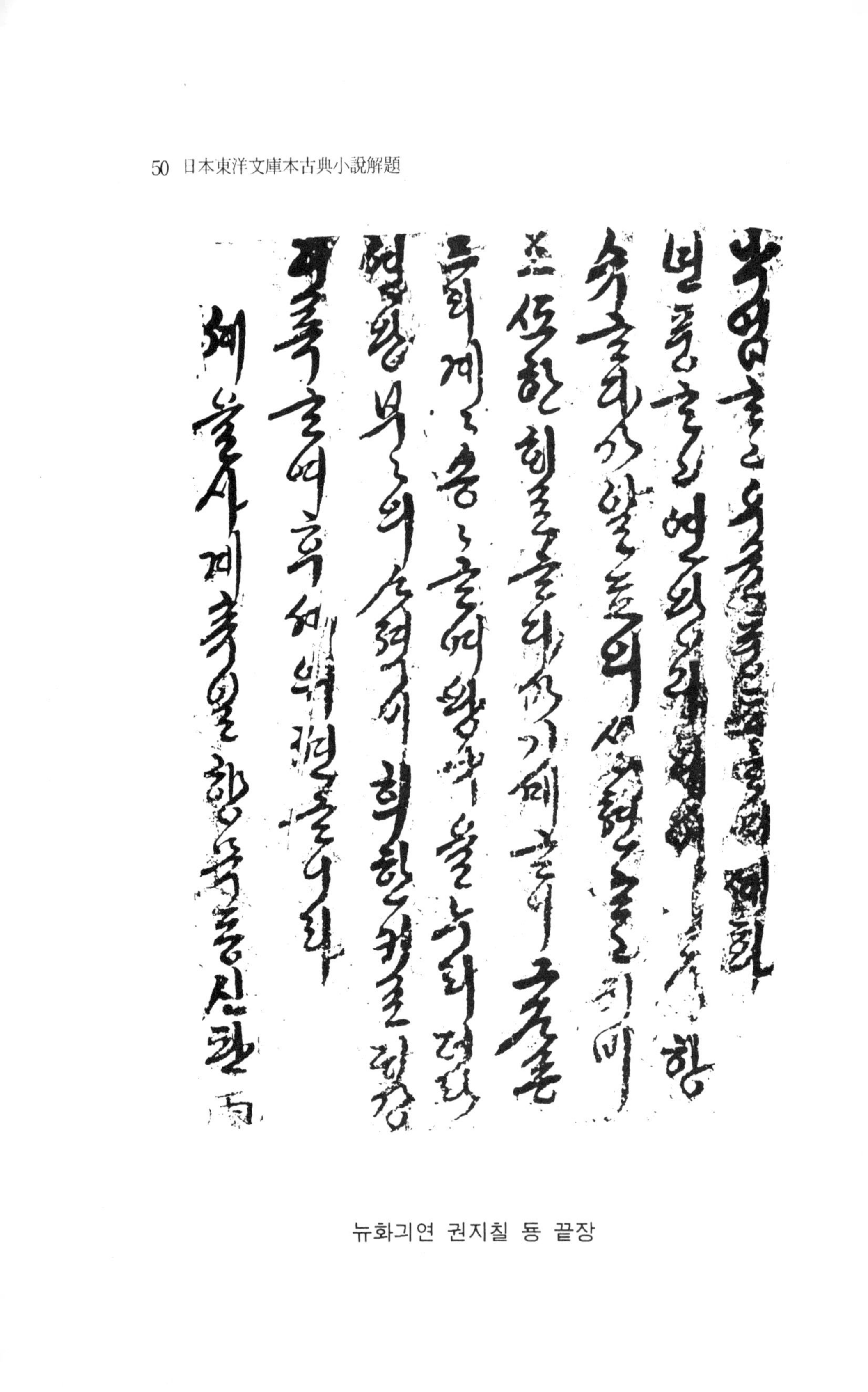

뉴화긔연 권지칠 동 끝장

7. 남정팔난긔(南征八難記)

1) 서지상황

Ⅶ-4-230 共 14冊 筆寫本 黃色表紙 紅線裝 貫册本

靑匣一 : 卷1-7, 20×23.4×9.8

卷 1-5, 卷 7은 같은 크기, 6은 좀 작음

靑匣二 : 卷 8-14, 20.2×24×10.1

册表紙 黃色, 紅線裝

卷一:남정팔난긔 권지일

外表紙 : 18.3×23.5

內 : 15.5×23.5

글씨 : 14.7×18

每面 : 11行 無行.13~14~16字

끝 : 32-A 8行

刊記 : 32-A 9行·셰신히십월 일 향목동셔

卷二 :

外表紙 : 19×23.5

內 : 16.5×23.5

글씨 : 14.5×18.4

每面 : 11行 14~15字

끝 : 30-A 5行

刊記 : 30-A. 6行 셰신히십월 일 향목동셔

卷三：

外表紙：19.3×23.5

每面　：11行 無行. 13～14字.

※ 7장, 12장, 14장, 17장, 23장, 30장 뒤는 다 四家詩中 柳得恭의 詩. 특히 17장 뒤에는 套와 같은 手押도 있음.

卷四：

外表紙：19.3×23.5

內　　：17×23.4

글씨　：14.6×18.8

每面　：11行 無行.

끝　　：30-B 2行

刊記　：30-B 3行 셰신히십월 향목동셔

※ 4장 뒤에는 "晩春同朴仲美 · 李懋官 · 從弟仲牧 柳宗元"이라 題란 李書九의 詩, 나머지는 발기 적은 것 뒤집은 종이

卷五：

外表紙：18.8×23.4 黃色表紙 가로 안보다 3㎜쯤 짧음

內　　：17.8×23.2

글씨　：14.6×18.4

每面　：11行 無行. 14～16字

끝　　：29장A(全韻玉篇 뒤집은 것)

刊記　：셰신히십월 일 향목동셔

卷六：

外表紙：18.5×23.5

內　　：16.5×23.5

글씨　：14.7×18.2

每面　: 11行 無行. 13~15字

끝　: 30-B 6行

刊記　: 셰신히(辛亥 1911?) 십월 일 향목동셔

※ 발기 적은 것 뒤집은 종이

13-A 글씨도 좋음.

卷七:

外表紙 : 19.3×23.4

每面　: 11行 無行. 14~15字

※ 27장 뒤 四家의 詩

끝　: 29-B 4行

刊記　: 셰신히십월 일 향목동셔

卷八:

外表紙 : 19.8×23.5

內　: 17×23.5

글씨　: 14.7×17.8

每面　: 11行 12~15字

※ 25, 30장 四家詩 베낀 것

끝　: 30

刊記　: 셰신히십월 일 향목동셔

卷九:

外表紙 : 19.4×23.4

每面　: 11行. 13~15字

※ 薛逢, 許渾, 鄭谷詩 베낀 것 뒤집은 종이

17, 18, 19장 全韻玉篇 뒤집은 종이

끝　: 25장. 11行 글이 끝나지 않고 刊記도 없음.

卷十 :

外表紙 : 19.2×23.3
內 : 16.8×23.3
글씨 : 14.8×18
每面 : 11行 無行. 12~15字
끝 : 31-B 11行
刊記 : 31-B-11 셰신히지월 일 향목동셔
※ 15, 23장 下段에 가로
"京城南部 美洞小說貰册家"라 연필로 쓰여 있음.

卷十一 :

外表紙 : 19.8×23.2
內 : 17.2×23.3
글씨 : 14.8×17.5
끝 : 32-A 6行
刊記 : 셰신히지월 일 향목동셔

卷十二 :

外表紙 : 19.2×23.3
內 : 16.8×23.1
글씨 : 14.3×17.4
每面 : 11行 13~15字
끝 : 34-A 6行
刊記 : 셰신히지월 일 향목동셔
※ 16-B, 17-A, 33-B에 진흙 묻힌 손바닥자욱이 찍혀 있음.

卷十三 :

外表紙 : 19×23.5
內 : 16.3×23.5

글씨 : 14.5×17.8

每面 : 11行, 13~14字

끝 : 31-A 5行

刊記 : 셰신히지월 일 향목동셔

※ 권십슴 첫장右2行은 "으로 도라와 비셕을 셰워 듸숑 즈홍"이어야 하는데 「도라와」→「도라올싀」로 誤記하였으므로 버린 종이인데, 거꾸로 집어 두줄을 끝맺느라 利用하였음.

卷十四 :

外表紙 : 19×23.7

內 : 16.6×23.7

글씨 : 14.2×18.2

끝 : 29-B 1行

刊記 : 29-B 2行 셰신히지월 일 향목동셔

2) 줄거리

宋 神武皇帝때, 吏部侍郞 황히룡(黃海龍)은 나이 쉰에 一点 血肉이 없었는데 尼丘山에 빌어 나은 孔夫子를 效則치 않느냐는 現夢에 의해, 그 夫人 님시(林氏)와 더불어 飛鳳山 祥雲洞 우물에 가서 밤에는 三十三天 二十八 宿에, 낮에는 黃泉後土風雲雷神에게 祭祀지내며 三七日(세이레)를 빌었더니 그 보람이 있어 前生에 西海廣德王의 세째 아들이었던 극(克)이라는 아들을 두게 되었다. 克은 세살에 땅을 그어 陣勢를 이루고, 다섯살엔 하나를 들으면 열을 알고, 열살에는 七書에 能通하였으나, 黃侍郞은 得病하여 세상을 뜬다. 弔喪온 禮部侍郞 니문현(李文賢)은 黃克의 聰明을 보고 그의 딸 슈경(秀瓊)과 結婚시키기로 하고 自己집에 데려다가 딸의 佩鏡과 克의 明鏡을 信物로 交換케 한다.

그런데, 前에 黃侍郞에게 虐民의 罪로 嚴刑을 받아, 외딴 섬에서 목숨이 끊긴 풍쥬의 아전 손빅관(孫百寬)의 아들 만흥(萬興)이 앙갚음을 한다고 黃克이 집을 비운 사이 黃侍郞 집을 急襲하여 夫人 님씨(林氏)와 忠婢 경패(瓊貝)를 붙잡아 간 變故가 일어났던 것이다.

그 後 克은 그 어머니를 찾아 南으로 南으로 길을 떠난다. 그 길에서 쥬봉진(朱鳳珍)을 만나 南華山으로 가는데 또한 농진천(龍震川)을 만나 서로 意氣投合 義兄弟를 맺는다. 그들은 大黃山의 山賊 노천틱(盧千泰)에게 사로잡히는데 그 部將 호셩틱(胡成泰)와 뜻이 맞아 盧千泰를 물에 빠쳐 죽이고 胡成泰는 大黃山主가 된다. 胡成泰와 헤어진 黃克과 朱鳳珍은 또다시 물길로 나그넷길에 오르는데 風波로 헤어지게 된다. 朱鳳珍은 山賊 마션츙(馬善忠)의 배에 救해져 그와 父子의 誼를 맺고 達磨山에 가서 黃克의 母夫人 林氏와 侍婢 瓊貝를 만나게 된다.

한편 길 떠난 사윗감 黃克을 그리다가 李尙書(文賢)은 죽고 만다. 그 夫人과 秀瓊小姐는 아들 李翰林이 보낸 수레로 晋州로 向하다가 盜賊을 만나 江물에 몸을 던진다. 黃克은 南華道士의 指示에 따라 어머니 林夫人의 姪女인 늙은 女僧과 이 母女를 救하게 된다. 秀瓊母女를 女僧에게 맡기고 李翰林이 있는 西天으로 가다가 어느 老婆의 病을 고쳐 준 덕으로 石函에 든 黃金 甲옷과 雪兔, 烏馬를 얻게 되어, 南蠻의 侵入으로 困境에 빠진 李翰林을 살려 낼 수 있게 된다. 이리하여 黃克은 李翰林, 龍震川, 朱鳳珍, 玄武德(玄千石의 아들), 胡成泰 등과 힘을 얼러 紫雲道士의 수양딸로 男裝한 월파(月波)의 도움을 받아 數많은 亂을 平定한다.

河貴妃의 아들 燕王은 好色이라 月波를 건드리려고 하나, 도리어 그녀에게 嘲弄만 받아 분에 못이겨 黃克을 죽이려 한다. 克은 朱鳳珍, 龍震川에게 救濟되나, 燕王의 愛姬 柳氏와 情을 通했다는 陋名을 씌워 追放해 버린다.

黃克은 西梁 땅에서 벽히션(碧海仙)·벽산호(碧珊瑚)를 만나게 되어 그들의 도움으로 燕王軍을 치기 시작, 南華道士는 黃克을 위해 陣頭指揮를 하여 敵인 南城道士를 大破하여 勝戰의 契機를 짓게 된다. 燕王이 滅亡한 뒤 復興島에 피난했던 皇帝는 黃克을 昇平王에 封하고 그의 來歷을 侍御史 박경희(朴慶熙)에게 記錄케 하였다. 朴慶熙가 이 記錄을 마치고 "南征八難記"라 하여 바친 즉, 皇帝는 "五胡雙慶喜錄"이라고 題目을 고쳤다고 한다.

그 뒤 飛鳳山 祥雲洞에서 修業하던 黃克과 月波는, 克이 아흔셋이 되던 어느 날, 月波의 玉笛 한 가락에 玄琴 一曲으로 克이 應하자, 한 늙은이가 대지팡이를 던지는 소리가 나더니만 함께 白日昇天하였다고 한다.

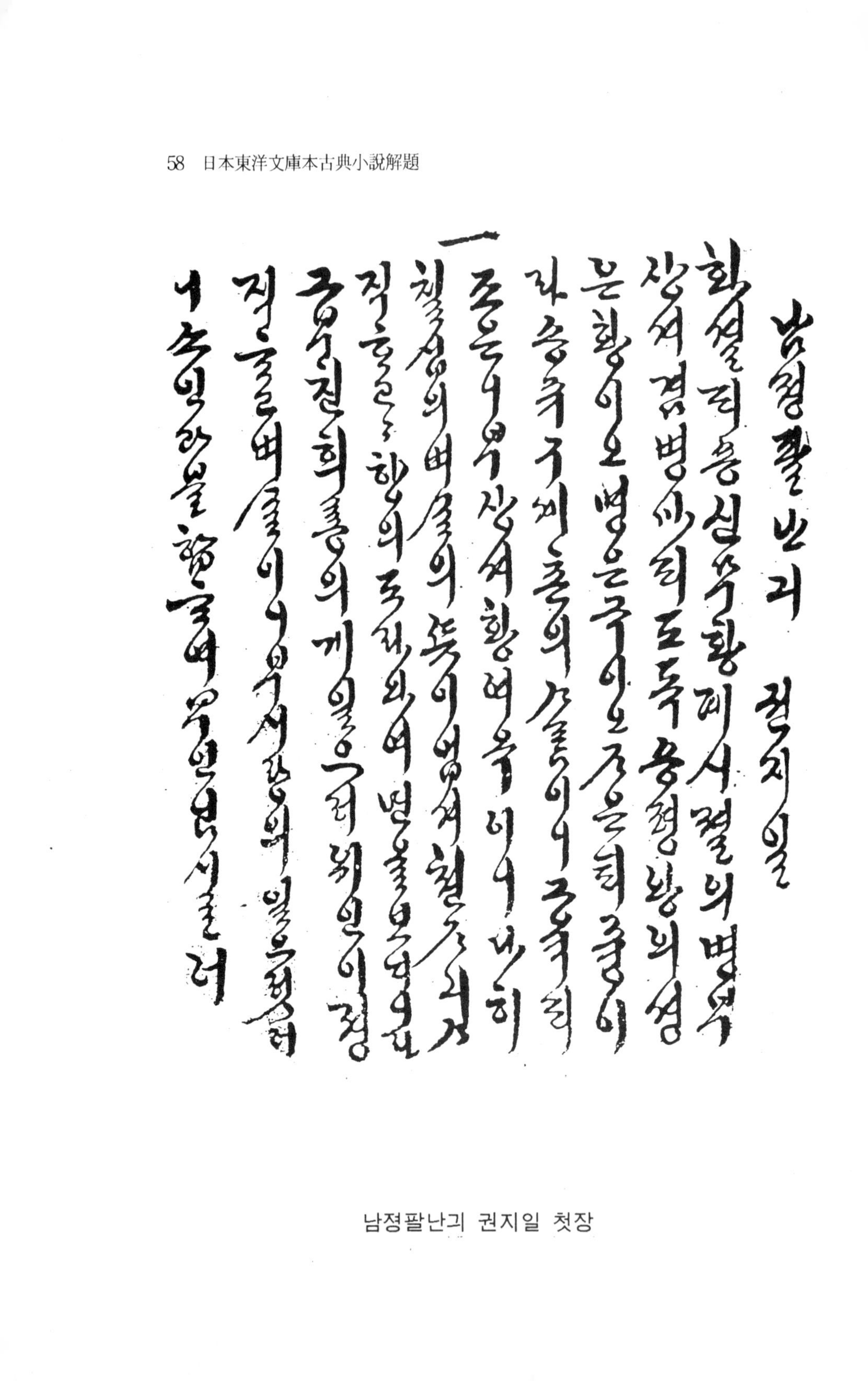

남졍팔난긔 권지일 첫장

남졍팔난긔 권지십ᄉ죵

남졍팔난긔 권지십ᄉ종 첫장

남정팔난긔 권지십ᄉᆞ종 끝장

8. 정비젼(鄭妃傳)

1) 서지상황

Ⅶ-4-231 共 4册, 筆寫本

黃色表紙, 紅線裝

靑匣 : 19.8×21.9×5.4

卷一 : 뎡비젼 권지일

外表紙 : 19.3×21.6

內 : 17.4×21.5

每面 : 11行 14~17 無行

끝 : 30(三十)-A-10行

刊記 : 셰갑인 오월 일 향목동셔

※ 1-A 끝字 심즁「ᄒᆞ」 두字 쓸 수 있는 餘白이 있는데 비우고

1-B 첫字「나」-끝 혈육이 없「ᄉᆞ」 餘白

1-B 2行 첫字「니」.

로 됨을 보아 베낄 때 손으로 젖히는 부분은 흐려지고 더러워질 염려가 있어 일부러 비운 것이라 들었음(고대 장효현 교수에게)

※ 뒤집지 않은 깨끗한 조선종이.

卷二: 뎡비젼 권지이

外表紙 : 18.8×21.5

內 : 16.8×21.4

每面 : 11行 無行, 14~16字

끝 : 30(三十)-B 4~5

刊記　: 30-B-6行 셰 갑인(甲寅 1914?) 오월 일 향목동셔

※ 1-A-11행(끝줄) 텬조「위」―餘白

1-B-1 첫字「엄」~끝字 십「여」

1-B-2 첫字「합」

끝 30-B-4행 차하롤「셔」

30-B-5行 「남」ᄒᆞ다

역시 손으로 젖히는 부분을 일부러 비운 것일듯.

※ 1-A · B는 뒤집은 종이이지만, 2-26장까지는 흰 새 조선종이, 27~30장까지는 秋收記 뒤집은 종이

卷三: 뎡비젼 권지삼

外表紙 : 18.8×21.5

內　: 16.2×21.4

每面　: 11行 無行 10~16字

끝　: 30-B-1行

刊記　: 30-B-2行 셰갑인 오월 일 향목동셔

※ 秋收記 뒤집은 종이

30-A-11行 횡히ᄒᆞ더라 하회롤 분셕(10字)餘白

30-B-1行 홀지어다

에서 역시 손으로 젖혀 더럽혀지고 흐려질까 두려워 비웠고 혹은 刊記만을 달랑 새 面에 적기 혐의로와 일부러 다음面에 늘여 적고 刊記를 다음 줄에 적었는 지도 모르겠음.

卷四: 뎡비젼 권지ᄉᆞ종(秋收記 뒤집은 조선종이)

外表紙 : 18.7×21.4

內　: 16.5×21.3

每面　: 11行 無行. 13~14字

끝　: 33-B-7行「을 누리니라」로 끝나는데, 이어서 33-B-8행에

"뎌져 뎡비의 ᄉᆞ젹이 긔특ᄒᆞ기로 뎌강 긔록ᄒᆞ노라"하고
刊記 : 33-B-9行 셰갑인 오월 일 향목동셔

2) 줄거리

唐明皇때, 荊州땅에 宰相 뎡유(鄭儒)는 夫人 李氏와의 사이에 一点 血肉이 없더니 擇日하여 七日祈禱後에 꿈에 한 仙女가 내려와 再拜하니, 얼굴은 桃花같고 몸에는 彩衣, 허리에는 말(斗)만한 金印을 차고 머리에는 彩鳳雲霞冠이요 두 어깨에는 日月을 붙이고 손에는 槍劍을 들고 "天上玉女이 옵더니 大人 슬하에 뫼시러 왔으니 어여삐 여기소셔"하고는 公에게 안겼다. 果然 딸을 낳으니 손에 太平聖母라 쓰여 있었다. 그 어머니가 갑자기 病들어 죽자 聖母는 至誠으로 아버지를 모시며 밤에는 孫吳 兵書 六韜三略을 공부하고 활쏘기 말달리기를 또한 익혔다.

楊貴妃의 동생 양경(楊景)은 그녀의 아름다운 소문을 듣고 求婚하였으나 그 아버지에게 拒絶 當하자 분풀이로 鄭儒를 때마침 叛亂이 일어나 交趾國으로 征南大元帥로 쫓아내고 그 틈에 聖母를 나꾸어 채려 하나, 그녀는 죽은 것으로 꾸며 장사까지 지내고 온 집안에 哭聲이 籍籍케 하여 辱을 당하지 않고 後園 깊숙히 숨어 산다.

한편, 마침 깊은 밤 巷間을 구경하고 있던 太子는 聖母의 아름다운 讀書聲에 반해서 尙書 니원쥰(李元俊)의 딸로 假裝하여 聖母의 뒤를 밟아 觀音寺에 이르러 서로 손을 잡고 가까와진다. 佛前에서 占을 친 결과 太子에게는 幸運이, 聖母에게는 그 아버지에게 不吉한 화를 얻어 聖母는 바로 싸움터로 나아갈 決意를 하게 된다. 그리하여 理夢한 老僧에게 甲옷과 寶劍의 所在를 듣고서 太陽城에 幽閉된 아버지 鄭儒를 救하게 된다.

그리하여 交趾의 亂을 平定한 鄭聖母의 表文을 본 太子는 李元俊의

딸의 이름으로 祝賀의 글을 보낸다. 聖母는 그녀를 招待했고 太子는 또다시 女裝을 하고 그녀에게로 갔다. 며칠을 같이 지낸 聖母는 마침내 그녀가 太子임을 알게 되어, 너무도 부끄러워 自決하려고 하나, 太子의 타이름으로 말미암아 그 뜻을 꺾이고 만다.

大元帥 鄭儒가 凱旋한 뒤, 聖母와 太子는 結婚하게 되지만 끈질긴 楊貴妃와 그 동생의 奸計로 말미암아 聖母는 監獄에 갇히게 되고 그 속에서 훗날 皇孫이 될 아들을 낳아, 어린 아기만 乳母에게 맡기고, 聖母는 自決하라는 命이 내린다. 太子는 남몰래 女罪囚와 聖母를 바꿔쳐서 겨우 그녀를 脫出시킨다. 楊貴妃 男妹는 聖母가 죽은 줄 알고 신바람이 나서 楊景의 딸을 太子妃로 삼도록 皇帝를 충동이고 皇帝 또한 그럴싸하게 여기게 된다. 皇后는 皇帝의 어둑함을 한탄하며, 한편 聖母에게 드나드는 것을 알았으므로 楊貴妃 一派에게 들킬까봐 조마조마한다. 聖母는 男裝을 하고 달아나 李元俊의 집에 숨어 살면서 李元俊의 떨에게 장가들어 세상을 속인다. 勿論 李小姐를 太子後宮으로 삼을 계획이었다.

그 뒤 六州刺使가 일으킨 叛亂에 몰래 應했던 楊賊을 平定한 聖母는 다시금 太子와 和睦하게 지내게 되어 皇孫과 再會하고 李小姐를 太子의 副嬪으로 맞아들여 聖母는 三男一女를, 李小姐는 二男一女를 두고, 太子夫妻 아흔이 넘어 한 때에 세상을 뜨게 된다.

뎡비젼 권지일

당명황시졀의 형쳐셜ᄒᆞᆨᄉᆞ의 ᄒᆞᆫ쳐
상이시어 셩은 뎡이오 명은 슌ᄌᆞᄌᆞ
벼ᄉᆞᆯ이 뎡승 별명은 셔쥬이오 고쥬 셰가
라일셔ᄌᆞ이 현곤의 ᄯᆞᆯ이 ᄲᅥ흘에 ᄌᆡ가노
므ᄋᆞᆯ ᄒᆞ의와 에 ᄃᆞ는 ᄒᆞᆼ훈 호ᄅᆞᆯ 강셩
졍지ᄒᆞ고 상흥이 ᄯᅳᆺ셩 호 ᄌᆞᄆᆡ 흥은
호ᄅᆡ 사 시흥의 부인은 시흥 부상셔
셜ᄒᆞ여이에 나부인이 어ᄌᆞᄒᆡ 지졀은 숭
ᄇᆡ지ᄒᆞᆼ이 가좃ᄒᆞᆫ고로 ᄀᆞ이 ᄒᆞ명ᄒᆞᆷ
ᄒᆞ여 ᄒᆞ오니 셤셩의 와셔 셤호ᄅᆞᆯ

뎡비젼 권지일 첫장

뎡비젼 권지ᄉᆞ종

ᄎᆞ셜 뎡비 양온의 ᄯᅵ다 ᄅᆞᆯ 갈ᄉᆞ비
셰여ᄅᆞᆯ ᄅᆞ스 흠을 ᄅᆞᄅᆞ 양ᄅᆞᆯ 엇ᄀᆞ 다
양진졍의 양온의 ᄅᆞ을 ᄇᆞᆫ ᄒᆞᆯ 시
의여ᄃᆞ 다 뎡비ᄅᆞᆯ ᄎᆡᄅᆞ 뎡비 ᄯᅳ 즈
빈 ᄒᆞᆯ 신 진 ᄌᆞ 글 양셤을 진져ᄀᆞ 즐
오ᄌᆞ 글 양진졍을 ᄯᅥ ᄂᆞ 주ᄅᆞᆯ ᄯᅥ
나 ᄀᆞᆯ 졔 비 다 ᄀᆞᆷ 지 즈 홀 지 다 뎡비
의 ᄒᆞᆯ 이 비 ᄀᆞ 여 양진졍의 다 ᄯᅥ 하
의 셔 여 지 ᄋᆞ 양ᄒᆞᆫ 엿 이 ᄅᆞᄋᆞ을 보
근 ᄂᆞᆷ ᄒᆞ 뎡 ᄌᆞ 지 ᄌᆞ 홀 ᄌᆞᆯ 엿 ᄂᆞᆫ 발

뎡비젼 권지ᄉᆞ종 33—A

한후로 록봉흐샤 신민을 기리시믈
봉흐샤 여러 평을 부지 드이 두굴셩
그해 탕샹의 쳥덕을 흐옹흐며
항샹 뎡흐며 이하 숭여 세의 덕을
시외 봉흐샤 지극이 편보 쳔흐믈
여쳥 됴편 화평 세샹 흐슈혐 공졍
을 구어 시나 로졍녕의 작이고
흐올 기로 원샹과 흐흐다
쳐샵연 수셜을 향흐옵셔
비감연 이 으 월일 향 봉 쳐

9. 금향졍긔(錦香亭記)

1) 서지상황

Ⅶ-4-232 共 7册, 筆寫本, 黃色表紙, 紅線裝.
靑匣 : 20.9×23.5×9.4 등에 諺文 錦香亭記, 錦香亭.

卷一:금향졍긔 권지일

外表紙 : 20×23.2
內 : 18.4×23.2
글씨 : 14.5×17.3
每面 : 11行
끝 : 29-B-1行 13~15字內外
刊記 : 29-B-2行 세님ᄌ원월 일 향목동셔
※ 첫장 3~4行 下 5字쯤에 탄 구멍이 6장까지 뚫렸고,
※ 6, 29장『全韻玉篇』
8장은『醫方』
9장은『寶鑑』 } 筆寫 뒤집은 종이
28장은『神隱必用』

卷二:금향졍긔 권지이

外表紙 : 20.1×23.4
內 : 17.8×23.3
글씨 : 14.8×17.9
끝 : 30-A-9行

刊記　: 30-A-10行 셰님ᄌ이월 일 향목동셔

※ 4,5,6장은 치부종이
7~14장, 18장은『詩傳大傳』
12장, 17장, 19장은『약주방문』
23~26장은 치부종이
27~29장『詩經 언해』
} 뒤집은 종이

※ 맨끝에 펜으로 安城郡邑內面東里四八七이라 적혀 있음.

卷三:

外表紙 : 20.2×23.3
內　: 17.5×23.3
글씨　: 15×17.5
每面　: 11行 無行. 13~15字
끝　: 28-B-1行
刊記　: 28-B-2行 셰님ᄌ원월 일 향목동셔

※ 1~3장 깨끗한 백지 부했음.
4장은『通鑑』卷二十, 十一장
5장은 치부종이
6~10장은『詩經 언해』
11~28장까지는 흰 백지
} 뒤집은 종이
끝에 연필로
안성둘산남용간이 徐廷檍 金三龍이라 적혀 있음.

卷四:

外表紙 : 20.1×23.3
內　: 17.7×23.3
글씨　: 14.7×17.3
每面　: 11行 12~15字

끝　　: 28-A 11行
刊記　: 28-B 셰님ᄌ원월 일 향목동셔
※ 흰 조선종이

卷五 :

外表紙 : 20.3×23.3
內　　: 18.6×23.3
글씨　: 15.2×16.6
每面　: 11行 11~12字 內外(끝줄 11字)
끝　　: 29-A-4行
刊記　: 29-A-5行 셰님ᄌ원월 일 향목동셔
※ 1~28장까지 흰 조선종이
29장은 詩經日錄 뒤집은 종이

卷六 :

外表紙 : 20×23
內　　: 17.3×22.9
글씨　: 15.7×17.8
每面　: 11行 13~16字
끝　　: 30-B-9行
刊記　: 30-B-10行 셰임자뎡월 일 향목동셔
※ 刊記를 님ᄌ→임자로 쓴 것처럼 卷六은 共7册中에 유독 색다른 글씨임.
※ 맨끝에 鉛筆로 天下에 不人 李完用이란 낙서가 있음.
筆寫年代와 독서 年代는 같지 않겠지만, 國恥後의 壬子 1912가 아닌가 함.

卷七 :

금향정긔 권지칠 종

外表紙 : 19.9×23.5

內 : 16.5×23.5

글씨 : 14.5×18.5

每面 : 11行 無行 14~15字內外

끝 : 33-B-2行

刊記 : 32-B-3行 셰님ᄌ원월 일 향목동셔

※ 첫장은 줄친 흰종이 뒤집은 것

2~20장까지는 약주방, 약 방문, 辟蛇方 · 種果 등 내용을 뒤집은 것

21~30장까지는 흰 백지

31장, 33장은 소설 베끼다 그르친 것

32장은 흰 조선종이

※ 맨끝에… "평북공" 자녀 구남매의 희비ᄒᆞᆫ 셜화는 "죵갈양문녹(鍾葛兩門錄)의 긔록ᄒᆞ엿기로 그만 그치노라"

2) 줄거리

唐明唐때 吏部總裁인 종슈(鍾秀)는 奸臣들의 들끓음을 싫어하여 벼슬을 버리고 그 夫人 元氏와 은산(銀山)에 올라 세월을 보내게 된다. 설흔이 되도록 血肉이 없다가 겨우 얻은 외아들 종경긔(鍾??)가 一世의 奇男子가 된 열여덟에, 父母가 다 죽고 만다.

孤兒가 된 경긔는 科擧볼 날 만을 苦待하던 중, 어쩌다가 錦香亭에 노닐어 葛御史의 딸 명화(明華)를 만나 사랑이 시작된다. 白綾수건에 쓴 明華의 詩가 契機로 作用한다. 侍女인 홍우(紅雨)의 주선으로 남몰래 만나게 된 이들은 꿈인 듯이 기뻐하였으나 때마침 지나가는 葛御史의 行列에 질겁을 하여 도망치다가 어느 집의 石假山에 숨게 된다. 그 집은 바로 楊貴妃의 여동생의 집이었다.

그가 壯元及第하여 상감을 뵙고 翰林學士가 되어 楊女를 찾아가니, 그녀는 이미 宮에 들어가 없었고, 葛明華를 찾아간 즉, 李太白 · 賀知章과 술에 醉해 安祿山을 叱辱하다가 葛御史는 딸과 함께 벌써 獄에 갇힌 뒤였다. 경긔는 곧바로 楊貴妃와 安祿山 등의 奸臣을 몰아내라고 上疏하자, 성이 난 皇帝가 投獄시키려 하였으나, 楊貴妃의 여동생의 諫言을 들어 西天萬戶로 내어 쫓았다. 경긔는 西天으로 向하던 중, 뇌만츈(雷萬春)의 도움으로 救濟되니, 雷萬春은 西天에는 虎豹 豺狼이 많으니 姪女인 女中君子 靑蓮을 副室 삼아 데려가라고 권하여 그렇게 인연을 맺는다.

한편, 安祿山이 皇帝를 僭稱하자, 그 아들 安慶緖는 明華를 달래 보려고 獄에서 데려내어 갖은 말로 꾀어 보나 아무런 댓구도 없어서 때를 기다리자 하여 위구(魏求)의 집에 맡겨 둔다. 그러나 明華는 侍女 紅雨가 代身 죽음으로써 脫出에 成功하여 魏求와 그 딸과 같이 달아나다가 雷萬春에게 잡히게 된다. 그러나 萬春은 明華가 葛御史의 딸인을 알자 도리어 公文까지 띄워 保護하여 無事히 長安까지 가게 된다. 거기서 明華와 魏求母女는 紫雲老師에게 신세지게 되나, 安慶緖의 亂으로 다시 헤어져 明華와 魏求만 어느 고깃배에 救助를 받는다.

郭子儀, 李光弼 등이 安祿山의 亂을 平定하고 獄에 갇힌 葛御史를 救出하여 政事를 議論하게 된다. 紅雨의 죽음을 自己딸 明華의 죽음인 줄만 알게 된 葛禦史는 견디기 어려운 슬픔을 참아가며 내어쫓겼던 明皇을 마중가던 中, 靑蓮과 힘을 모아 明皇을 救하여 서울 가는 경긔를 만나게 된다.

葛御史는 어느 날 紫雲庵의 스님에게 魏求의 딸 碧珠를 通해 들은 明華의 生存의 소식을 듣고 딸의 生命을 救해 준 魏求母女가 고마와 碧珠를 수양딸로 데려오고, 경긔와 결혼시키기로 한다. 경긔가 紫雲庵의 스님을 찾아갔을 때, 碧珠는 이미 終南山으로 入山한 뒤였다. 경긔는 靑蓮夫人과 함께 史思明의 亂을 平定하고 山東 河北의 亂까지 平定한 뒤 돌아와 明華와 결혼하게 되고 皇帝가 下賜한 楊貴妃의 여동생의 邸宅에 살게 된다.

雷青蓮과 사이에 六子三女, 葛明華에게 三子二女, 魏碧珠와 二子一女를 낳는다. 그들의 갖은 이야기는 鍾葛兩門錄에 기록하였으니 참조하라고 끝에 덧붙였음.

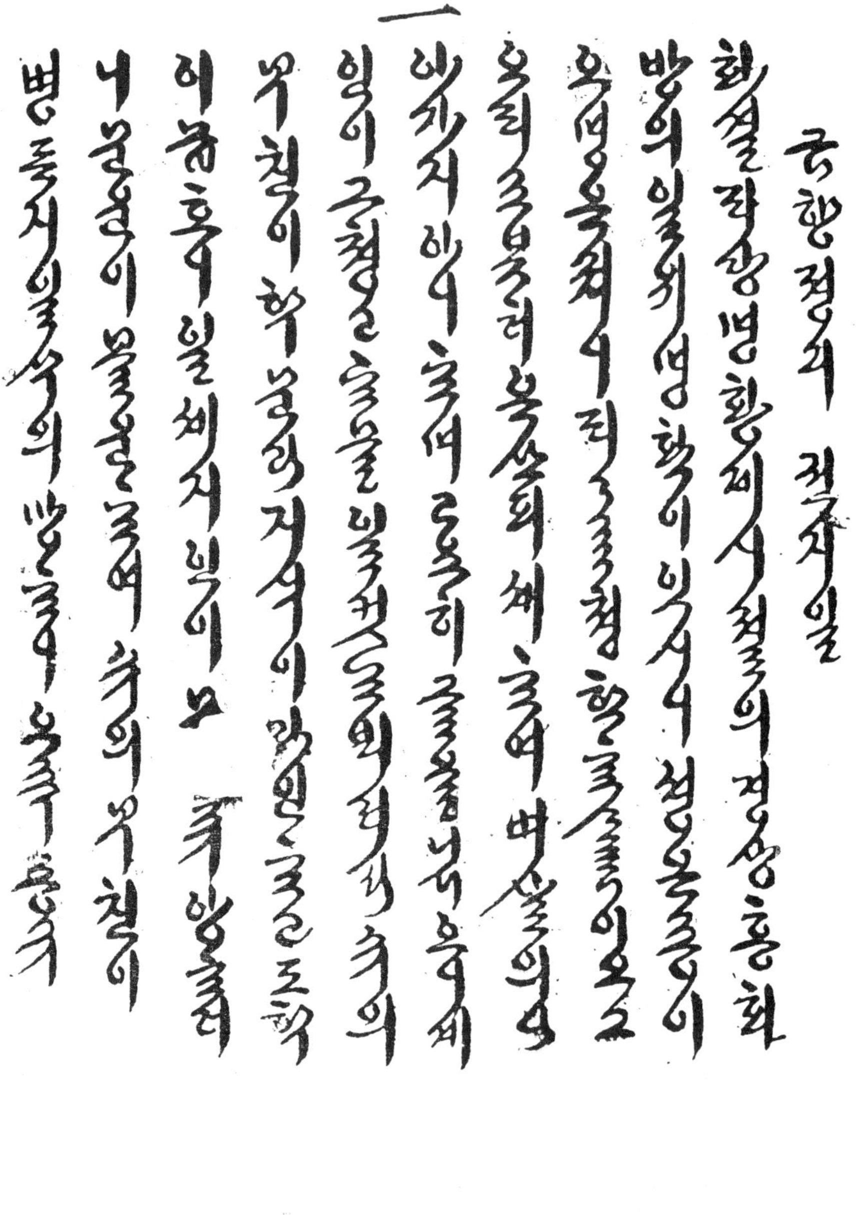

금향정긔 권지일 첫장

금향졍긔 권지칠죵

화셜 너 즁이 ᄡᆞᆯ을 ᄡᆞ내 사러 셜온ᄃᆡ
골 ᄌᆞ 일 푸 화셜을 내여 ᄃᆞ시 셜을
졍약셔 에 ᄒᆞ보니 ᄃᆞ 졍 졀 기 ᄒᆞᆯ 맛시
나 ᄒᆞ엿ᄂᆞ셔
활달 진셩 웅 쇠 상의 의엿을 버려 왈 ᄒᆞᆯ 션ᄃᆞᆯ
봉 상 졀 ᄌᆞᆼ 한 향을 봉 ᄂᆞ 소 졀 졍의 향 긔를 은 을 ᄒᆞ이 ᄒᆞ오ᄂᆞ
녀 ᄃᆞ 욕 쥬 ᄃᆞᆼ ᄋᆞ 원 미 져 일 ᄒᆞ 히 ᄃᆞᆼ 원 을 ᄆᆞᆯ이 친
일 ᄃᆞ 동 ᄃᆞᆼ ᄀᆞ 셰 ᄒᆞᆫ 동 ᄃᆞᆼ 의 옥 ᄒᆞᆫ 을 ᄒᆞ 면 ᄒᆞᆯ ᄯᅩ
졍약셔 ᄒᆞᆯ 의 약 연 ᄒᆞᆨ셔 ᄒᆞᆯ 진 졍의 ᄃᆞ ᄒᆞ
ᄒᆞ ᄒᆞᆯ 회 ᄃᆞᆼ ᄀᆞ ᄒᆞ 법 향을 ᄒᆞᆫ ᄒᆞ니

금향정긔 권지칠종 첫장

[illegible]

[illegible]

셰병술원월 일향수동셔

금향정긔 권지칠종 끝장 33—B

10. 창션감의록(彰善感義錄)

1) 서지상황

Ⅶ-4-233 共10冊, 筆寫本, 黃色表紙, 紅線裝.

※낡고 때묻고 누렇고 거무틱틱함.

靑匣 : 卷 1－ 5 : 20×22.6×7.6

卷 6－10 : 20.2×22.6×6.4

卷一 : 창션감의록 권지일 ※효지찬지계 쌍옥졍인연

外表紙 : 19.2×22.4

內 : 17×22.3

글씨 : 15.2×15.5

每面 : 11行 12～13字內外

끝 : 31-B-10行

刊記 : 셰을ᄉ 사월 일 항목동셔

※ 치부한 종이로 부했음.

卷二 : 창션감의록 권지이 ※히도 쳥셩산 쵸혼동졍호

外表紙 :

內 :

글씨 :

每面 : 11行 12～16字

끝 : 30-B-10行

刊記 : 30-B-11行 셰을ᄉ 사월 일 항목동셔

※ 8－A · B, 9－A, 11－B, 20－B, 21－A에 지저분한 먹칠.

卷三:창션감의록 권지솸 ※계졍각언지 연교독힝의

外表紙 : 17.7×22.4

內 : 15.5×22.4

글씨 : 13.8×18

每面 : 11行 13~14~15字

끝 : 34-A-5行

※ 1-3-A · B ⎤
6-A~14-A ⎦ 는 達筆, 14-B는 또 딴 글씨

4-A~5-A는 拙筆

나머지는 위와같은 達筆

※ 刊記는 부해버려서 안보임.

※ 族譜 및 치부한 종이가 뒤에 부해져 있음.

卷四:창션감의록 권지샤 ※조즈영슉여 요첩결흉직

外表紙 : 18.3×22.5

內 : 16×22.4

글씨 : 13.3×18.4

每面 : 11行 14~15字

끝 : 33-A-6行

刊記 : 33-A-7行 셰지 신츅(辛丑 1901) 사월 일 ※향목동셔

※ 達筆

卷五:창션감의록 권지오 ※五言 두줄의 題가 없음.

外表紙 : 19.4×22.4

內 : 15.7×20

※ 全卷이 拙筆

卷六:창션감의록 권지뉵 ※五言 二行題 없음.

外表紙 : 19.8×22.4

內　　: 18.2×22.3
글씨　: 16×18.5
每面　: 11行. 13～14字
끝　　: 31-B-11行
刊記　: 셰임자 십월 일 향목동셔
※ 拙筆

卷七 : 창션감의록 권지칠 ※五言 二行題 없음.
外表紙 : 19.1×22.4
끝　　: 30-B-10行
刊記　: 32-B-11行 셰임자 십월 일 향목동셔
※ 拙筆
※ 全卷이 實錄抄인 듯한 記錄 뒤집은 것.

卷八 :
外表紙 : 19×22.4
끝　　: 31-B-10行
刊記　: 셰 임자 십월 일 ※향목동셔
※ 拙筆(卷 五·六·七·八 同一)

卷九 : 창션감의록 권지구 ※五言 2行題 없음.
外 表 紙 : 19×22.4
※ 1－A12行 14～15字
1－B11行
3－A12行
끝　　: 30-B-7行

刊記　　：30-B-8行 셰임자 십월 일 항목동셔

卷十 창션감의록 권지십죵 ※五言 2行題 없음.

外表紙：19×22.5

內　　：16.8×22.5

글씨　：14.6×17.8

每面　：11行 14~15字

끝　　：28-B-4行

刊記　：28-B-5行 셰임자 십월 일 상목동셔

※ 11장, 12장 뒤에는 璿源系譜紀略總叙目錄

2) 줄거리

明 世宗때, 兵部尙書인 화운(華雲)에게는, 長男 춘(瑃)의 어머니인 첫 夫人 沈氏와, 외딸 치강(彩江)을 두고 죽은 요시(姚氏)와, 진(珍)의 어머니인 第三夫人 정시(鄭氏)의 세 夫人이 있었다. 長男 瑃은 그 어머니 沈氏를 닮아 傲慢스러웠다. 이에 비겨 어진 鄭氏를 닮은 珍은 聰明하기도 하여 이 집안을 일으킬 것은 이 아들이라고 아버지 華尙書의 사랑을 독차지하여, 沈夫人의 시새움은 이만저만이 아니었다. 珍의 姑母는 이런 가운데, 어미 없는 彩江과 珍을 언제나 두둔하였다.

때마침 亂世를 한탄하면서 고향으로 돌아와 吟風弄月로 세월을 보내고 있던 윤혁(尹赫)은 珍을 보자 마음에 들어 自己 딸과, 수양딸인 南小姐를 함께 珍에게 주겠다고 請婚하는 것이었다. 南小姐는 지금은 生死조차 모르는 귀양간 친구 남평(南平)의 딸이다. 그리고 어미 없는 彩江도 뉴광록(柳光祿)의 아들과 言約이 되어 華尙書네 집안에는 慶事가 겹치게 되었다. 그런데 그 사흘뒤에 갑자기 華尙書와 鄭夫人이 함께 세상을 뜨고 만다.

主人이 없는 華氏宅에서는 長男인 瑃과 그 어머니 沈夫人이 세상을 만난 듯이, 珍과 彩江에게 온갖 奸計를 짜내어 못살게 굴기 시작한다. 柳光祿의 집에서는 이 눈치를 채고 일찌감치 彩江을 며느리로 데려간다. 父母의 三年喪을 마친 珍은 姑母의 勸告에 따라 尹小姐와 南小姐를 아내로 맞아온다. 그러나 瑃 母子의 미워하기는 前보다 더 하여 새 며느리 둘에게 닥쳐왔다. 그뿐더러 못난 瑃은 몹쓸 범한(范漢)의 충동이에 넘어가 罪없는 어진 아내 林小姐를 내치고, 奸惡한 조월향(趙月香)을 正室로 들여 앉히는 등 온갖 風波를 일으킨다.

허지만, 제 아무리 怪惡한 瑃이지만, 范漢·張平·趙月香 등의 꾀임에 넘어가 여러가지 罪를 지었기 때문에 아우 珍이나 弟嫂에게 面目이 없음을 깨닫게 되어 차츰 뉘우치기 시작한다. 瑃의 어미 沈氏도 趙月香의 알랑거림에 속은 수많은 잘못을 저지름을 부끄럽게 여기게 된다.

南小姐는 趙月香이 自己를 毒殺하려는 눈치를 채고, 먹으라는 毒粥을 먹은 척 하고, 발에 둘둘 말린 채 산속에 버려진다. 그러나 청운(淸雲)道士의 안내로 無事히 蜀나라로 가서, 消息조차 끊겼던 父母와 만나게 된다. 동생 珍의 友愛에 感動된 瑃은 마음을 고쳐 먹고, 내어 쫓은 珍의 두 夫人 尹小姐와 南小姐를 도로 맞아오도록 한다. 그러나 珍은 우선 兄 瑃에게 죄 없이 내어 쫓은 兄嫂 林小姐를 데려오라 권하여 집안에는 다시금 平和가 되돌아온다.

이 小說은 열 部로 나뉘어, 各部의 시작에는 五言 二行의 各題目이 있으며, (卷一~四까지만 있음, 五~十까지는 빠져 있음) 忠과 孝를 根本으로 삼아야 한다는 글이 있고, 맨끝에 또한 訓戒같은 글이 있다. 그리고 맨끝에 자세한 것은 화시충효록(華氏忠孝錄)을 보라고 덧붙이고 있다.

이 小說의 作者에 대해서, 이 寫本에는 전혀 記錄이 없지만, 英祖時代 金道洙의 作이라고도 하며, 더러는 拙修齋 趙聖期(1638~1689)의 作品이라고도 한다.

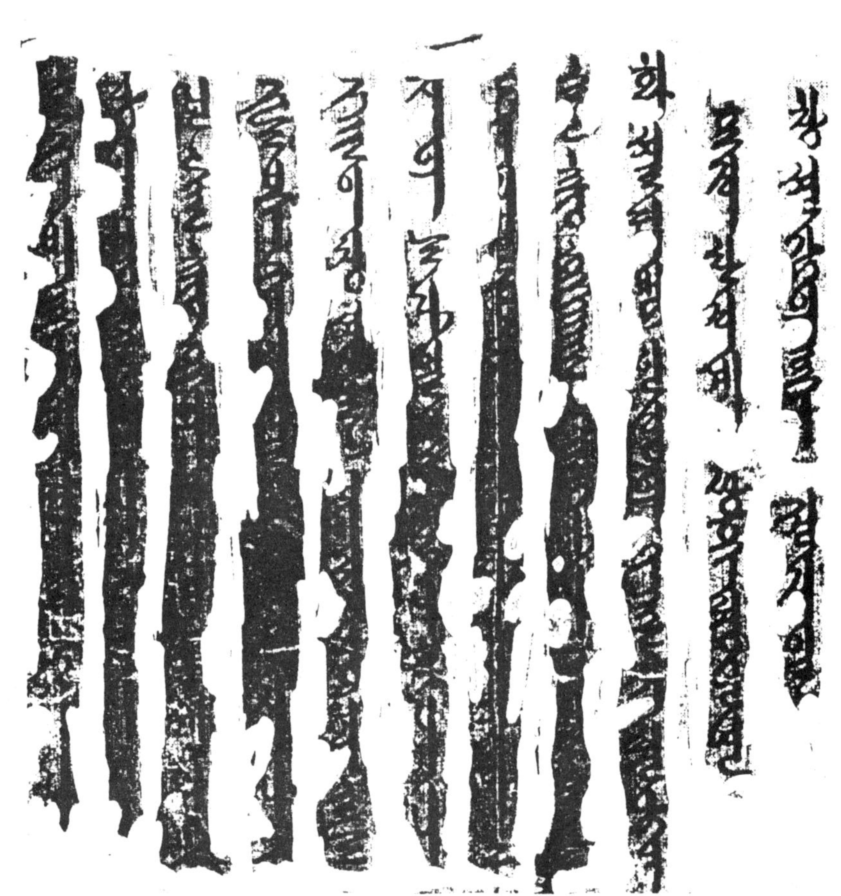

창션감의록 권지일 첫장

창션감의록 권지십죵

이시의 화츈ᄒᆞ다 ᄒᆞ여 조ᄌᆞ의 지젹
졍은을 셜사와 ᄎᆞ일의 이르러 ᄲᅮ나 셰
셰로 ᄉᆡᆼ각ᄒᆞᆫ 온번 ᄡᅡᆼ연ᄒᆞ여 무어술 일
ᄅᆞᆯ 갓틀 지화 어지 감히 진션 방열의 보
찰ᄒᆞ리 온율ᄒᆞ시 여ᄉᆞᆯ 왈 경옥은 ᄒᆞ
도 ᄒᆞᆫ ᄒᆞ다 예ᄉᆞᆯ의 어르쉬 사ᄅᆞᆷ이 니러 ᄒᆡ
물에 업ᄉᆞ리오 곳치ᄂᆞᆫ 거시 져 ᄒᆞ다 ᄒᆞ여
신이 일ᄉᆞᄉᆞᆷ이라 ᄒᆞᆯ 길 ᄯᅢ 인혐ᄒᆞ리오
ᄒᆞᆫᄂᆞᆫ 뱡이 ᄂᆞᆫ의 졍 원ᄒᆞᆫ 연자 계 ᄒᆞᆯ 말ᄒᆞᆫ
ᄂᆞᆫ 평사 ᄒᆞᆯ 삼ᄂᆞ부ᄒᆞ라 졍옥이ᄋᆞ의

창션감의록 권지십죵 첫장

일시간쳔의 츙효만 못ᄒᆞᆯ가 ᄒᆞ
되오 ᄇᆡᆼ훈자서 ᄒᆞᆫ사ᄅᆞᆷ 보려ᄒᆞ
시거든 화셔 츙효ᄅᆞᆯ 혜셔 ᄒᆞ시옵소
셔 ᄒᆞ엿ᄂᆞ니라

세임자 삼월 일 상목 종셔

창션감의록 권지십종 끝장

11. 하진양문녹(河陳兩門錄)

1) 서지상황

Ⅶ-4-234 共29册, 筆寫本, 黃色表紙 紅線裝.

青匣四止　卷　1－ 7：20.5×22.6×9.5

8－14：20.5×22.8×9.5

15－21：20.3×23.2×9.2

22－29：20×22.6×10.5

1册

卷一:하진양문녹 권지일

外表紙：19.5×22.2

內　　：18.1×22.2

글씨　：15.5×16

每面　：12～14字

끝　　：33-B-10行

刊記　：33-B-11行·셰무신(戊申 1908?) 이월 일 향목동셔

※ 2장, 28장은 光武5年(1901) 郡守 朴在華(慶南昌寧郡) 31장은 光武5年 一月 郡守 尹斗漢(江原道 狼川郡) 戶籍表를 뒤집은 종이

卷二：

外表紙：19.4×22.6

內　　：17.4×22.5

글씨　：15.2×16.9

每面　：11行 15, 16, 17字

끝　　：33-B
刊記　：33-B 셰무신 삼월 일 향목동셔
※ 역시 戶籍表 뒤집은 것

卷三：
外表紙：19.4×22.4
每面　：11行 無行 13~16字
끝　　：26-B-5行
刊記　：26-B-6行 셰무신 삼월 일 향목동셔

卷四：
每面　：11行 13~14字
끝　　：30-A
刊記　：30-A 셰부신샤월 향슈동셔
※ 文集·戶籍表 뒤집은 종이
光武六年(1902) 慶南金海郡守 李瑢教(戶籍表)

卷五：
外表紙：19.7×22.2
每面　：11行 14~15字
끝　　：30-B
刊記　：30-B 셰무신삼월 일 향목동셔
※ 戶籍表 뒤집은 종이 12장은 慶南 峽川郡守 光武六年 一月(1902) 李倫軾 30장은 郡守 丁喜燮

卷六：
外表紙：20×22.4
每面　：11行 14~18字
끝　　：33-B-8行

刊記 : 33-B-9行 세무신 ᄉ월 일 향목동서
※ 戶籍表 뒤집은 종이 光武六年 一月 峽川郡守 李倫軾

卷七:

外表紙 : 20×22.1
每面 : 11行 14~15字
끝 : 36-B
刊記 : 세무신 ᄉ월 일 향목동서
※ 6장은 白紙에, 7장은 郡守 朴在華, 18장은 慶南咸安郡守 李秉翊 光武四年(1900)

2冊

卷八:

外表紙 : 19.6×22.7
끝 : 30-B-6行
刊記 : 30-B-7行 세무신ᄉ월 일 향목동서
※ 12장 慶南南海郡
13장 會寧 郡守 梁在萬
29장 慶南 南海郡守 光武6年(1902)

卷九:

每面 : 11行 14~17字
끝 : 32-B-2行
刊記 : 32-B-3行 세무신삼월 일 향목동서
※ 10장 江原道 狼川郡守 尹斗漢 光武五年一月(1901)
25장 慶南金海郡守 李璐敎 光武五年(1901)
31장 慶南昌寧郡守 朴在華 光武五年(1901)
北面城下里 戶主朴洪基

卷十：

끝　　：32장

刊記　：32장 셰무신 오월 일 향목동셔

※ 14~32장까지는 치부종이 뒤집은 것

2장, 13장은 戶籍表 뒤집은 종이

光武四年(1900) 咸安郡守 李秉翊

光武五年(1901) 會寧郡守 洪在萬 靈山面一里 戶主 僧文雲

卷十一：

外表紙：19.5×22.4

글씨　：15.5×17.4

每面　：11行 15~16~17字

끝　　：30-B-5行

刊記　：30-B-6行 셰무신 ᄉᆞ월 일 향목동셔

※ 全部 치부한 종이 뒤집은 것.

卷十二：

每面　：11行 14~17字

끝　　：32-B-10行

刊記　：32-B-11行 셰무신 오월 일 향목동셔

※ 16장까지는 치부한 종이 뒤집은 것

卷十三：

每面　：11行 15~16字

끝　　：32-B-2行

刊記　：셰무신 오월 일 향목동셔

※ 8장은 易傳義 大全卷十

9장~끝까지는 光武六年(1902) 郡守 丁喜燮

戶籍表 뒤집은 종이

卷十四 :

每面 : 11行 15~16字

끝 : 33-B-10行

刊記 : 33-B-11行 셰무신(戊申 1908?) 오월 일 향목동셔

※ 1~2장外는 光武六年三月 郡守 丁喜燮

14장~끝까지는 치부종이

卷十五 :

每面 : 11行 14~17字

끝 : 33-B-7行

刊記 : 33-B-8行 셰무신 오월 일 향목동셔

※ 全卷 치부한 종이 뒤집은 것

卷十六 :

每面 : 11行 13~15字

끝 : 32-A-10行

刊記 : 32-A-11行 셰무신 오월 일 향목동셔

※ 全卷 치부한 종이 뒤집은 것

卷十七 :

每面 : 11行 15~16字

끝 : 31-B-6行

刊記 : 31-B-7行 셰무신 뉴월 일 향목동셔

※ 치부종이, 戶籍表, 文集 뒤집은 종이

※ 31장은 咸北朔州郡守 光武二年(1898) 三月 李暻浩

卷十八 :

每面 : 11行 15~17字

끝 : 31-A-10行

刊記 : 31-A-11行 셰무신 뉴월 일 향목동셔

※ 易傳義大全, 치부종이, 戶籍表 뒤집은 것

卷十九 :

每面 : 11行 13~14字

끝 : 30-B-5行

刊記 : 30-B-6行 셰무신 유월 일 향목동셔

※ 戶籍表, 치부종이, 易傳義大全

卷二十 :

每面 : 11行 13~14字

끝 : 32상

刊記 : 32장 셰긔유(1909?) 십이월 일 향목동셔

卷二十一 :

每面 : 11行 14~15字

끝 : 32-B-3行

刊記 : 32-B-4行 셰무신 뉴월 일 향목동셔

- ※ 12장은 詩傳大全卷四 뒤집은 종이

卷二十二 :

外表紙 : 19.2×22.3

內 : 15×17.3

每面 : 11行 14~16字

끝 : 30-B-8行

刊記 : 30-B-9行 셰무신 뉴월 일 향목동셔

※ 但, 30-A는 12行으로 14~18字

卷二十三 :

每面　: 11行 14~16字

끝　: 31-B-9行

刊記　: 31-B-10行 세무신 유월 일 향목동셔

※ 한지 얇은데 詩諺解로 부한것, 치부종이 등

卷二十四 :

每面　: 11行 14~16字

끝　: 32-A-6行

刊記　: 32-A-7行 세무신 뉴월 일 향목동셔

※ 치부종이, 易諺解 · 詩傳 뒤집은 종이

卷二十五 :

每面　: 11行 11~14字

끝　: 32-B-3行

刊記　: 32-B-4行 세무신 유월 일 향목동셔

※ 엷은 한지를 易諺解 詩傳으로 부했음.

卷二十六 :

每面　: 11行 14字內外

끝　: 31-B-10行

刊記　: 31-B-11行 무신뉴월 일 향목동셔

※ 1~29장 치부종이

30~31장 詩諺

卷二十七 :

每面　: 11行 14~17字內外

끝　: 30-B-2行

刊記　: 30-B-3行 세무신 유월 일 향목동셔

※ 치부한 종이로 부했음.

卷二十八:

每面 : 11行 15~17字

끝 : 34-B-2行

刊記 : 34-B-3行 셰무신 뉵월 일 향목동셔

卷二十九: 하진양문녹 권지이십구죵

外表紙 : 19.4×22

內 : 17.4×22

글씨 : 15.5×16.16

每面 : 11行. 14~15字

끝 : 33-B-7行

刊記 : 33-B-8行 셰무신 오월 일 향슈동셔

2) 줄거리

宋 太宗무렵 蘇州伯 하희지(河喜地)와 岳州刺使 진원경(陳元慶)의 집안 이야기를 記錄한 長篇小說이다.

너무도 忠直端嚴하여 殘忍한 것도 같이 보이는 河喜地에게는 正夫人 尹氏와 小室 朱氏가 있었다. 河喜地는 朱氏가 낳은 영화(英華)·동화(同華)·계화(桂華)라는 세 아들이, 將來 제 아무리 榮達한다 하더라도 생김새가 不吉하다 하여 그다지 반기지를 않고, 正夫人 尹氏 所生의 옥윤(玉胤)을 틀림없이 우리 집안을 일으킬 딸이라 하여 유난히 귀여워 하였다. 그리고 玉胤의 아우(弟) 백화(百華)도 마음씨가 착하고 몸가짐도 점잖아서 그 아버지의 사랑을 받았다. 朱氏夫人에게도 딸이 있어 이름을 교주(嬌珠)라 하여 얼굴도 곱살스러웠건만, 제 어미를 닮아 貞淑하지 못하였다. 그런데 尹夫人은 딸 玉胤과 아들 百華 男妹를 두고 서른남짓 해서 세상을 뜨고 만다.

한편 清廉剛直한 岳州刺使 陳元慶은 張氏夫人과의 사이에서 태어난 아이들을 다 앞세워 버리고, 늙마에 낳은 奇異한 아들 세빅(世伯)만을 건지게 된다. 그런데 世伯만을 남긴 채, 陳氏夫婦는 세상을 뜨고 만다. 世伯은 玉피리를 손에 들고 放浪의 길에 오르게 되는데, 玉피리 소리를 因緣으로 河喜地와 알게 된다.

河喜地는 世伯의 玉피리소리에 마음이 感動되어 딸 玉胤의 사위로 정하고 依支없는 그를 河氏門中에 머물게 하였다. 그러나 朱氏夫人과 嬌珠母女는 世伯의 글 읽는 소리며 거문고소리에 반해서 드디어 邪戀을 품어 世伯을 誘惑하여 그 속마음을 떠 보았다. 그러나 아무런 關心도 없음을 알게 되자, 朱氏母女는 세 아들과 共謀하여 世伯을 죽이려 든다. 그러나 그것을 눈치 챈 玉胤의 슬기로 世伯은 危機를 겨우 모면하여 달아나는데 成功한다. 허지만 그 앙갚음으로 玉胤은 구박에 못견디어 自殺을 하게 되어 남동생 百華에게 遺書를 남기고 물에 빠진다. 서역곤륜산(西域 崑崙山) 第三峯의 진원(眞園)大師에게 救助되어 男裝하여 神術을 익히고 奇異한 칼 · 활 · 화살을 받아 가지고 다시금 俗世에 나오게 된다.

百華 역시 朱氏母女의 陰謀를 알게 되어, 집을 떠나, 結婚한 梁小姐의 아버지인 강주(江州) 양공(梁公)의 집에 신세지게 된다. 사랑하는 玉胤과 百華를 잃은 河喜地 또한 朱氏所生 세 아들이 역겨워 집을 버리고 放浪의 길에 오르게 된다. 朱氏와 嬌珠, 그리고 못된 세 아들은, 몹쓸 짓만 하다가 마침내는 大逆을 꾸미다가 집안을 망치게 된다.

한편 河氏 집을 나선 世伯은 금룡산(金龍山) 비봉사(飛鳳寺)에서 修業하여 文武 兩科에 及第하여 이름을 세위(世偉)라 고치고 벼슬길에 올랐으나 朱氏所生 세 아들의 시새움에 못견디어 下野하고 만다. 하지만 異腹三兄弟가 大逆을 謀叛케 되자 世伯은 그 曲折을 皇帝에게 奏達한 結果, 이 謀叛을 追窮하는 榜이 붙게 되자 河喜地와 百華는 罪責感에 못이겨 自首하여, 드디어 北海로 귀양가게 된다. 玉胤은 아버지의 受難을 알게 되자 眞園大師에게 金丹 세 알을 받아 가지고 俗世로 나와 男裝을 하고 하재옥(河再玉)이라 改名하고 文科에 及第하여 世伯과 만나 義兄弟를 맺지만 自己가 玉胤이라는 것만은 밝히지 않는다.

洛陽을 巡撫하고 돌아온 陳世伯에게 皇帝는 明義公主와의 結婚을 바란다. 그러나 이미 結婚한 몸임을 아뢰고 辭退하자 皇帝의 노여움을 사게 된다. 때마침 江州・蘇州刺使의 叛亂이 있자, 河再玉와 더불어 世伯은 自願하여 出征, 大捷을 이루고 돌아오게 된다. 皇帝는 기뻐하면서 世伯을 蘇州伯에 封하고 다시금 明善公主와의 結婚을 強要한다. 그러던 中 世伯은 痼疾이 再發하여 危篤해지자, 河再玉(玉胤)의 仙藥으로 되살아나, 둘은 다시금 西蜀・西戎의 亂을 平定하고 돌아온다. 이 때 비로소 河再玉은 實은 自己가 河喜地의 딸 玉胤임을 告白하고, 男裝한 罪를 용서해 달라고 빈다. 再玉이 實은 玉胤임을 알게 된 世伯은 玉胤을 正室로 맞으려 하여 皇帝의 노여움을 사, 東吳王의 地位도 빼앗기고 投獄되고 만다. 玉胤은 自己에 대한 世伯의 사랑을 끊기 위해서는 自己가 자취를 감추는 수 밖에 없다고 마음 먹고, 이제부터 入山修道할 터이니 아비 河喜地와 동생 百華만을 살려달라는 表文을 올리고 空中에 떠 올라 北海로 向한다. 世伯은 河再玉(玉胤)이 傳했다는 仙藥을 먹고 마침내 玉胤을 뒤따르게 된다.

玉胤은 北海 謫所에서 瘴氣로 죽어가는 아비와 동생을 仙藥으로 救하고, 이후에는 어떤 벼슬도 一切 辭退하라 이르고, 동생 百華에겐 梁小姐와 結婚하여 幸福해지도록 권유하고, 世伯이 斷念하면 좋지만, 아무래도 斷念 못하고 그가 죽기에 이를 지경이면, 그 때에는 自己는 별 수 없이 俗世로 돌아가 그의 아내가 되겠다고 말하고는 셋은 헤어진다. 河喜地父子가 皇帝의 特赦로 고향으로 돌아가던 中 숭산(嵩山) 월출암(月出庵)에서 玉胤을 찾아 放浪길에 오른 世伯을 만나게 된다. 아무리 타일러도 玉胤에 대한 世伯의 사랑은 變할 줄을 몰랐다. 河喜地는 皇城으로, 百華는 梁小姐에게로, 世伯 역시 皇城으로 向하나 저마다 뿔뿔이 헤어지게 된다. 혼자 길 떠나게 된 世伯은 다시금 痼疾이 再發하여 病은 차츰 危篤해지기만 하였다. 오래 節介를 지킨 梁小姐는 마침내 百華의 아내가 된다. 이쯤 되니 世伯에 대한 皇帝의 노여움도 하는 수 없이 스러지고 말건만 世伯의 病은 덧칠 뿐이었다.

그 무렵 太宗의 張貴妃가 玉宮의 자리를 노려 罪없는 皇后를 헐뜯는 事件이 터져 宮中은 가지로 어지러워졌다. 玉胤은 어느 날 俗緣이 아직도 남아 있다는 말을 眞園大師에게 듣게 된다. 겸하여 世伯이 危篤함과, 宮中에 妖孽이 날뛰고 있다는 것도 알게 된다. 眞園大師에게 靈丹을 받아 가지고 俗世로 돌아온 王胤은 우선 世伯을 살리고, 張貴妃의 허물과, 皇后의 無垢함을 밝혀, 惡의 뿌리를 끊어 버리고, 神通力으로 죽어가는 皇后를 蘇生시킨다. 그리하여 宮中에서 太夫女訓師總裁가 되어 皇后와는 義姊妹의 誼를 맺기에 이른다.

世伯은 마침내 玉胤과 結婚하고 明善公主도 맞아드리게 된다. 明善公主는 世伯의 아들을 낳는데, 自尊心만 強하고 貞淑한 맛은 없었다. 어린애의 얼굴이 不吉하다고 그다지 반가지 않는 世伯에게 노여움을 품게 된 公主는 玉胤을 謀陷코자 하나 뜻대로 안되자, 제 분에 못이겨 어린애를 내동댕이 쳐서 거의 죽게 만든다. 그러나 어린애는 玉胤의 곰살고운 돌봄으로 되살아나게 되자, 제아무리 모질다는 公主도 마음을 고쳐 먹고 둘은 和睦하게 된다. 世伯은 南方巡撫使가 되어 玉胤의 指示대로 雲南交址의 亂을 無事히 平定하고 榮華를 마음껏 누리게 된다. 世伯과 六十年을 산 玉胤은 여든에 세상을 뜨는데 그 뒤 世伯과 公主도 뒤이어 세상을 뜬다. 그러나 그 子孫의 富貴功名은 그침이 없었다고 한다.

(※ Ⅶ-4-235에는 興夫傳, 沈清傳, 洪吉童傳, 林將軍傳, 春香傳, 蘇大成傳, 趙雄傳, 狄成義傳(赤聖義傳이라 기록되어 있음), 楊風雲傳, 齊馬武傳(끝에 회심곡) 등 10권이 青匣속에 들어 있음.)

하진양문녹 권지일 첫장

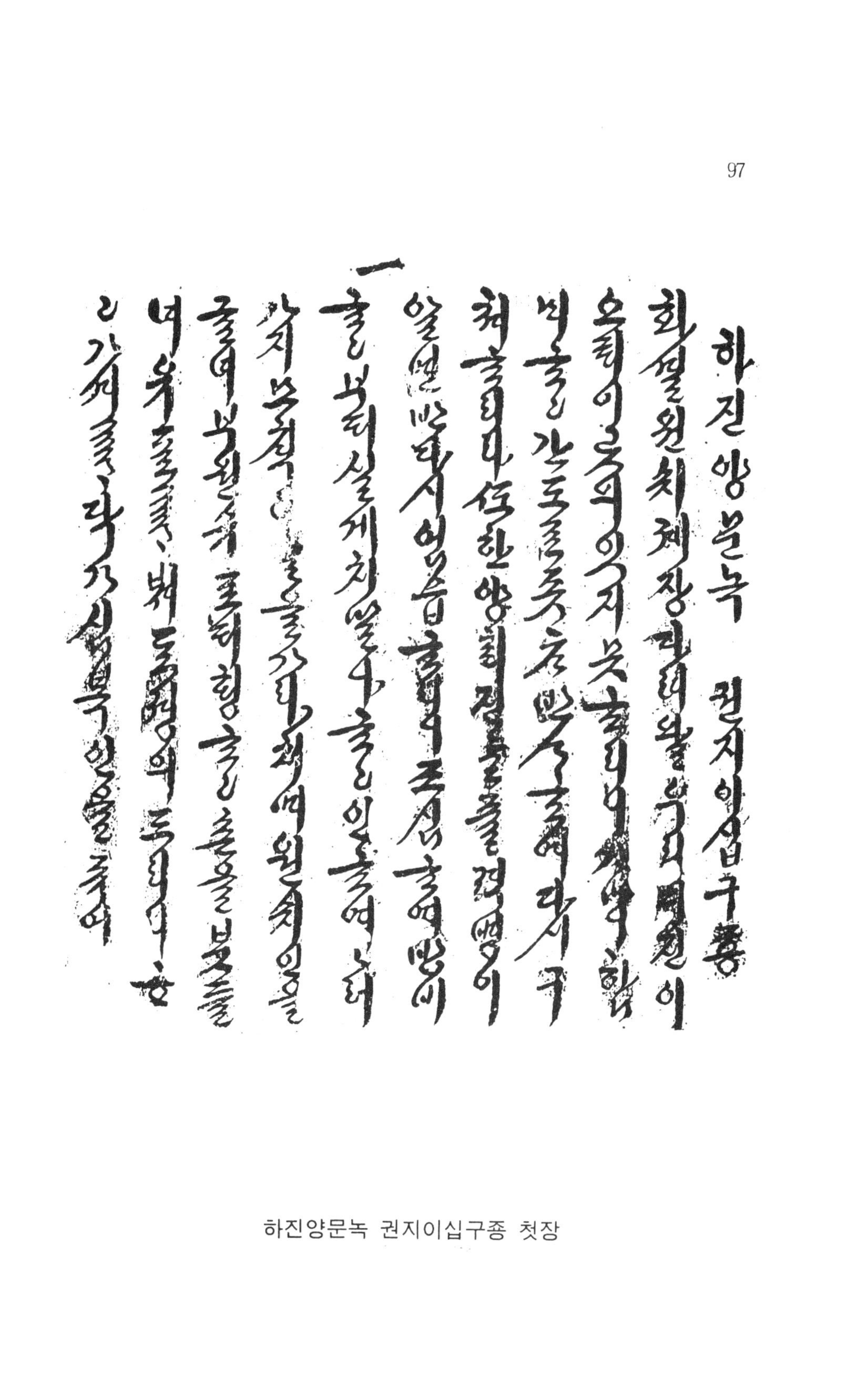

하진양문녹 권지이십구 종

[illegible]

하진양문녹 권지이십구종 첫장

卅

하진양문녹 권지이십구종 끝장

12. 흥부젼

1) 서지상황

Ⅶ-4-235 1冊, 21장, 木板本
※ 1~2張은 없음.
外表紙 : 17.5×23.5
內 : 15.6×23.2
內廓 : 15.3×20.8
每面 : 15行 25~30字
끝 : 20-B-11行
刊記 : 宋洞新板
※ 처음부터 끝까지 行右에 漢字 或은 日本假名로 朱墨풀이 하였음.
※ 12-B 右3行.
上 16字 락→타로 校正
右4行 上5字 쉬역 :: →믄게 :: 로
13-右8行 上14字(허욕 虛慾)이 북밧쳐 :
13-끝줄 슛두어리는 소리→숙덕숙덕
이라 朱墨으로 풀이되어 있음.

2) 줄거리

흥부(興夫)와 놀부는 完全히 正反對의 性格을 지닌 兄弟였다. 兄인 놀부는 甲富였으나 심술장이였고 아우 興夫는 가난하지만 內外가 다 正直하고 마음씨 착하여 부지런하였다. 어느 날 홍부는 다리를 다친 제비새끼를 보살펴 주었더니 報答으로 박씨 한 알을 물고 왔다. 그 씨를 심어 기른 결과 여러 덩이의 박이 열렸다. 그 박을 타 보니

① 喚魂酒·啓眼酒·開言草·不老草·不死草 등의 값진 藥草

② 많은 세간살이

③ 木手·穀食·돈·비단·베·모시·무명·종(奴婢)

④ 아름다운 妾

등이 쏟아져 나와 가난하던 홍부네는 대번에 富者가 된다.

이 말을 들은 놀부는 바로 홍부네로 달려 와, 네 것은 내 것이라 하면서 財物을 비롯하여 妾까지 모조리 빼앗아 갔다. 그래도 마음에 안차서, 동지 섣달부터 제비 오기만 苦待한다. 제비가 새끼를 까자 놀부는 새끼를 잡아 땅에 메다꽂아 傷處를 입히고는 상처를 묶어 주고 둥지로 돌려 주었다. 제비는 화가 나서 江南에 있다는 제비나라로 돌아가 王에게 아뢰었다. 王命을 받은 제비는 報復박이란 박씨를 물고 놀부네로 왔다. 놀부네서 그 씨가 자라 여남은 박이 열렸다. 기다림에 지친 놀부가 그 박을 타자 다음과 같은 災禍가 터져 나왔다.

① 거문고 타는 이가 百兩을 달라고 졸랐다.

② 늙은 중이 木鐸을 치면서 五百兩을 달라고 졸랐다.

③ 상제가 搖鈴을 흔들려 五千兩을 빼앗았다.

④ 八道江山의 巫女가 나와 노래를 부르며 五千兩을 빼앗아 갔다.

⑤ 萬餘名의 짐꾼이 나와 집안세간을 송두리째 져간다고 얼르며 五百兩을 빼앗아 갔다.

⑥ 千餘名의 노라리(건달)가 쏟아져 나와 놀부를 붙잡아 때려 주고 千兩을 빼앗아 갔다. 그리고는 어떤 박인 진 몰라도 돈이 들어 있다는 말을 남기고 노라리는 떠났다.

⑦ 兩班 千餘名이 나와 놀부에게 下剋上의 罪를 適用하여 五千兩을 빼앗아 갔다.

⑧ 萬餘名의 사당패가 쏟아져 나와 놀부의 손발을 끌어 당기며, 헹가래를 치고는 土地文書까지 빼앗아 갔다.

⑨ 無賴漢 萬餘名이 쏟아져 나와 五千兩을 빼앗아 갔다.

⑩ 八道江山의 장님들이 쏟아져 나와 놀부에게 即死藥을 내리소서 빈 뒤에 五千兩을 빼앗아 갔다.

⑪ 張飛가 나타나서는 놀부를 징계했다.

⑫ 박속이 먹음직하여 국 끓여 먹고 미침

⑬ 똥이 天地가 됨

이렇게 갖은 禍를 당하고도 뻔뻔스런 놀부는 妻子를 데리고 흥부네로 向한다.

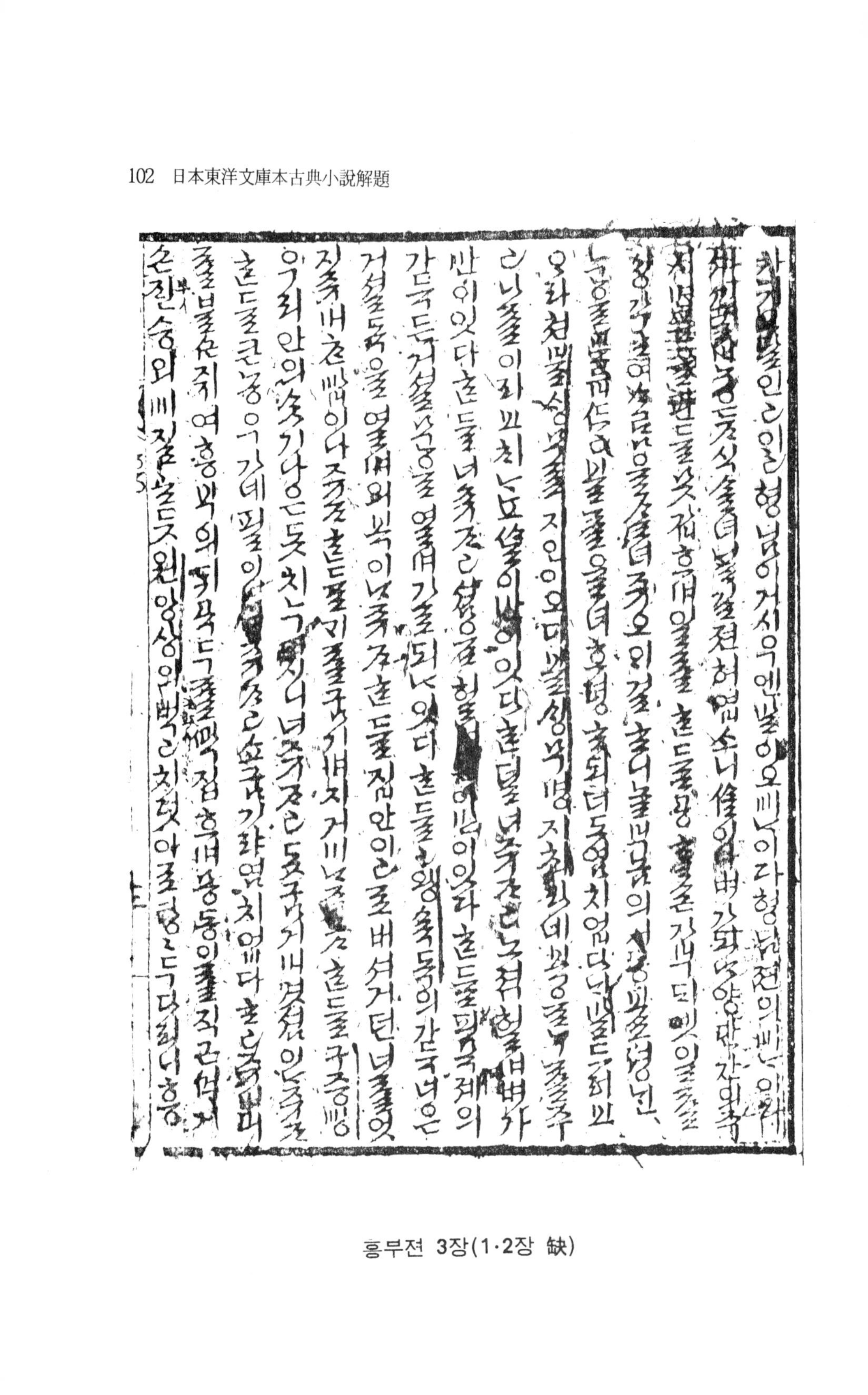

흥부전 3장(1·2장 缺)

ᄒᆞ다가ᄯᅩ쳐셔ᄯᅩ집우의올나 ᄒᆞᆫ동이잇스되빗치[illegible]
빗가ᄒᆞᆫ지라놀나비닯위동ᄒᆞ여ᄯᅩ가지ᄅᆞᆯ니려와ᄒᆞᆫ츰다다가지ᄅᆞᆯ깅이
려드ᄅᆞ니오ᄇᆞ소ᄅᆡ업ᄂᆞᆫ쳔ᄯᅩᆼ넉반물신ᄀᆞᆺ치거놀놀뷔ᄒᆞᄂᆞᆫ말이ᄌᆞᆷ박
은국너거셔어진ᄲᅡᆨ이로다ᄒᆞᆫ십ᄇᆞᆷ의칠팔ᄇᆞᆫ을ᄅᆞᆫ니ᄒᆞᆯ연박속
을ᄭᆞᆯ광풍이되즉ᄒᆞᆷᄭᅴᄯᅩᆼᄌᆞᆯ거나오넌소ᄅᆡ산쳔이진동ᄒᆞᄂᆞᆫ지라읜
집이혼이ᄯᅥ셔되ᄂᆞᆷ밧그ᄅᆞᆯ나와ᄭᆞᆷᄋᆞᆯ당ᄒᆞᆫᄭᅮᆷ드ᄆᆞᆯ읏ᄌᆞᆯ보ᄂᆞᆫ즉된ᄯᅩᆼ
물지ᄯᅩᆼ존ᄯᅩᆼᄲᅡ른ᄯᅩᆼ여러가지ᄯᅩᆼ이ᄒᆞᆸᄒᆞ여나와집우ᄭᆞ지ᄊᆡ인ᄂᆞᆫ지
라놀뷔어이업셔가ᄉᆞᆷ을치며ᄒᆞᄂᆞᆫ말이ᄌᆞᆫ일ᄉᆞᆯ도ᄯᅩ잇ᄂᆞᆫ가세간ᄒᆞᆫ
의ᄲᅡᆨᄒᆞᆫ가지도못지ᄂᆡᆫ어데ᄭᆞ갓ᄂᆞᆫ밀ᄭᆞ가ᄇᆡᆸ비러ᄇᆡᆨ을ᄇᆞᆨ족ᄒᆞᄂᆞ이
업셔ᄉᆞ나ᄒᆞᆫᄃᆡᄃᆡᄒᆞᆫ놈이쳐ᄌᆞᄅᆞᆯ다리고흥부집을ᄎᆞᄌᆞ가려
라

宋洞新板

13. 심쳥젼 권지단

1) 서지상황

Ⅶ-4-235 1册, 21장, 木版本
外表紙 : 19.2×23.4
內 : 17.7×22.6
內廓 : 17.4×19.8
每面 : 15行 24~26字
끝 : 21-A-8行
※ 끝에 東洋文庫印과 K. Mayema 스탬프印

2) 줄거리

宋나라 때, 황쥬(黃州) 도화동(桃花洞)에 심학규(沈鶴圭)란 이가 살았는 데 伯夷 叔齊의 淸廉에 顔淵의 安貧을 宗旨로 살았고 그 아내 郭氏夫人도 아름다운 容貌에 太姙太姒의 德에 木蘭의 節介까지 갖추고 있었다. 스물에 눈이 먼 남편 沈氏를 郭夫人은 至誠으로 모셨다. 바느질, 수 놓기, 빨래하기까지 갖은 일을 부지런히 하여 돈을 모아 남에게 돈을 쥐어주며 그 利子로 먹고 살았다.

마흔이 닥쳐오도록 一點 血肉이 없다가 名山大刹, 迎神堂, 古廟, 城隍堂, 諸佛諸天, 彌勒佛 등에 七星佛供, 百日山祭, 十王佛供을 다 드린 끝에 前世 西王母의 딸이었던 외딸 淸을 낳게 된다. 그러나 郭氏는 淸을 낳자 세상을 떠, 앞 못보는 沈봉사는 동냥젖으로 淸을 길러 그 孝道를 보게 된다. 아비 눈을 뜨게 하려 빌기 위해 인당슈(印塘水)에 祭物로 팔려 가게 된다. 玉皇上帝의 命을 받은 龍王이 그녀를 救해 蓮꽃봉오리 속에 넣어 물위에 뜨게 한다.

꽃봉오리는 뱃사공이 주워다 길렀는데 皇后를 잃은 天子의 외로움을 달래드리려는 뱃사공은 이 꽃을 바치게 된다. 이 꽃봉오리 속에서 나타난 美女는 바로 沈清으로, 皇后가 되지만, 늘 앞 못보는 아비가 못잊혀 皇帝의 允許를 받아 盲人잔치를 하게 된다.

한편 딸을 잃은 沈봉사는 뺑덕어미라는 後妻를 얻었으나, 王봉사의 꾀임에 빠져 심봉사의 노자까지 가지고 밤중에 도망가서 심봉사는 皇城行도 斷念하고 멱을 감고 있는데 벗어 놓은 옷까지 다 도적맞고 만다. 통곡하는 심봉사를 불쌍히 여긴 地方官이 갓이며 짚신 路資까지 대어 주어, 스물다섯살짜리 安氏 여북(女盲人)을 만나 沈清과의 再會를 심봉사의 꿈으로 解夢해 준다. 解夢대로 딸 清을 再會하게 된 심봉사는 너무나도 벅찬 기쁨에 그만 눈이 뜨이게 되고, 딸의 덕에 府院君이 되고, 심봉사를 도와 준 安氏 夫人은 副夫人이 되고 清의 덕에 桃花洞民은 모두 免稅의 惠澤을 받게 되었다고 한다.

심쳥젼 권지단

디송원풍말간의 황쥬도화동ᄉᆞᄂᆞᆫ 사ᄅᆞᆷ이 잇스되 셩은 심이
오 명은 학규라 누디잠영지족으로 문명이 ᄌᆞᄌᆞᄒᆞ더니 가운이
영체ᄒᆞ여 이십의 안맹ᄒᆞ니 낙슈쳥운의 발자최 끈어지고 금장ᄌᆞ
슈의 공명이 비엿스니 향곡의 곤ᄒᆞᆫ 신세 강근ᄒᆞᆫ 친쳑이 읍고 겸
ᄒᆞ여 안맹ᄒᆞ니 뉘라셔 디졉ᄒᆞ리요마ᄂᆞᆫ 양반의 후예로 심졍이 강하
ᄒᆞ여 이웃동일 졍을 경솔이 알어 ᄒᆞ더니 군ᄌᆞ라 칭ᄒᆞ더라 심봉ᄉᆞ 쳐
곽시부인이 ᄯᅩ한 현쳘ᄒᆞ여 임ᄉᆞ의 덕이며 장강의 ᄋᆞ음과 목난의
졀ᄀᆡ 잇ᄉᆞ며 봉제ᄉᆞ 졉빈ᄀᆡᆨ과 인의예지 화목ᄒᆞᆫ 가장 공경치ᄉᆞ
하가 빅집ᄉᆞ가 감[illegible]라 이졔의 [illegible]이요 안연의가 누항의 세젼 구
엽비이 읍서 날은 곳의 젼답읍ᄂᆞᆫ 져외 노비읍셔 가련ᄒᆞᆫ 쳐곽시몸
을 셰여 품을 팔ᄌᆡ 삭바누질 ᄒᆞᆯ 졔 구ᄉᆞ 만의 도포 창의 직녕 셥슈
쾌ᄌᆞ 쟝치 ᄇᆡᆨ자 과남의 복 잔누비 질 상침 질 ᄒᆞᆫ겹 금질과 외울ᄯᅳ기 ᄅᆞ
두누비 서답 ᄲᆞᆯᄂᆡ 하 졀ᄒᆞ의 복 하ᄉᆞ 무의 망건 ᄭᅮ비기와 갓끈 졉 어ᄅᆞᆫ 늣
기와 빈ᄌᆞ 길초 ᄂᆞᆫ ᄉᆞᄌᆡ 보졉 힝젼 [illegible]치 ᄊᆞᆷ지 ᄉᆞᆼ[illegible] 허리ᄯᅴ 상침 ᄂᆞᆺ ᄀᆞ약

심청전 권지단 첫장

쌀라셔보니이부원심ᄒᆞ여옵다가어ᄂᆞ울만광을ᄯᅳ니ᄃᆡ명천지셰계
리부귀공셩남즁싱녀노로ᄒᆞ야보ᄒᆞ니이로미라지아ᄌᆞ조ᄒᆞ올시ᄒᆞ이굿
터조외할졔무슈ᄒᆞ조경이츔츄ᄒᆞ노리ᄒᆞ며산호〃〃만셰〃〃
부르더라심봉ᄉᆞ를조보[illegible]황졔제ᄉᆞ〃은숙ᄇᆡ호ᄒᆞ니ᄂᆞᆫ전의압
시ᄒᆞ여젹편회포드르시ᄆᆡᆸ졀궁올즁ᄒᆞ시니황졔심학규로부
원군을봉ᄒᆞ시고안씨맹인으로부인을봉ᄒᆞ시ᄆᆡ도화동거
민은공셰신역을읍시ᄒᆞ니심황후갓단효힝은어만고의읍ᄉ
둘이라

심청전 권지단 끝장 21—A—8行

14. 홍길동젼 단

1) 서지상황

Ⅶ-4-235 1册 23장, 木版本
外表紙 : 18.8×23.3
內 : 17.3×23.1
內廓 : 15.8×20.6
每面 : 15行, 21字~24字
끝 : 23-B-8行
刊記 : 안성동문이신판
K. Mayema 印(스탬프)
첫 장에는 在山樓藏書印(前間恭作)과 東洋文庫印이 찍혀 있음.

2) 줄거리

朝鮮王朝 世宗 때 吏曹判書 洪某 正室 柳氏所生인 인형(仁衡)이 있었는데, 하루는 青龍이 수염을 거스리고 自己에게 달려드는 꿈을 꾸고, 貴子를 얻으리라는 期待로 內堂에 드나 柳氏夫人의 拒絶로 뜻을 이루지 못하고 마침 茶를 올리는 열여덟살 春蟾을 데리고 情을 通해 吉童이란 아들을 얻게 된다. 氣骨이 壯大하고 非凡한 天才이었으나 庶子이기 때문에 呼父呼兄 못함을 怨痛히 여기는 中에, 洪判書의 妾 谷山妓 草蘭의 미움을 사서, 滅門之禍를 불러 일으킬 子息이라고 巫女·觀相女를 시켜 洪判書의 마음을 어지럽히고, 刺客을 시켜 吉童을 害치려 하나, 吉童은 刺客과 觀相女를 죽이고 집을 떠나 盜賊의 무리에 들어 武藝를 갈고 닦고 軍法을 가다듬어

活貧黨이라 이름하고 各고을 守令의 不義의 財物을 빼앗아서는 가난한 사람에게 나누어 주었다. 이리하여 義賊이 된 吉童은 海印寺를 덮치고, 咸鏡監營을 襲擊하여 宮穀·軍器를 빼앗는 등 엄청난 짓을 하는 한편, 妖術을 부려 제웅을 만들어 八道에 여덟 사람의 吉童이 가로 뛰고 세로 뛰게 하여 官에서 束手無策, 進上 가는 모든 物件을 모조리 빼앗았으며 右捕盜大將을 꾀어 山中 窟穴로 데려다가서는 自己 앞에 무릎을 꿇리는 등 못할 짓이 없이 恣行하였다.

吉童은 서울 한 복판에서 高官大爵의 軺軒을 타고 돌아다니기도 하고 各고을에 路文을 놓아 雙轎를 타고 往來하기도 하고, 어떤 때는 暗行御使처럼 各邑守令 中 貪官汚吏를 懲戒도 하고 하여 그 行動은 大膽하기 짝이 없었다. 吉童의 異腹嫡兄인 仁衡이 慶尙監司가 되어 아우 吉童의 自首를 권고하는 榜을 내어 붙였다. 吉童은 榜을 보고 兄의 권고에 따르기로 하여 項쇠·足쇠를 쓰고 차고 檻車에 실려 서울로 올라오게 되는데 八道의 여덟 吉童이 똑 같은 모양으로 잡혀 오므로 어느 것이 진짜 吉童인 지 아무도 알 수가 없었다. 아버지인 洪判書가 왼 발의 붉은 점을 표적으로 겨우 찾아 낼 수 있었다. 잡혀 온 吉童이 대궐로 護送되었으나, 대궐 門앞에 이르자, 갑짜기 치를 부르르 떨더니 묶인 쇠사슬을 풀고 檻車를 쳐부수더니 空中으로 날아올라 「兵曹判書가 되고 싶은 내 所願을 풀어 주기만 한다면 바로 自首하겠노라!」 외치는 것이었다. 하는 수 없이 四大門에 榜이 나붙게 되었으니 「洪吉童에게 兵曹判書를 任命하노라」는 것이었다. 이 榜을 본 吉童은 金冠 朝服을 차려 입고 入闕하여 상감께 謁見한 뒤 空中에 너울너울 날라 올라 자취를 감추고 말았다. 그 뒤 어느 날 밤, 忽然히 상감 앞에 나타나 吉童은 "千石 쌀을 내려 주시면 다시는 상감을 괴롭히지 않겠나이다."하므로 상감은 바로 받아들였다. 千石米로 三千名의 盜賊떼를 거느린 吉童은 南京의 제도(제島?)로 들어가 數百間 집을 지어 농업, 武藝, 軍法에 힘쓰며 살아간다.

그 뒤 율도國 王이 되어 善政을 베풀고, 洪判書의 무덤을 제島에 마련하고, 어미 春蟾과 嫡母 柳氏夫人, 嫡兄 仁衡까지 불러 들였다. 아비 洪判書는 嫡庶를 가리지 말고 友愛하라는 遺言을 남겼다. 怪物에게 앗기었던 白小姐·趙小姐를 王妃로 삼아 아들 셋(白小姐所生 長男과 趙小姐에게 次男, 三男), 딸(딸들은 宮人所生) 둘을 두고 三十年의 어진 王政을 베푼 뒤 일흔 살에 王妃 둘과 五色 구름이 殿閣을 두른 가운데 白日昇天하게 된다.

吉童은 庶子의 설움을

① 아비의 許諾으로 呼父呼兄케 되고

② 상감에게 兵曹判書 任命을 榜으로 받게 되고

③ 스스로 율도국의 王이 됨으로 다 풀고 이승을 하직케 된 것이다.

홍길동젼 단
화셜됴션국 셰죵됴시졀의ᄒᆞᆫ지상이잇스니셩은
홍이오명은모ᄃᆡᄃᆡ명문거족으로쇼년등과ᄒᆞ여
벼슬이니조판셔의니르미물망이됴야의읏듬이오츙
효겸비ᄒᆞ기로일홈이일국의진동ᄒᆞ더라일즉두
아ᄃᆞᆯ을두어시니일ᄌᆞᄂᆞᆫ일홈은인형이니뎡실뉴씨
쇼ᄉᆡᆼ이오일ᄌᆞᄂᆞᆫ일홈은길동이니시비츈셤의쇼ᄉᆡᆼ
이라션시의공이길동을나흘ᄯᅢ의일몽을어드니문득
뇌졍벽녁이진동ᄒᆞ며쳥뇽이슈염을거ᄉᆞ리고공을
향ᄒᆞ여다라들거ᄂᆞᆯ놀나ᄭᆡ다ᄅᆞ니일장츈몽이라심
즁의ᄃᆡ희ᄒᆞ여ᄉᆡᆼ각ᄒᆞ되ᄂᆡ이졔뇽몽을어더시니반
다시귀ᄌᆞᄅᆞᆯ나흐리라ᄒᆞ고즉시ᄂᆡ당으로드러가니부인
뉴씨니러맛거ᄂᆞᆯ공이흔연이그옥슈ᄅᆞᆯ잇그러졍이친
압고져ᄒᆞ거ᄂᆞᆯ부인이졍ᄉᆡᆨ왈상공이톄위존즁ᄒᆞ시
거ᄂᆞᆯ년쇼경박ᄌᆞ의비루ᄒᆞᆷ을ᄒᆡᆼ코져ᄒᆞ시니쳡은

셰ᄅᆞᆯ부르매락음의슬ᄒᆞᆷ을구ᄒᆞ외ᄇᆡᆨ셩을안국ᄒᆞ며십
년부셰ᄅᆞᆯ견감ᄒᆞ니ᄇᆡᆨ셩이인인이그덕을ᄂᆞᆯ쎄터리왕
이천이톄ᄇᆞᆫ지어셩ᄃᆞᆼ의치톄ᄒᆞ시ᄂᆞᆫ졍ᄉᆞᄅᆞᆯ어질게다ᄉᆞ
리니조애칭평ᄒᆞᄂᆞᆫ큰ᄌᆞ풍등ᄒᆞ여월ᄒᆞ의격앵가
ᄅᆞᆯ부로더리셰월을이여류ᄒᆞ여왕에ᄯᅩᄒᆞᆫ삼ᄌᆞ조ᄅᆞᆯ두엇
ᄉᆞ니ᄯᅩᄒᆞᆫ흥병ᄒᆞ여셩ᄌᆞ신손이계〻승〻ᄒᆞ여우귀거
지광업을누리니만고의희한ᄒᆞᆫ일이러니고로그일
을긔록ᄒᆞ여후셰의젼ᄒᆞ니라

야곡동문이신판

홍길동전 단 끝장 23—B

15. 님쟝군젼 권지단

1) 서지상황

Ⅶ-4-235 1冊, 木版本
外表紙 : 18.5×23.3
內　 : 17.3×23.2
內廓 : 16.4×20.3
每面 : 15行, 20~25字
끝 : 21-A-9行
刊記 : 21-A 끝에 '丁亥孟冬' (丁亥 : 1887?)
年代 밝히지 않고, K. Mayema의 스탬프가 비스듬히 찍혀 있음.
첫장에는 在山樓藏書印과 東洋文庫印이 찍혀 있음.

2) 줄거리

이 小說은 林慶業(宣祖 27(1594)~仁祖 24(1646)) 將軍의 傳記小說로, 年代順에 따른 敍述 體制를 쓰고 있다.

明나라 崇禎末葉, 忠淸道 忠州땅에 林慶業이란 젊은이가 있었다. 그는 일찍 아버지를 여의고, 農業에 힘쓰고, 어머니에게 孝誠을 다하고, 兄弟間에 友愛가 있었다.

慶業은 열여덟(戊午年)에 武科에 及第하고, 以後 十年동안이나 白馬江 萬戶 노릇을 하였는데, 右議政 元斗杓의 薦擧로 天摩山城의 中軍이 되어 山城補修의 任務를 도맡게 된다. 그는 小卒과 苦役을 같이 하며, 그들을

慈母같이 사랑하며 어루만지며 일에 힘쓴 결과, 一年만에 山城工事를 마쳤다. 모든 功은 小卒에게 돌리고, 賞도 모두 그들에게 나누었으므로, 그들은 그의 恩德을 기려 마지 않았다.

甲子 八月, 慶業은 冬至上使 李時伯의 軍官으로 南京에 따라가, 黃自明의 拔擇으로 都總兵馬大元帥가 되어, 胡國을 도와 가달을 쳐서 大捷을 한다.

己巳에야 慶業은 六年만에 겨우 故國으로 돌아온다.

辛巳三月, 앞서 林慶業의 도움으로 가달을 쳐서 이긴 胡王이, 三十萬大軍을 이끌고 鴨綠江까지 와서 朝鮮을 엿보았으나, 義州府尹과 아울러 防禦使로 있는 사람이 바로 林慶業임을 알자, 깜짝 놀래 도망쳐 가 버렸다. 그러나 當時의 조선은 나랏일을 걱정하는 사람이 드물어, 實로 寒心스런 형편이었으므로, 胡軍은 再侵의 機會를 노리게 된다. 그러다가 마침내는 龍骨大를 先鋒으로 조선에 侵入하여 丙子年 十二月 二十日, 드디어 國王은 胡軍에게 降伏하고 만다. 王大妃와 中宮은 釋放되었으나, 世子大君은 北京에 볼모로 잡혀 가고 만다.

丁丑 三月에는, 싸움에 이겨 우쭐해진 胡王이 南京을 치려고 林慶業을 援軍大將으로 招請하게 된다. 慶業의 功을 늘 시새워온 金自點은 이를 좋은 기회라 여겨 王에게 勸하여 그를 援軍大將으로 派遣하도록 하였다. 그러나 林慶業은 黃自明과 은근히 손을 잡아 싸움을 中途에 罷하고 돌아오고 말았다. 이에 激怒한 胡王은 林慶業의 逮捕를 強要, 慶業은 戊寅 三月 사로잡혀 다시금 胡國으로 向하게 된다. 그러나 胡人에게 죽느니보다는 차라리 다른 길을 講究하였으니, 鴨綠江에 다달으자 短刀를 품에 감추고 도망쳐 俗離山에 들어 중이 되었다. 그리하여 南京으로 갈 작정으로 戰船을 무어 黃自明에게 通하려 하던 중, 胡王에게 買收된 小人의 內通으로 力戰끝에 마침내 胡軍에 사로잡히고 만다. 그러나 제 아무리 몹쓸 胡王도, 林慶業의 忠誠에는 感動되어, 앞서 볼모로 잡았던 世子大君을 釋放해 주고, 慶業에게 自己의 사위가 되어 달라는 것이었다. 그러나 胡人과의

結婚을 마땅치 않게 여긴 慶業은 끝내 拒絶하자, 胡王은 하는 수 없이 斷念하고, 自己에게는 逆臣이나 朝鮮의 忠義之人인 그를 용서하여 義州까지 護送하여 歸國시킨다. 그러나 胡人도 죽이지 못하고 보낸 조선의 忠臣은 金自點의 奸謀로 己丑九月 二十六日 亂杖에 스러지고 만다. 李時伯의 告함과 꿈의 豫示로 金自點의 逆謀罪를 알게 된 상감은 自己의 不明의 탓으로 柱石之臣을 죽이게 된 것을 痛恨하여 慶業의 집에 施門하고 달내에 書院을 세워 千秋에 祭享케 하였다. 自決한 夫人의 烈女碑를 또한 세우게 한다. 子孫 등이 그 父兄의 行蹟을 대강 記錄하여 세상에 傳하고, 功名에 뜻이 없어 松林間에 들어 농사에 힘쓸 뿐 세상을 잊었다고 한다.

님장군뎐 권지단

[illegible] 봉 숭졍 [illegible]의 츙쳥도 츙쥬 [illegible]다 일흘 [illegible] 한 호ᄉᆞ 감

[illegible] 오 [illegible] 흥 고 경업이 리 어려셔 브거 ᄒᆞ

[illegible] ᄒᆞ쇽 더니 이 [illegible] 죠 고 부친을 [illegible] 회 ᄒᆞᆫ 조모를 지효로 셤기

수 [illegible] 오이 ᄒᆞ며 [illegible] 쓰니 종족 향당 [illegible] 칭찬 ᄒᆞ더라

경업의 우인이 [illegible] ᄒᆞ며 [illegible] ᄉᆞ랑 ᄒᆞᆫ 미앙이로다 [illegible]

셰상의 나가미 당이 입신양명 ᄒᆞ야 [illegible] 남ᄌᆞ의 쳠겨 일홈을

쥭빅의 드리울지 [illegible] 시 [illegible] 국가 치 [illegible] 리오 ᄒᆞ더니

미 [illegible] 거 십여셰 되 [illegible] 번 [illegible] 을 이 [illegible] 나 지변 무예와 [illegible]

[illegible] 숫 [illegible] 니 [illegible] 일 [illegible] 러나 히삼 [illegible] 세 [illegible] 거 긔 [illegible]

[illegible] 나 [illegible] 도 [illegible] 원 ᄒᆞ여 즉시 젼옥 쥬부 [illegible] 유ᄃᆡ

[illegible] 여 [illegible] ᄒᆞ신 재 [illegible] 숑의 인씨 쥬 종 [illegible] 거나 려 다 도 생 으 로 ᄒᆞᆷ

[illegible] 도 로 관 망 [illegible] 구 외 프 궁 을 칭 [illegible] 이 리 업 더 리 [illegible] 일 유 가 [illegible]

친 ᄒᆞ 의 조 졍 의 [illegible] 미 를 어 더 고 향 의 도 리 가 [illegible] 한 게 브 옥 다 브 인

미 [illegible] 일 을 [illegible] 가 [illegible] 일 [illegible] 히 이 [illegible] 비 ᄒᆞ 여 인 니 친 쳑 을 모 화 [illegible]

님쟝군젼 쳣장

장군이 회ᄉᆡᆼᄒᆞ리 업ᄉᆞ오니 천ᄌᆞ가 ᄒᆞᆫ계ᄒᆞ시고 그 동ᄉᆡᆼᄋᆞᆯ ᄇᆞᆸ고 ᄀᆞᄅᆞᄉᆞ 벼
ᄉᆞᆯᄋᆞᆯ 쥬시더 구치 ᄉᆞ양ᄒᆞ고 밧지 아니ᄒᆞ니 ᄎᆔ리 ᄂᆡ 병조의ᄅᆞᆯ 교ᄒᆞ소
경업의 ᄌᆞ손ᄋᆞᆯ ᄎᆔᄒᆞ고 장ᄎᆡᆨᄒᆞ고 ᄒᆞ용ᄒᆞ고 ᄒᆞᆷᄭᅴ ᄒᆞ시ᄂᆞᆫ 어필노 ᄡᅥ 증 ᄒᆞ 쳔경
업의 동ᄉᆡᆼ 만희랄 ᄇᆡᆨ고 녀 ᄌᆞ시니리 이 ᄒᆞᆨ이 경업의 쳐 너씨 장군의
쥭음ᄋᆞᆯ ᄃᆞᆯ고 통곡ᄒᆞ고 장군의 쳔죠의 병장이 되여 ᄉᆞᆫ더니 여자 ᄐᆡᄅᆞᆯ
녜 이 나 되리랑 오ᄅᆞᆫ 죠셥ᄒᆞ여 져 동ᄉᆡᆼ이 두려시ᄃᆡ 그 집의 경문ᄒᆞ리라
ᄒᆞ니 ᄂᆞᆫ 졀ᄒᆞ니 ᄇᆡ원 ᄃᆡ렬녀비ᄅᆞᆯ 세우니리 이 쳐의 경업의 동ᄉᆡᆼ과
ᄌᆞ손 등이 고ᄇᆞᆨᄒᆞ고 결우ᄅᆞᆯ ᄒᆞᆼ강리ᄃᆞᆨᄒᆞ여 세상에 ᄎᆞᆫ ᄒᆞᆫ 공입영의 ᄯᅩ
지겁 되ᄉᆞ옵ᄂᆞᆫ 고 ᄒᆞ니ᄂᆞᆫ 각 공엽을 힘 ᄡᅥ 시옵 ᄀᆞᆺ다 젼ᄒᆞ리라

丁亥孟冬

16. 춘향젼 권지단

1) 서지상황

Ⅶ-4-235 1冊 20張, 木版本

外表紙 : 17.6×23.7(도련쳐서 原冊크기는 아님)

內 : 16.2×23.5

內廓 : 15.3×20.1

外廓 : 16×20.4

每面 : 15行 25~27字

끝 : 20-B-11行

刊記 : 20-B-11行 다음 餘白中央보다 아래에 세로로 "안셩동문이신판"

※ 1~6張까지 朱墨으로 行右에 漢字로 풀이를 붙이고, ◯로 句讀 찍은 Mayema 氏의 공부하던 그의 實力을 감안할 수 있는 手澤本임.

例 : 첫장 右5行 14자 너구리 넛손ᄌ보고 둑거비

※지ᄌ손ᄌ也

넛할머니 —아버지의 外叔母

넛할아버지—아버지의 外叔

순소ᄒ고 면산의 불 탄 ᄌ되

먼

右3行 광ᄒ누

廣漢樓

※ 그러나 넛손ᄌ는 지차손자가 아니라, 누이의 손자이며 廣漢樓가 아니라 廣寒樓임.

2) 줄거리

李氏王朝 仁祖때 全羅道南原府使 李登의 아들 이령(李英)은 冠玉의 氣象에, 杜牧之의 風采 게다가 李白의 文章을 兼備한 美少年이었다. 어느날 그네 뛰는 妓生 春香을 본 이도령(李道令)은, 당장 春香을 불러 본즉, 이상하게도 둘은 同甲에 달까지 한달인 四月生이어서 天生緣分인 줄 기뻐하지만, 春香은 決코 남의 小室이 될 생각은 없다고 李道令의 求愛에 당장 應하지는 않았으나, 李道令의 不忘記를 받고는 달콤한 사랑을 속삭이기에 이른다.

그러나, 李府使의 榮轉으로 李道令은 南原을 떠나게 되어 서로는 거울과 玉가락지를 信物로 헤어지게 된다. 그 뒤에 온 卞府使는 春香에게 守廳을 들라 하나, 끝내 頑強히 拒絶하는 春香의 節介 앞에 貪慾에 어두워져 春香을 投獄하고 만다. 하지만 李道令에 대한 春香의 愛情과 貞節은 金力이나 權力 앞에 屈하는 그런 것은 아니었다. 어미인 月梅가 守廳듦이 妓生의 道理라고 아무리 타일러도 春香의 마음은 조금도 變함이 없었다. 채찍질과, 외로움을 견뎌가며 春香은 거의 죽기에 이른다. 그 때 科擧에 及第한 李道令이 暗行御使가 되어 弊衣破冠의 거지꼴로 春香 母女 앞에 나타나자, 母女는 신세를 한탄하며 슬피 울 뿐이지만, 李道令은 自己의 身分을 밝힐 수는 없었다. 卞學道의 不正과 春香의 無辜함을 살핀 李道令은 마침내 卞府使의 生日잔치 자리에서 그를 封庫罷職시키고 갇혔던 春香을 救出하기에 이른다. 서울로 올라간 春香에게는 마침내 貞烈夫人이라는 直牒까지 내리게 된다.

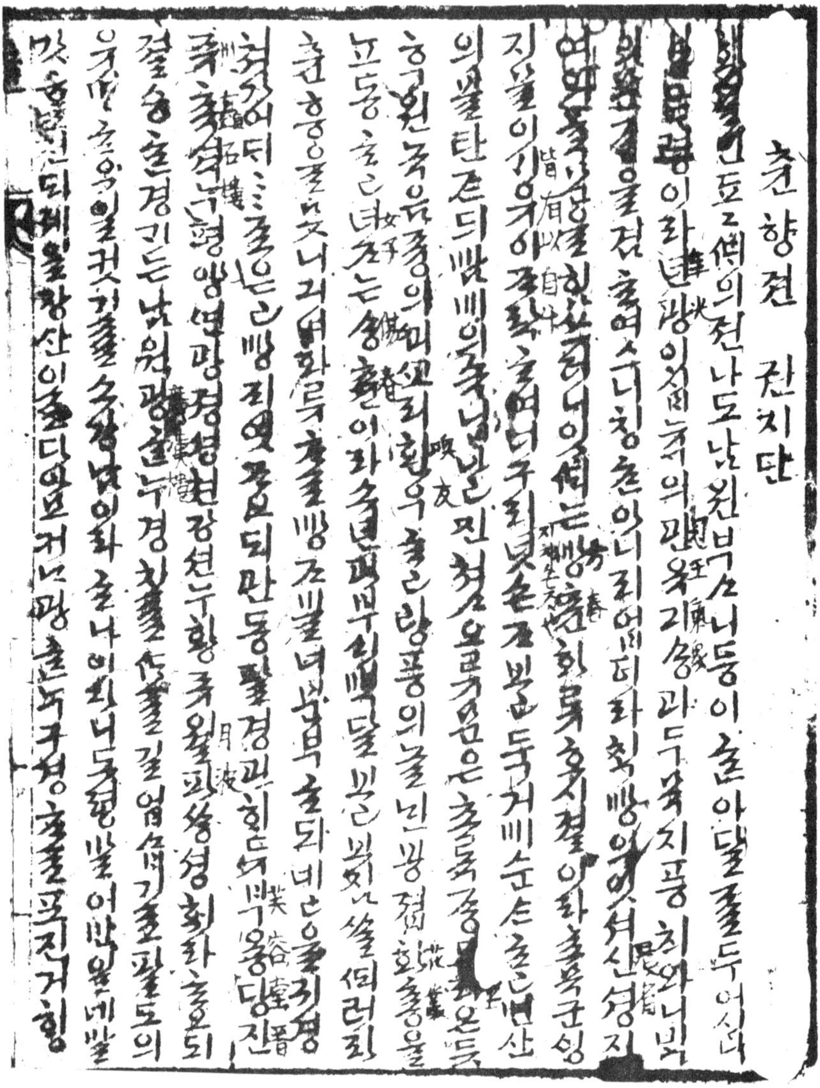

춘향전 권지단 첫장

오기ᄉᆡᆼ츈향의게어ᄉᆞ셔방졔격이오츈향어미어ᄉᆞ의사ᄒᆡ격이로다여ᄒᆞ시
ᄂᆞᆫ징ᄒᆞᆫ궁둥ᄒᆞᆫ이절ᄂᆞᆫ난다절ᄒᆞ신기회ᄒᆞ고ᄉᆞ로ᄲᅡ도ᄯᅩᄒᆞᆫ두어ᄂᆞᆫ것ᄒᆞᄂᆞ니
ᄂᆡ기잇ᄉᆞᆯ갑북즁싱낫즁싱녀라이달낫거원을ᄲᅡᆯᄂᆞᆫᄯᅩ낫키ᄯᅡᆯᄒᆞᆫ위원ᄒᆞ
ᄉᆞ혈ᄒᆞ신절ᄒᆞ신즉ᄒᆞ젹기도리지여ᄇᆡ디어시되연을비ᄒᆞᆯᄒᆞᆫ츈향과즈ᄒᆞᆯ
시젼ᄒᆞᆫᄉᆞᄒᆞᆯ셔로일ᄒᆞᆫ대셔희환이교집ᄒᆞ여온근ᄒᆞᆫ쳥회ᄒᆞᆯ칭찬치낫
ᄒᆞᆯ너리잇든낫ᄯᅵ진ᄒᆞᆫ궁ᄉᆞᄒᆞᆯ다쳐결ᄒᆞᆫ허뭉ᄉᆞᄒᆞᆯ너ᄉᆞᆼ하ᄒᆞ이ᄒᆞᆫ무
ᄉᆔ칭ᄎᆞᆫᄒᆞᆫ며옥ᄌᆞᄒᆞᆯ불너송하ᄒᆞᆫᄉᆔᄒᆞᆫᄒᆞᆫ불치ᄒᆞᆫᄇᆡ각읍분셔ᄒᆞᆯᄒᆞᆫ다
닥근ᄒᆞ의츈향ᄇᆡ녀ᄒᆞᆯ다리ᄒᆞᆫ여ᄂᆞᆫ시이ᄒᆞᆫ다과ᄒᆞ과여러기ᄉᆡᆼ더리십리밧
리나ᄒᆞᆫ츈향을연ᄒᆞ이젼별ᄒᆞᆫ졀리ᄒᆞᆯ빈ᄡᅵᆺ가원ᄒᆞᆫ더리여ᄒᆞᆫ다이지더
이의거ᄅᆞᆨᄒᆞᆫ여경ᄉᆞ의이로러북방ᄒᆞᆫ후ᄂᆞᆫ셔ᄒᆞᆯᄡᅵᆺ친후츈향이리ᄂᆞᆫ
ᄒᆞᆫᄉᆞᄒᆞᆯ극관ᄒᆞᆯ내상이리특이여기ᄉᆞ츈향을졍열부인을ᄇᆡᆼᄒᆞ더라

안셩동문이신판

춘향전 권지단 끝장 20-B-11行

17. 쇼딕셩젼 권지단

1) 서지상황

Ⅶ-4-235 1冊 20張, 木版本
外表紙 : 19.25×23.3
內 : 18.2×22.8
內廓 : 17.4×20.1
每面 : 15行 27～32字
끝 : 20-B-13行
刊記 : 없이, K. Mayema 스탬프印만.

2) 줄거리

大明 成化年間, 兵部尙書인 쇼양(蘇養)은 子息이 없어 한탄한 끝에, 西域 靈寶山 靑龍寺의 80 먹은 老僧에게 黃金 500兩과 白金 1,000兩을 供養하고 빈 結果, 前世에 東海龍王의 아들이었던 대셩(大成)을 낳게 된다. 大成은 생김새도 재주도 뛰어났으나, 열살 때 그만 父母가 俱歿하여 天涯의 孤兒가 된다. 三年喪을 마친 大成은 奴僕에게 그 집을 맡기고는 50兩을 들고 집을 나선다. 西로 向해 蘇州地境에 이르러 주막에 들어 쉬게 되는데, 곁방에서 痛哭하는 상제를 만나게 된다. 그 70老人은 여든아홉인 老母의 葬禮費用 마련이 없어 특히 슬피 우는 차였다. 그 老人에게 지니고 있던 50兩을 주고 나니 蘇大成은 한푼 없는 빈털털이가 되고 만다.

淸州 사는 李眞丞相은 낮잠 자는 大成의 모습을 보자 麒麟이나 鳳凰같

은 큰 人物이 될 것을 感知하고, 더구나 自己 친구 蘇養의 아들임을 알자 더욱 마음에 들어 막내딸 채봉(彩鳳)의 남편으로 삼으려고 집으로 데려 간다. 그러나 글 하는 선비라기보다는 武人氣質을 지닌 大成에 대하여 李丞相夫人은 별로 好意를 지니지 않았다. 딸과 大成을 맞선 보이려는 아버지 李丞相에게 外人을 어찌 보랴 拒絶타가 父女之誼를 끊겠다는 父命을 거슬리지 못하여 마침내 서로 보고 반기게 되며 아버지의 命으로 두 사람은 글을 지어 信物로 삼게 된다.

擇日한 結婚을 앞두고 李丞相은 得病하여 세상을 뜨게 되니, 夫人 王氏와 아들 셋이 大成을 구박하여, 마침내는 刺客을 시켜 죽이려 들기까지 한다. 大成은 自己의 뜻을 적어 벽에 붙이고 西天으로 飄然히 떠나고 만다. 벽에 붙인 詩와 刺客의 屍體를 발견한 王氏夫人과 세아들은 질겁을 한다. 베껴다 준 壁書를 본 彩鳳 역시 놀란다. 大成에게 貞節을 지키려는 彩鳳과, 王氏夫人과 세아들과의 사이에는 葛藤이 일어나게 된다.

한편, 西天으로 向해 길 떠난 大成은 東海廣德王의 引導에 따라 青龍寺에서 다섯해를 머무는 동안 兵書와 經文을 익히게 되니 세상에 한가한 사람, 山中의 有髮僧이 된 셈이다. 때마침 北匈奴와 西單于가 侵入해 왔다. 大成은 名聲도 한번쯤 날려 보고도 싶었고, 老僧의 命令도 있어 寶劍을 받아 가지고 出戰하던 中, 돌아간 李丞相에게 甲옷까지 받고, 또 어떤 老人에게 龍驄馬까지 얻는다. 이렇게 하여 싸움터로 나간 大成이 紫雲洞싸움에서 一時 아주 窮地에 몰리어 自決할 생각까지 먹었는데, 火德眞君의 도움으로 胡王을 一擊에 쳐 그 목을 받들고 凱旋하게 된다. 大成은 그 功으로 魯王에 封해지고, 大成과 彩鳳은 信物인 글을 通해 再會하여 열두 아들 세 딸을 두게 된다. 大成은 治國한 지 설흔여덟해, 여든한살에 그 아내 彩鳳과 白日昇天하게 된다.(12子3女中. 五子一女는 后의 所生이고, 七子二女는 妃嬪의 所生이었음.)

쇼대셩젼 권지단

대송 황뎨 년간의 이졍상이 ᄀᆞ스되 셩은 소오 명은 량이라 직조와 덕힝이

혈혈ᄒᆞ더니 이ᄅᆞ 국로 공운의 ᄋᆞᆷᄒᆞ며 ᄉᆞᆯ이 병부샹셔의 니르럿 이조야의

뎡ᄒᆞᆫ 일 ᄉᆞ며 ᄒᆞ직 ᄒᆞ고 ᄒᆡᆼ외도 라와 ᄀᆞ히 ᄉᆞ롬이 되엿시니 가

상은 ᄒᆞ여 셰상의 구일 거시 업ᄉᆞ되 ᄒᆞᄂᆞᆫ 지식업셔 ᄌᆞ 아ᄒᆞᆯ 더니

일 인은 상셰 부인 ᄉᆞᆯ 더부러 ᄒᆞᆫ 소ᄅᆞ 우리ᄂᆞᆫ 봉ᄉᆞᄒᆞ더니 ᄂᆞ 계 ᄂᆞ 르러

ᄒᆡᆼᄒᆞ오ᄅᆞᆯ 전ᄒᆞᆯ 지하의 도라가 ᄃᆞᆯ 하면 목으로 조상을 뵈오리요

ᄒᆞᆫ 며 누시 ᄉᆞ 긔 로 ᄌᆞ 시 ᄒᆞᆫ 목 인 이 피 셔 되 말 ᄉᆞᆷ 천지조의 ᄀᆞ ᄃᆞᆯ라 ᄒᆞᄂᆞ 너

쳡을 ᄐᆡᆨ ᄒᆞ 계 ᄒᆞ시 ᄆᆞᆫ 헤 빈 ᄭᅮᆷ ᄂᆞᆫ 쌍 이 오 ᄂᆞ 이 천 ᄃᆞ 샹 ᄒᆞ 여 진 ᄀᆞ

녀 ᄅᆞᆯ 취 ᄒᆞ여 ᄌᆞ 죵 ᄒᆞᆯ 거 죄 ᄅᆞᆯ 면 ᄒᆞᆯ 가 ᄒᆞᄂᆞ 이 다 상 셰 ᄎᆞ 연 ᄒᆞᆫ

왈 인 ᄂᆞᆫ 녀 의 ᄉᆞ 덕 이 요 ᄇᆡᆨ 인 이 ᄌᆞ 안 이 라 ᄒᆞᆫ 셔 로 일 로 ᄒᆞ 더 ᄆᆞᆫ 득 시 비 ᄒᆞ ᄒᆞ

되 ᄂᆞᆫ 구 ᄒᆞᆫ ᄂᆞ ᄉᆞᆼ 이 와 샹 공 을 비 와 지 라 ᄒᆞ ᄂᆞ 니 ᄃᆞ ᄒᆞᄆᆡ ᄒᆞ 샹 셰 ᄌᆞ 시 오 ᄃᆞᆼ 이 ᄂᆞᆫ 와

ᄂᆞ ᄉᆞᆼ 을 ᄲᅡ ᄌᆞ 삼 편 보 니 나 히 ᄒᆞᆯ 인 은 ᄒᆞ ᄂᆞ ᄆᆞᆯ 이 만 옥 가 ᄒᆞ 며 풍 신 이 헌

앙 ᄒᆞ 여 진 이 ᄐᆡ 글 이 업 ᄂᆞᆫ 디 라 샹 셰 싱 각 ᄒᆞ 되 ᄂᆞ ᄃᆞᄋᆡ 의 이 ᄉᆞ 니 일 홈 이 사 히

의 진 동 ᄒᆞ 건 ᄒᆞ 졔 법 샹 ᄒᆞᆫ 즁 이 아 니 면 엇 지 당 ᄒᆞᆯ 너 나 을 두 리 지 아 니 리 요 ᄒᆞ 고

금 을 ᄀᆞᆷ 혀 ᄃᆞᆸ 비 왈 셩 ᄉᆞ ᄂᆞᆫ ᄒᆞ 며 이 ᄉᆞ 며 우 삼 허 ᄆᆞᆯ ᄅᆞᆯ 니 ᄅᆞ 리 ᄌᆞᆫ ᄒᆞᆫ ᄂᆞᆫ 요

쇼뎌셩젼 권지단 첫장

쇼졔의ᄋᆞᄒᆞ더니이우국부인이일봉셔를ᄂᆡ지ᄀᆞᆫ바회보ᄆᆡᄒᆞ여쇼
졍을쥬니티ᄌᆞ의슈필을젼ᄒᆞ거ᄂᆞᆯ쇼졔보ᄂᆞ보니이곳쇼식과
창화ᄒᆞᆫ글ᄯᆞᆯ필젹ᄲᅮᆫ쇼졔오열ᄒᆞ유톄읍ᄒᆞ니졔슈일이지나ᄆᆡ브
국위의이르거ᄂᆞᆯ쇼졔셔ᄂᆞᆯ보ᄂᆞᆯ결연ᄒᆞᄂᆞ한결ᄀᆞᆺ셔부인키ᄂᆞᆫ직ᄒᆞᆯ
니ᄭᅢᆨ인이ᄋᆡ연ᄒᆞ믈마지아니ᄒᆞ더라쇼졔노국위의이르러왕이모ᄌᆞ
결즁의드려ᄀᆞ향ᄇᆡᄒᆞ니상이젼지일ᄊᆞᆼᄒᆞ이가라일국신ᄲᅵᆫ이
디ᄒᆡᆼᄒᆞ믈ᄆᆞ지아니ᄒᆞ더라그ᄒᆞᄂᆞ의ᄉᆞ광을보니여부인ᄑᆡ니시
듕을쳥ᄒᆞ여만디ᄒᆞᆯᄉᆞᆫ젼ᄒᆞ을조ᄆᆞᆫ도셩ᄯᅩᆨ지아니ᄒᆞ니그인ᄃᆡ
믈ᄭᅢ희알니러라나승상부모의치졔ᄒᆞ실시졔문의슈의ᄆᆞᆫ젼말ᄒᆞᆯ
ᄒᆞ라왕이십이ᄌᆞ승녀ᄋᆞᆯ두어ᄉᆞ니오ᄌᆞ일ᄋᆞ여ᄒᆞ의쇼싱이ᄋᆞ휼ᄀᆞᆺ
이여ᄂᆞᆫ비빙의쇼싱이라즁ᄌᆞ군연으로셰ᄌᆞ를왕ᄒᆞ신치국
승십팔년의왕과후빅일ᄉᆞ연ᄒᆞ니한년팔십일ᄀᆞ졔라셰
ᄌᆡ즉위ᄒᆞ여차국티평ᄒᆞ니ᄆᆞ인조즉ᄒᆞᆫ려라

쇼더셩젼 권지단 끝장 20—B—13行

18. 됴웅젼(趙雄傳) 단

1) 서지상황

Ⅶ-4-235
外表紙 : 18×24
內 : 16.5×23
外廓單邊 : 16×19.8
內廓內 : 15.8×19.5(똑같지 않다 12장 : 15.5×21
　　17장 : 15.8×20.3
　　19장 : 15.2×20
　　맨끝장 : 15.5×20.8)
每面 : 15行 22~24字
끝 : 20-B-13行
刊記 : 안셩동문이신판
K. Mayema 스탬프 印

2) 줄거리

大宋 文皇帝 即位 23年, 開國功臣 됴졍(趙貞)은 南蠻의 侵入에 玉璽를 품에 품고 天子를 뫼시고 都城을 나서 스스로 先鋒이 되어 叛賊을 소멸하여 金紫光祿大夫兼 左丞相이 되었으나 奸臣 두병(杜炳)의 讒訴를 當해 服毒自決하고 마니, 그때 胎中의 아기 趙雄은 七朔이었다. 遺腹子인 趙雄은 太子와 同甲이며 後日의 좋은 臣下 되라고 天子가 몹시 사랑하였으므로, 뒷날 自己네에게 앙갚음 하리라고 두려, 杜炳과 그 다섯아들은 두려워한 나머지 趙雄을 죽일 계획을 세웠다. 그러던 차에 天子가 죽고 어린 太子가 即位하자 어리다는 핑게로 僭濫하게도 스스로 天子입네 하고 太子

를 귀양보내고 말았다. 이 꼴을 본 趙雄의 母夫人 王氏는, 꿈을 通한 남편의 지시에 따라 南行을 決心한다. 아들 雄도 어수선해진 세상이라, 忠烈廟에 걸려있는 아버지 趙貞의 畫像을 떼어 짐속에 꾸려 넣고 그 어머니 王氏를 따라 길 떠나게 된다. 母子는 白馬江에 이르러 仙童의 조각배에 救濟되어, 山에 올라 어느 寡婦집에 신세지게 되나, 雄은 道術을 익히기 위해 다시 길떠나게 된다. 王氏夫人과 딸 母女는 削髮하여 女僧이 되어 後日을 기다리던 中, 죽은 남편 趙貞의 지시로 다시금 再會하게 된다. 물론 꿈을 通한 지시다.

趙雄은 그 어머니 王氏夫人이 以前에 供養을 바쳐 重修했던 절의 老스님 月精大師에게서 學問과 術法을 익힌 뒤, 어느 老人에게서 趙雄劍을 받고, 그의 指示로 관산(觀山)道士에게 天文·地理·六韜三略을 익히게 되는데, 數年이 지나자 모든 것에 通曉해진다.

그 후 趙雄은 觀山道士에게 받은 靑驄馬로 母夫人 王氏를 만나러 가던 途中 張進士집에서 하루를 묵게 되는데, 內堂에서 들려오는 거문고 가락에 短簫로 和答하여 張小姐와의 因緣을 맺어, 부채에 한 首 詩를 써 주어 信物로 삼고는 다시 母夫人에게로 찾아간다. 그 뒤 趙雄은 蕃王 때문에 괴로움을 받는 魏王을 救해 주고, 杜炳의 使者가 賜藥하여 죽이려 든 太子를 섬에서 救出한다.

한편, 刺使의 再娶가 되라는 張小姐는 趙雄과의 因緣에 따라, 禍를 避해 어느 절에 避身하게 되는데, 마침 그 절에서 雄의 母夫人 王氏를 만나게 된고, 張小姐가 지닌 부채가 바로 아들 雄의 것임을 알게 되자, 王氏夫人은 自己의 며느리라고 반겨 姑婦가 相逢한 것이다.

趙雄은 刺使의 不正을 밝혀 丈人丈母인 張進士 夫妻를 救해 준다. 蕃王은 趙雄에 대한 怨恨을 풀고자 美女刺客을 보내 雄을 죽이려 하나, 도리어 雄과의 사랑에 빠져 그 계획은 水泡로 돌아간다.

雄은 마침내 杜炳父子등 惡人을 죽이고 天子를 皇城으로 還京시키니, 天子가 天下를 二分하여 雄을 齊王에 封하나, 雄은 이를 사양하였으므로,

雄의 벼슬을 높이고 張小姐에게는 忠烈夫人, 魏公主에게는 貞淑夫人, 그리고 美女 주자(朱子)에게는 夫人 直牒을 내렸다. 張氏夫人에게 三子一女, 魏公主 貞淑夫人에게 二子一女, 朱氏夫人에게 一子一女를 두고 나이 일흔이 된 三月 보름에 月精大師의 부름에 따라 二夫人과 함께 세상을 뜨게 된다. 그 뒤 子孫은 代代로 富貴 爵祿을 누리었다.

됴웅젼 단

[illegible]황뎨 즉위 이십ᄉᆞᆷ년의 ᄀᆡ국공신 도졍이 진튱갈ᄉᆞᆯ
[illegible]더니 즈은 학뎐 직튱 강렬ᄒᆞ고 물세우거ᄂᆞᆫ 시로 친졔ᄒᆞ기ᄅᆞᆯ
[illegible] 도졍의 ᄋᆞ시의 ᄂᆡᄆᆡᆫ 이 황셩을 침범ᄒᆞ니 ᄆᆡᆫ 좌각 시ᄅᆞᆯ기
[illegible]도 ᄒᆞ엿지 ᄇᆡᆼ규지 이니리오 도졍이 ᄒᆞᆯ노 옥식ᄅᆞᆯ 퓨ᄂᆞᆫ더니
ᄌᆞᄅᆞᆯ 뫼셔 경회문을 ᄂᆡ ᄆᆡᆫ 도셩의 곡셩이 진동ᄒᆞ니 노지리 공
이 어기ᄅᆞᆯ 호위ᄒᆞ여 도ᄇᆡᆼᄒᆞ여 쳔파의 이ᄅᆞ러 어기ᄅᆞᆯ 안돈ᄒᆞᆫᄉᆞ
ᄉᆡᆼ이 열셔ᄅᆞᆯ 젼ᄒᆞ여 급ᄉᆞᄅᆞᆯ ᄒᆞᄂᆞᆫ 보ᄒᆞᄂᆞᆫᄃᆞ로 션봉이 ᄃᆞ 여ᄇᆡ 쳑
을 소별ᄒᆞᆫ ᄇᆡᆫ 뎐 직구광을 ᄆᆞᆺ ᄂᆡ 일칼리지 더리 공이 련 즈[illegible] 이
셔 황셩의 도리오 ᄂᆡ ᄆᆡᆫ 조뎡황의 돌졀을 ᄅᆞᆫ 복ᄒᆞᆫ더라 샹이
도졍으로 금즈광녹ᄐᆡ우 겸 좌승샹을 ᄒᆞ이시ᄂᆞᆫ 그 부인 왕
씨도 졍렬부인을 봉ᄒᆞ시니 그 위엄이 조야의 진동ᄒᆞ더라
이ᄯᆡ 조졍의 졍셔산 련ᄒᆞ여 간신 두병이 젼권ᄒᆞ여 됴졍을 즈
로ᄒᆞ니 치소ᄒᆞ니 승샹이 ᄒᆞ로ᄅᆞᆯ 변치 못ᄒᆞᆯ 줄을 알ᄂᆞᆫ 고로 약으로
ᄡᅥ 근즉 우ᄂᆞ리 ᄂᆞ로ᄅᆞᆫ 젼 더욱 비감ᄒᆞ여 항상 울결ᄒᆞᆫ ᄃᆞ셩[illegible]

도웅젼 단 첫장

리쳐보국야의ᄂᆞ히츌십여라상이인견ᄒᆞ고쾌장을ᄉᆞ급ᄒᆞ시니
일ᄎᆞ진이이그벼이져ᄇᆞ쇠ᄒᆞ니경도갓ᄒᆞᆯ지라됴회의드지ᄆᆞᆺᄂᆞ
ᄒᆞ시더라ᄎᆞ시는ᄒᆞᆷ심일월ᄭᅡᆼ간이라보국야도ᄇᆞ인과 ᄃᆡ장녀로
더부러회연일월영각의잔치를비설ᄒᆞᆯᄉᆡ ᄌᆞ부ᄌᆞ손이르니즐
기더니ᄆᆞᆺ도둑밧그로ᄌᆞ츠ᄎᆞ도ᄒᆞ와일월청디셔표연이드러와보야
행ᄒᆞ여옵ᄂᆞᆫ ᄒᆞᆫ죽장을읍드리ᄂᆞ니ᄂᆞ두디ᄒᆞ여왕상공이인간ᄌᆞᄆᆡ
ᄌᆞ국ᄒᆞᆫ글쉬디지못ᄒᆞᆫ니요ᄒᆞᆫ내치으니이웅의옷ᄒᆞ거ᄒᆞ니부애일어옵니
ᄒᆞᆫ디ᄒᆞ온쳔ᄉᆞ니두부인이또ᄒᆞᆫ이여ᄌᆞ롤ᄒᆞ니일기ᄇᆞᆯ상을통곡ᄒᆞᆫ
선ᄉᆞ의안장ᄒᆞᆫ후삼일의영졀을비설ᄒᆞ니상이통곡ᄒᆞ시니왕
작을ᄌᆞ직ᄒᆞ시니제ᄇᆞᆺ지여차제ᄒᆞ시니슐허시더니ᄎᆞ년ᄒᆞᄆᆡ의붕
ᄒᆞ시니티ᄌᆞ즉위ᄒᆞ여성ᄌᆞ신손이계ᄉᆞᄉᆞᄒᆞ시니상셔형제뉴인
이갈틍보국ᄒᆞ니련ᄒᆞᆫ두평ᄒᆞ여셰ᄉᆞ상ᄉᆞ오로ᄌᆞ손이창셩ᄒᆞ
여부귀ᄌᆞᆨ녹을누리더라

안셩동문이신판

됴웅젼 단 끝장 20—B—13行

19. 졔마무젼 권지단

1) 서지상황

Ⅶ-4-235 1冊 16張, 木版本

外表紙 : 紺色 菱花紋 17.5×24

內 : 16×23

外廓單邊 · 中央四葉

內廓 : 15.3×20

每面 : 15行 20~23字

끝 : 16-A-7行

刊記 : 없음.

2) 줄거리

東漢末年 楚의 어진 선비 제마무(齊馬武)는 天性이 穎悟, 歷代春秋와 仁義禮智에 通達하고 相貌 또한 俊秀하여 鄕黨에서 賢士라 일컫건만, 마흔이 되도록 功名을 이루지 못하여 늘 마음에 섭섭하던 中, 큰 마음을 먹고 서울에 올라가 闕門앞에 이르니, 金銀 없이는 이번 科擧에 及第할 수 없다는 소문을 듣고 苦心하여 고향으로 돌아와 농사를 지으며 歲月을 보냈다. 그러나 抱負를 펴지도 못하고 죽는다는 것은 大丈夫의 할 짓이 아니라 생각하는 馬武의 嗟嘆은 그칠 줄 몰랐다. 功名富貴 禍福吉凶은 오직 天命이니 人力으로 어쩔 수 없다는 아내의 말에 더욱 화가 치밀어 그는 하늘과 地府十大王을 責望하는 글을 지어, 하늘에 있어 星辰을 거느려 下界 善惡을 잘 살펴 處理하지도 못하면서 下界의 香火만 받아 먹어 쓰겠느냐고

나무래고, 閻羅王을 꾸짖기를, 無罪한 어린 아이와 착한 사람들만 잡아가기 일삼으면서 人間 香火만 받아 먹고 怨痛하고 억울한 일을 피게 하지 못하니 어찌 閻羅王이라 하겠느냐고 대어 들었다.

그러자 激怒한 玉皇上帝와 地府十大王은 馬武를 火湯地獄에 가두어 百万번 輪廻하더라도 人間으로 되돌리지 말라고 命하고 저승 使者 惡鬼들이 馬武를 붙잡아가려고 날뛰어, 馬武가 마지막으로 妻子나 한번 作別하려고 망서리던 차에 꿈이 깨었다.

야릇한 꿈에서 깨었으나 아무래도 저승으로 잡혀갈 것을 覺悟는 하지만, 어떻게 해서라도 人間世上에 되돌아올 셈으로

"내가 죽더라도 사흘동안 그냥 두라. 葬禮같은 것 치르지 말고…." 그리고는 제 房에 들어박혔다. 아내가 그 房에 가 보니, 馬武는 벌써 죽어 있었다. 이리하여 저승에 끌려간 馬武는 閻王의 處事 역시 現世처럼 不公平함을 보고서는 玉皇上帝의 어둑함을 詰難하였다. 그런 보람이 있었든지, 馬武는 地府十大王中의 第八平等大王의 推薦에 따라 玉皇上帝의 允許로 閻羅王署理가 되어, 四百年 以來로 답쌓인 저승의 訟事文書를 處理하게 된다.

閻羅王署理가 된 馬武는, 劉邦 · 項羽 · 韓信 等을 비롯한 寃獄을 바로잡아, 善良한 사람들은 極樂으로 보내고 惡人은 地獄으로 보내어 罰을 받게 하였다. 그의 奇拔한 솜씨에 놀란 十大王은 自己네의 無能함을 부끄럽게 여겼으며, 玉皇上帝 역시 그 治績을 칭찬하며

> "人間俗世로 돌아가 여든까지 富貴功名을 누린 뒤, 죽은 뒤에도 다시 세상에 나아가 司馬가 되어, 魏를 도와 諸葛亮과 싸우고, 南으로는 孫權의 勢力을 막아가면서 아들과 함께 天下를 統一하여 國號를 秦이라 하고 治國安民케 하라."

고 命한다.

그리하여 馬武는 이승에 되돌아온 瞬間 발이 미끄러져 깨달으니 自己는 칠성판 위에 누워 있더라는 것이다.

졔마무젼 권지단

각셜 동한 말엽의 ᄒᆞᆫ 션ᄇᆡ 이시니 셩
은 ᄉᆞ마오 명은 뫼라 쳔셩이 ᄆᆡ 쳥명ᄒᆞ여 여러 ᄎᆡᆨ을 ᄎᆞ
회ᄅᆞᆯ 통ᄒᆞᆫ 지모ᄅᆞᆯ 일ᄋᆞᆯ 통ᄒᆞᆫ 샹의 ᄒᆞᆯ ᄉᆞ ᄒᆞ니 ᄒᆡᆼ 강ᄒᆞᄂᆞᆫ 이
ᄅᆞᆯ 져ᄒᆞ ᄃᆞᄒᆞᆫ 쳔ᄒᆡᆼ 되니 엽더라 아쳡의 ᄯᅢ 미ᄉᆞ 시ᄇᆡ
의어ᄅᆞᆯ 미 공ᄇᆡᆼ을 ᄒᆞᆫ 일이 가지 못ᄒᆞ여 근심ᄒᆞ더니 어시
의 ᄒᆞ회 황졔 ᄇᆞ야흐로 ᄒᆞ여 간신이 용권ᄒᆞ니 ᄀᆞᆯ오ᄃᆡ 미
작ᄒᆞᆯ 텬ᄒᆞ 셔 비로ᄉᆞᆷ이 어지 옹엽ᄒᆞ더이 무로 ᄒᆞᆫ
위 졍ᄉᆞ 잔ᄒᆞ더라 어진 황졔 라 쟝ᄅᆞᆯ 빈 셜ᄒᆞ고 ᄉᆞ인지 치
ᄅᆞᆯ 쳐ᄃᆞ려 ᄒᆞ셰 ᄃᆡᄒᆞ 쳔비 국ᄅᆞᆯ 되니 ᄒᆞ여 ᄀᆞ리 ᄒᆞᆫ 거ᄂᆞᆯ
ᄯᅢ 무이 무식ᄅᆞᆯ ᄌᆞᆫ 힝쟝ᄅᆞᆯ ᄒᆞ며 경ᄉᆞ도 올나 외비로 칠ᄉᆞ
무ᄒᆞᆸ히 ᄒᆞ니 이거ᄂᆞ 되리 일ᄒᆞ 되ᄒᆞᆷ 번ᄃᆞ 거ᄂᆞᆯ 은ᄉᆞᆯ ᄯᅢ히 가
져와야 ᄃᆞ시 거ᄅᆞᆯ 보외 ᄅᆞᆸ제 ᄒᆞ더이 와 ᄯᅢ이 ᄅᆞᆯ려 치 아니ᄒᆞ면
리 쳐ᄇᆞᆯ 못 보리라 ᄒᆞ거ᄂᆞᆯ ᄯᅢ미 ᄒᆞᆯ 일 업셔 ᄌᆞ시 ᄒᆡᆼ거
도리가 ᄂᆞᆼ업ᄂᆞᆫ ᄅᆞᆯ 힘ᄉᆞ며 셰월ᄅᆞᆯ 보ᄂᆡ더니 이ᄯᅢᄂᆞᆫ 경히 ᄒᆞ니

제마무젼 권지단

ᄒᆞ니 국ᄉᆞ를 진졍이라 ᄒᆞ여 치국안민 ᄒᆞ게 졈지 ᄒᆞ라 ᄒᆞ신ᄃᆡ
여ᄉᆡ [illegible] 뎐ᄇᆡ를 향ᄒᆞ여 ᄉᆞ빈 ᄒᆞᆫ 인셰를 ᄂᆞ오ᄂᆞ 졔므든
리ᄅᆞᆯ이 러 차 창검을 요동ᄒᆞ니 ᄒᆞᆫ니 위의 엄숙ᄒᆞ더라 인간
셕ᄒᆞ에 더 ᄀᆞ라 시졀ᄀᆞᆨ ᄒᆞ여 셰ᄒᆞ라 ᄃᆡ뎡이 시샹 피에 느엇는
지라 근ᄉᆞᆼ을 셰보더 복인이 ᄋᆞᆯ오 ᄉᆞᆷ쳔을 ᄆᆡ화 젼후 ᄉᆞ여 ᄉᆞᆼ을 ᄂᆞᄉᆞᆨ
치셜화 ᄒᆞ니 흔재 ᄀᆞ호ᄅᆞᆯ거워 ᄒᆞ더 신ᄂᆞᆼ이 여 거러 ᄃᆡ 그ᄒᆞᆨ
에 옥뎨 ᄌᆞ치 키로 되니라

제무무젼 권지단 끝장 16－A－8行

회심곡

일심염졍념은극낙셰계라나무아미타불쳔다〻보살ᄒᆞᆫ후이산
님회심이러ᄒᆞ셔셰상쳔디만물즁의ᄉᆞ름에셔또잇ᄂᆞᆫ가이보
시오시ᄌᆞ님네말ᄉᆞᆷ드러보오이셰상의나온ᄉᆞ름뉘덕으로와
숨겁불부쳐님은덕으로아비님젼ᄲᅧ를타ᄂᆞ어미님젼ᄉᆞᆯ를타
ᄂᆞ칠셩님게명을빌ᄂᆞᆫ졔셕님게복을빌ᄂᆞᆫ셕가여리졔도ᄒᆞᆫ공인
ᄉᆡᆼ일신탄ᄉᆡᆼᄒᆞ니ᄒᆞᆫ두ᄉᆞᆯ의쳘을몰나부모은공을소나이ᄉᆞᆷ십
을당ᄒᆞ여ᄂᆞᆫ이욕ᄒᆞᄂᆞᆫᄉᆡᆼ소라부모은공갑ᄒᆞᆯ소냐졀통ᄒᆞᆫ이
달ᄅᆞᆯ곳다부모은덕못다갑ᄒᆞ무졍셰월약류ᄒᆞ여원슈빅발달녀
도나인ᄉᆡᆼ칠십고ᄅᆡ희라업던망녕졀로나니망녕드러변ᄒᆞᆯ
소나이팔쳥츈소년더러망녕웃지마쇼ᄂᆞᆫ어둡ᄂᆞᆫ귀먹
으니망녕이라숭을보며셕〻웃ᄂᆞᆫ모양졀통ᄒᆞᆫ이달ᄂᆞ도다허
리를업ᄂᆞᆫ허리를업ᄃᆡ홍안빅발ᄂᆞᆯ거시니다시졈던못ᄒᆞ리로다인간
빅년다ᄉᆞ라도병든날과ᄌᆞᆷ든날과걱졍근심다졔ᄒᆞ면단ᄉᆞ십을
못ᄉᆞᄂᆞᆫ니어제오ᄂᆞᆯ셩턴몸이져역ᄂᆞ졀병이드러셤〻약ᄒᆞᆫ

회심곡 첫장

음의 티신 가ᄒᆞᆫ 병이 드니 부로 ᄃᆡ 너어 ᄯᅴ 너 오ᄀᆞᄂᆞ니 닝슈로 ᄃᆡ이ᄂᆞᆫ
녹용 약을 쓴들 약덕이ᄂᆞ 입을소ᄂᆞ 판수 드려 경 일온들 경
덕이나 입을소냐 무녀 블려 굿슬 ᄒᆞᆫ들 굿덕이ᄂᆞ 입을소냐 ᄌᆡ미 셔되
쓸고 쓸어 명산ᄃᆡ찰 ᄎᆞᆺ가셔 상탕의 메지ᄒᆞ고 중탕의 목욕ᄒᆞ고
ᄒᆞ탕의 수족 씻슨 황촉 ᄒᆞᆫ 쌍 벌려 노코 향노 향합 불갓초고 소
지 ᄉᆞ중 올닌 후의 비ᄂᆞ니다 비ᄂᆞ니다 칠셩님긔 발원
ᄒᆞ고 ᄇᆡ부쳐님긔 공양ᄒᆞᆯ 어ᄂᆡ 부쳐님이 감동을 ᄒᆞ올소냐 ᄌᆡ
일젼의 진광ᄃᆡ왕 졔이젼의 초강ᄃᆡ왕 졔삼젼의 송졔ᄃᆡ왕 졔ᄉᆞ젼
의 오관ᄃᆡ왕 졔오젼의 염나ᄃᆡ왕 졔육젼의 변셩ᄃᆡ왕 졔칠젼의
ᄐᆡ산ᄃᆡ왕 졔팔젼의 평등ᄃᆡ왕 졔구젼의 도시ᄃᆡ왕 졔십젼의 젼눈
ᄃᆡ왕 열시왕 젼부린 ᄉᆞ쟈 ᄉᆞᆷ원젼의 명을 밧ᄌᆞ 일직ᄉᆞ쟈 월직ᄉᆞ
쟈 ᄒᆞᆫ손의 비ᄉᆞ 들고 ᄯᅩ ᄒᆞᆫ손의 창검 들고 오ᄅᆡ ᄉᆞ실 비겨 ᄎᆞᆫ 활등
ᄀᆞᆺ치 굽은 길노 살ᄀᆞᆺ치 달녀와셔 닷든 문을 박ᄎᆞ면셔 쳔동ᄀᆞᆺ치
호령ᄒᆞ여 셩명 삼ᄌᆞ 블너ᄂᆡ여 어셔 가ᄌᆞ 밧비 가ᄌᆞ 뉘 분부라 거ᄉᆞ리
며 뉘 령이라 지ᄎᆡᄒᆞᆯ소냐 ᄯᅩ 가ᄒᆞᆫ 쇠사슬 실낫ᄀᆞᆺᄐᆞᆫ 이ᄂᆡ 목을

ᄒᆞᆫ번 죽어 ᄋᆞ쇠져 ᄂᆞᆫ다 ᄒᆞᆫ 비벅 ᄉᆞ나 ᄒᆞᆷ게 ᄆᆞᄉᆞ ᄌᆞᄂᆞᆼ 이ᄯᆞᆯ도 못ᄉᆞ 시ᄌᆞᆼ ᄒᆞᆫ다 ᄌᆞ
심ᄌᆞᆸ ᄉᆞ신 발이 나 못 ᄎᆞᆺ신 ᄂᆞᆫ 노ᄌᆞᆺ 돈 ᄀᆞ져 ᄀᆞ세 ᄲᆞᆫ 디겅 ᄀᆞ이 걸 ᄒᆞᆫ ᄃᆞᆯ져
ᄉᆞᄌᆞ 간ᄃᆞᆯ ᄃᆞᆯ ᄋᆞ다 ᄋᆞᆫ 담ᄋᆞ 셔ᄋᆞᆼ 온지ᄂᆞᆫ 이ᄒᆞᆯ 어이 ᄒᆞᆯᄉᆞᆫ ᄭᆞ ᄒᆞᆫ 불승 ᄒᆞ다나
의이 ᄒᆞᆫ 신인 가 ᄒᆞ직 방국 ᄒᆞᆫ디 병 수심 나 ᄒᆞ니 당 회야 쐉진 디ᄂᆞᆫ 술허
ᄲᆞ리 병녀 ᄌᆞ 월 봉이 도되 벼녀 ᄂᆞᆫ다 시 흐려 나와 인싱 ᄒᆞᆫ번 도라 ᄀᆞ면 다
시 오기 어려워라 이 세상을 ᄒᆞ직 ᄒᆞᆫ 북망산을 도라가도다 어직 간
ᄒᆞᆫ 삼십삼천 ᄒᆞᆫ 청수 업ᄂᆞᆫ 가ᄂᆞᆫ 길 오도다 불상ᄒᆞᆫ 가련ᄒᆞᆫ 이 언제 다시 도라
오리 ᄎᆞᆺ수 ᄉᆞᆼ의 ᄉᆞᆼ 주ᄌᆞᆸ ᄒᆞᆫ ᄲᆞᆫ 갈 ᄉᆞᆯ 회ᄋᆞ 어 ᄒᆞᆫ 정신 ᄎᆞ려 도ᄒᆞᆯ 너 ᄇᆞᆨ ᄀᆞ
탕팡 ᄋᆞᆯ 버려 ᄃᆞ고 지셩 ᄭᆞ 호곡 진 ᄒᆞᆫ ᄃᆞᆯ ᄌᆞᆨ ᄋᆞᆫ 병ᄋᆞ ᄒᆞᄃᆞ ᄉᆞᆫ ᄯᆡ 흐ᄋᆞ 이
ᄲᆞᆯ ᄂᆞᆫ ᄀᆞᄅᆞᄂᆞᆫ 다 져싱 길 ᄒᆞᆫ 이 ᄃᆡ 닷녀 ᄂᆞ오 ᄇᆞᆯ ᄆᆡ 가 ᄒᆞᆼ ᄒᆞ여 ᄂᆞᆫ 뒤 몸 박 가 져싱 이 ᄋᆞ
다 친 ᄀᆞ 버 시 ᄲᆞ려 ᄒᆞᆫ ᄃᆡ 어 ᄃᆡ 친 그 ᄂᆞ 산 가 ᄇᆡ 이 ᄒᆞᆯ 가 친쳑 ᄲᆞ리 ᄒᆞᆫ ᄃᆡ 업 친쳑
둥 ᄌᆞᆼ ᄒᆞᆫ 화 ᄀᆞ ᄉᆞ 탕의 ᄒᆞ직 ᄒᆞᆫ 신 ᄉᆞ당의 허비 ᄒᆞᆫ 되 ᄯᆞᆫ 밧 ᄀᆞᆯ 셕
나 셔 다 져 ᄀᆞ ᄉᆞ 다 여 어 져 ᄒᆞ고 혼비박불 ᄒᆞᆫ 너 ᄒᆞ 혼 ᄒᆞᆫ 업더 ᄃᆡ 곡셩 낭
ᄌᆞ ᄒᆞᆯ 리 외 ᄒᆞ직 ᄉᆞ ᄌᆞᆫ 는 동을 ᄲᆞᆯ ᄂᆞᆫ 이 ᄒᆞᆯ 직 ᄉᆞ ᄌᆞ ᄂᆞᆫ 손을 ᄋᆞ어 천방 진 ᄒᆞ며 ᄎᆡ
갈 ᄎᆡ 잡 혼 되 ᄂᆞᆫ 너 쳐 지 ᄂᆞᆫ 나 존 되 ᄂᆞᆫ ᄒᆞᆸ ᄒᆞ 지 나 시 ᄌᆞᆼ ᄒᆞᆫ 숨이 ᄎᆞ 터 오 ᄂᆞᆫ

회심곡 2—A

ᄒᆞᆫᄃᆡ 심ᄒᆞ매 이ᄅᆞᆯ ᄉᆞ례ᄒᆞ고 쳔 황ᄇᆞᆫ 그ᄃᆡ ᄡᅳᆯ ᄃᆡ 쳬ᄉᆞᆼ이 ᄃᆡ 허ᄉᆞᆯ 기
ᄉᆞᄌᆞ 닙ᄋᆞ 쉬여 가ᄌᆡ도ᄅᆞᆯ 쳬ᄋᆞᆼᄒᆞ니 ᄒᆞᆷᄭᅴ ᄉᆞᆼ동인ᄂᆞ 닙ᄒᆞ여 셔ᄇᆞ비 가ᄉᆞᆫᄒᆞ니
구월 져월 여ᄅᆞᄂᆞᆯ 이 ᄌᆞᆷ ᄉᆞᆼ 왓ᄂᆞᆫ 닙ᄒᆞ니 오 두나 [illegible] 빗ᄂᆞᆫ 기 [illegible] 쳐ᄇᆡ 닐
년 [illegible] 인 경닐ᄂᆞ ᄒᆞᆫ [illegible] 인경 [illegible] 비 이 엽ᄃᆡ 비 ᄌᆞ [illegible] ᄒᆞᆫ 지 [illegible] 인 경
ᄒᆞᆫ 곰 셩 [illegible] 가 정 [illegible] 이 [illegible] 비 셩인 쟝 ᄡᅳ
ᄇᆡ 열 [illegible] 티 ᄇᆞᆫ 도 [illegible] 강 [illegible] 졉 기 모 층 황 엽 [illegible] ᄒᆞᆫ 기 ᄃᆡ
리 ᄇᆡ 옥 ᄉᆞ ᄌᆞᆼ 인 [illegible] 자 ᄌᆞᆼ 인 [illegible] 쳐 ᄌᆞᆼ 신 ᄌᆞ [illegible] 심 ᄃᆡ 왕
이 진 ᄃᆡ ᄒᆞᆫ 최 관 ᄌᆞᆼ 이 ᄂᆞᆷ [illegible] 쳔 이 ᄌᆞᆸ [illegible] 쳐 비 ᄃᆞᆫ 봉 ᄒᆞᆫ 헐
졔 ᄀᆞ ᄇᆞᆫ 쳥 뎨 나 [illegible] 쳔 쳔 [illegible] 황 ᄇᆞ [illegible] 쳥 ᄆᆞ [illegible] 열 ᄒᆞᆫ ᄃᆡ 형 벌 ᄀᆞ
주 ᄒᆞ 쇠 ᄂᆞ [illegible] 되 ᄉᆞᆼ [illegible] 기 [illegible] 쳥 황 엽 ᄃᆡ 님 ᄒᆞ 최 인 ᄎᆞ 례 ᄒᆞ
례 ᄒᆞ 령 ᄒᆞ여 ᄂᆞᆼ 엽 [illegible] 형 벌 [illegible] ᄂᆞᆫ 빗 이 ᄂᆞᆯ [illegible] 셔 심 ᄒᆞᆫ ᄆᆡ
빗 ᄂᆞᆫ 쳔 [illegible] 진 쇠 ᄀᆞ 이 나 갑 [illegible] 셕 셥 ᄒᆞ여 ᄂᆞ 다 ᄇᆞᆯ 은 [illegible] 여 팔 ᄇᆞᆼ
방 ᄇᆡ 간 봉 [illegible] 비 ᄃᆡ [illegible] 간 ᄒᆞᆼ 셩 ᄒᆞᆫ ᄆᆡ 증 ᄀᆞ 왕 셩 ᄒᆞ 축 ᄒᆞ여 ᄒᆞᆫ 경 신
셩 ᄒᆞ 도 ᄒᆞᆫ ᄆᆡ 놉 ᄒᆞᆫ 나 ᄋᆞᆯ 공 경 ᄒᆡᆼ ᄋᆞ 쳐 ᄌᆞᆼ ᄋᆞ 이 ᄒᆞᆫ 부 회 부 ᄀᆞᆫ 회 ᄃᆡ 비
ᄒᆞᆫ ᄆᆡ 부 ᄋᆞ ᄀᆞ ᄋᆞ 진 인 도 [illegible] 쳔 심 공 덕 [illegible] 되 니 부 ᄉᆞ 공 덕 ᄒᆞ여 ᄂᆞ 다.

보젼ᄒᆞᆫ 방ᄉᆞᆯ 주어 거ᄂᆞ리 ᄒᆞ엿ᄂᆞ다 칠보ᄋᆞᆯ 주어 ᄒᆞᆫ 쳔심ᄒᆞ여
ᄂᆞ다 고흔 텨의 원을 지어 ᄃᆡ망으로 구제ᄒᆞ엿ᄂᆞ다 [illegible] 흔 불이 되쳐 ᄂᆞ와 원ᄉᆞᆯ
쳔공덕 ᄒᆞ엿ᄂᆞ다 복 [illegible] ᄒᆞ여 셥ᄉᆞ공덕 ᄒᆞ여ᄂᆞ다 법은 ᄃᆞᄉᆞᆯ른
약을 주어 회ᄉᆡᆼ인 [illegible] ᄒᆞ엿ᄂᆞ다 [illegible] 명지여 중ᄉᆡᆼ공덕 ᄒᆞᆯ
여ᄂᆞ다 고은 텨의 원두 ᄒᆞ여 [illegible] 희 [illegible] ᄒᆞ여ᄂᆞ다 부쳐되니 광ᄉᆡᆼ 도쳐
념불공덕 ᄒᆞ엿ᄂᆞ다 [illegible] 셔 ᄒᆞ여 이ᄌᆡ [illegible] ᄒᆞ엿ᄂᆞ니 념불의 향
ᄉᆞ음 ᄉᆞᆯ ᄊᆞᆼ은 홍 [illegible] ᄒᆞ여 구 [illegible] ᄒᆞ며 주 [illegible] 비 [illegible] ᄒᆞ여 ᄇᆞ셤 인들
버ᄉᆞᆯ ᄒᆞᄂᆞ다 축 ᄒᆞᆫ ᄉᆞ불 내 도쳐 광경 ᄒᆞᆫ [illegible] ᄉᆞᄋᆞᆯ ᄉᆞᄆᆞ 우
경 ᄒᆞ엿ᄂᆞ니 [illegible] 원을 [illegible] 원 되로 ᄒᆞ여 주
ᄊᆞ ᄒᆞᄂᆞᆫ 세계 ᄀᆞ라 ᄂᆞ다 [illegible] 가라 ᄂᆞ다 신 [illegible] 라 ᄂᆞ다 [illegible] 불
ᄉᆞ ᄒᆞ와 ᄂᆞ다 옥 [illegible] 희신 [illegible] ᄒᆞ여 [illegible] 되 [illegible] 셕 [illegible] 구
여션 [illegible] ᄒᆞ엿ᄂᆞ다 [illegible] ᄒᆞ여 [illegible] 기쳐 ᄂᆞ나 [illegible] 어연
길 ᄒᆞ엿ᄂᆞ나 부귀공명 ᄒᆞ엿ᄂᆞ다 [illegible] 공신의 [illegible] 텨 도려
ᄂᆞ나 [illegible] 상병 흉독 ᄒᆞ여 장신 [illegible] ᄂᆞ다 [illegible] 신
[illegible] 되려 ᄂᆞ다 [illegible] 수 부귀 [illegible] 이 되엿ᄂᆞ다 [illegible] 외 [illegible] 회

三

회심곡 3—A

오뎨쳔이 보죵 갈[illegible] 갈여러이미[illegible] 보[illegible] 졔보 ᄒᆞ계이 복ᄒᆞ고 [illegible]신 복[illegible]녀[illegible]
지ᄒᆞᆫ후제 비ᄒᆞᄒᆞ 쳬[illegible] ᄒᆞ도오 닥이[illegible] 고즈지즁ᄒᆞ구도 졀[illegible]ᄒᆞ내
념보[illegible] 뎡보ᄒᆞᄂᆞ[illegible] 착ᄒᆞᆫ [illegible] 숙[illegible] 쳐현 ᄉᆞᆷ셜ᄉᆞᆼ으로구ᄒᆞ되
여기ᄂᆞ 뎌회[illegible]의[illegible] 져[illegible]이 나공도[illegible] 옥의 길[illegible] 지나[illegible] 죄인쳐결
ᄒᆞᆫᄒᆞᆫ 녀[illegible] 인졉[illegible] 연[illegible] 뎡의 [illegible] 젼보[illegible]
십부모 회[illegible] 신 부모[illegible] 지쟝 ᄒᆞ오 [illegible] 나동쟝 으로구이 ᄒᆞ여ᄃᆞ나 친쳑 회
복ᄒᆞ여 다나[illegible] 갈[illegible] 녀부[illegible] 답 ᄒᆞᆫ 동심 ᄒᆞᆷ 여[illegible] 산
ᄒᆞᆫ녀 쳥[illegible] 불 회[illegible] 계[illegible] 남[illegible] 조[illegible] 옥[illegible] 도[illegible] 극[illegible] ᄒᆞ[illegible]
[illegible]셰샹 갈[illegible] 쟉[illegible] 시[illegible] 보[illegible] 옥[illegible] 고 [illegible]
암희 ᄉᆞ회 [illegible] 집안 [illegible]
[illegible]이 심[illegible] 공도 [illegible] 보[illegible] 셔 [illegible] 쳥 [illegible] 리 [illegible]여 죄
지쟝 [illegible] 혀[illegible] 허 방 지 옥 천ᄉᆞ
쟝 옥 [illegible] 처 지 옥의 북 보 [illegible] 극 ᄒᆞᆫ 녀 졉[illegible] 도 죄
[illegible] 외[illegible] 계 [illegible] 도 [illegible] 나[illegible] 도 [illegible]기
[illegible]나 [illegible] 복 인 도[illegible] 부 구 공 병 [illegible] 나 비 [illegible] 구 [illegible] 을

회심곡 3—B

상옥이와ᄯᅵ춘ᄃᆞᆯ노셔녀블너ᄃᆡ쳡ᄒᆞ니라이니조흘ᄉᆞ나셔ᄉᆞᆷᄒᆞᆯ
ᄃᆞᆫᄯᆡ옴악감블의ᄒᆡᆼᄉᆞᄒᆞ지ᄯᆡ조심ᄒᆞ여ᄉᆞ신ᄒᆞᄌᆞ회심곡을
허시친기소롭ᄃᆞᆫ우이여겨젼신ᄒᆞ지이니ᄒᆞᆫ복업슐이ᄋᆞᆯ롤ᄌᆞᆼ
승ᄒᆞᆫ변구령빙옴음ᄉᆞᆨ도여ᄇᆡᆺ졉녀ᄋᆞᆯ버슬ᄉᆞ나인간고ᄒᆡᆼ
ᄒᆞᆫ보ᄒᆡ거시젼상죄로ᄒᆞ되ᄒᆞ니ᄒᆞᆫᄂᆞᆼᄒᆞᆯᄯᆡᄒᆞᆫ원ᄋᆞᆼᄒᆞᆯᄯᆡᄒᆞᆫᄯᆡ옴악가션
심ᄒᆞᆫ변젼싱죄를버셔노코ᄒᆞᆼ구셰키ᄒᆞ되ᄂᆞ니죄님군의제충셩
ᄒᆞᆫ부모의게효도ᄒᆞᆫ복쳐님게지셩이변쳔싱죄변이싱죄를
므도디버리ᄂᆞᆫᄉᆞ원던ᄃᆞᆯ노되ᄂᆞ며죄부직ᄒᆞᆫ변빈쳔ᄒᆞᆫᄯᆡᄃᆞ시ᄉᆞ죽팔
ᄌᆞ니죄ᄉᆞ죽도ᄯᅳᆼ녹ᄒᆞᆫ도이ᄯᆡ옴ᄒᆞᆨ히닥가셰죄ᄂᆞ옥이ᄯᅵ타블판
셰ᄋᆞᆷ보ᄋᆞᆯ

회심곡 4—A

회심곡

齊馬武傳 뒤에 4장까지 回心曲이 곁들여 있음. 別册도 물론 아님.

內　　: 16×23

內廓　: 15.3×20

每面　: 25~26字

끝　　: 4-A-10行

刊記　: 없음.

뒤에 東洋文庫印 세로로, K. Mayema 스탬프印 엇비슷가로로.

20. 적성의전 권지단

1) 서지상황

Ⅶ-4-235 1冊 19張, 木版本

(赤聖義傳→狄成義傳으로 고쳐놓았음)

外表紙 : 17.3×23.5

內 : 16.2×23.2

內廓 : 15.3×19.9

每面 : 15行 24~27字

끝 : 19-B-10行

刊記 : 안셩동문이신판

(面에 따라 치수가 달라, 一定한 종이가 아니라 이것저것 섞어서 찍었음을 알 수 있음.)

2) 줄거리

강남안평국(江南安平國)왕에게는 아들이 둘 있었다. 맏아들은 향의(響義), 둘째는 성의(成義)였는데, 맏이에게는 불칙한 마음이 있어 成義를 시새우고, 成義는 天禀이 醇厚하며 氣骨이 俊秀하여 王과 王妃의 寵愛를 독차지하였다. 次子로써 世子로 冊封코자 한 王의 뜻은 長子로 世子冊封하라는 公卿의 諫言으로 거두어 들이게 된다.

그 때 王妃가 偶然히 得病, 闕門밖의 一道士가 노끈을 通한 診脈끝에 西域의 青龍寺의 일령쥬(日影珠?) 아니면 回春키 어렵다는 말을 남기고 떠나자, 열두살 먹은 어린 成義가 어미의 藥을 救하러 길을 떠난다.

成義는 東方朔의 도움으로 芭蕉잎을 타고 弱水 3,000里를 건너 符籍을 받아 들고 보탑존사(寶塔尊師)를 찾아가 두 알의 靈藥 日影珠를 받아 가지고 歸途에 오른다. 그러나 無事히 돌아올 아우를 시새운 兄 響義는 埋伏하고 있다가 父王의 命이라고 投身自殺을 강요하고, 武士를 시켜 아우의 눈을 찔러 멀게 하고 배를 뒤집어 엎어 버렸다. 겨우 부서진 뱃조각에 몸을 의지한 成義는 정처없이 바다위에 떠 내려 갔다. 兄은 아우에게서 빼앗은 藥을 어머니에게 바치고 俗世에 뜻이 없는 成義는 이 약만 바치라 하고는 돌아가 버렸다고 거짓말 하였다. 어미는 藥보다도 없어진 아들을 생각하여 痛哭하였지만 藥 덕인지 病은 나았으나 아들에 대한 그리움은 어미의 마음을 찢는 듯하였다.

눈이 먼 成義는 楚땅에 漂流하여 대숲 속에서 피리를 불고 있었다. 때마침 지나가던 中國使臣 胡丞相은 成義가 부는 구슬픈 피릿소리에 마음이 끌려 그를 데리고 돌아가 宮中 後園에 살게 하였다. 그리하여 마침내 피리와 거문고를 因緣하여 열세살짜리 公主 彩鸞과 사귀게 된다.

열네살 때의 일이다. 成義는 自己가 먹이던 기러기 발에 母夫人의 筆蹟이 묶여져 있는 것을 알게 된다. 어머니의 蘇生함을 알게 되자, 반가움에 사흘만에 먼 눈이 보이게 된다. 成義가 胡丞相에게 自己의 來歷을 이야기하자, 그 소문은 皇帝에게 알려졌고, 皇帝는 成義의 孝心을 아름답게 여겨 외딸 彩鸞의 사위로 맞았다. 皇帝는 미리 安平國에 기별한 뒤, 이어 成義夫婦를 安平國에 보냈다. 殺氣가 등등한 兄이 다시금 奸計를 짜 보았으나 失敗하여 兄의 一黨은 죽고 만다. 安平國王 內外는 公主를 데리고 돌아온 成義를 보자 꿈인가 생신가 기뻐하였다. 王과 王妃가 돌아간 뒤에 成義는 임금이 되어 나라는 가멸고 泰平스러워 몇 千年이나 뻗어 내려 갔다고 한다.

젹셩의젼 권지단

화셜 셔쳔 남의 안평국이 잇ᄉᆞ니 산쳔이 슈려ᄒᆞ고 옥야 쳔리 ᄂᆡ여보
회ᄒᆞ고 국부민강ᄒᆞ며 의관문물이 번셩ᄒᆞ여 남방의 웅거
ᄒᆞ엿더니 국왕의 셩은 젹이니 젹문공의 후예라 ᄃᆡᄃᆡ 치국지되엿ᄂᆞᆫ
을ᄒᆞ고 ᄒᆞᆫᄃᆡ 인심이 슌박ᄒᆞ며 국ᄐᆡ민안ᄒᆞ여 도불습유ᄒᆞᄂᆞᆫ 야
불폐문이러라 국왕이 왕비로 동두이십여년의 두 아ᄃᆞᆯ을 두어
시니 장ᄌᆞ의 명은 향이오 ᄎᆞᄌᆞ의 명은 셩의라 셩의 쳔픔이 슌
후ᄒᆞ고 긔골이 쥰슈ᄒᆞᆫ지라 ᄒᆞ시니 [illegible] 의 부뫼 과ᄋᆡᄒᆞ고 일국이 흠앙ᄒᆞ
니 향의 ᄆᆡ양 불측ᄒᆞᆫ ᄆᆞᄋᆞᆷ으로 셩의의 인효ᄒᆞᆷ을 시긔ᄒᆞ여 음히
ᄒᆞᆯ ᄯᅳᆺ을 두더라 이ᄯᆡ 셩의 졈졈 ᄌᆞ라ᄆᆡ 지덕이 겸비ᄒᆞ여 ᄋᆞᆷ
을 본바ᄃᆞᆫ 왕이 셩의로 셰ᄌᆞ를 봉코져 ᄒᆞᄃᆡ 공경이 간일 곧ᄃᆡ로
국가ᄂᆞᆫ 장ᄌᆞ로 셰ᄌᆞ를 봉ᄒᆞ옵ᄂᆞ니 ᄒᆞ온 일이 어닐이 쳬젼ᄒᆞ
계옵셔 ᄎᆞᄌᆞ로 셰ᄌᆞᄅᆞᆯ 봉ᄒᆞ여 녜를 폐ᄒᆞ옴은 셩군ᄌᆞᄉᆡ 불가ᄒᆞ오
니 ᄒᆞᆫᄃᆡ 왕이 어칠ᄋᆞ 향ᄌᆞ의 향의로 셰ᄌᆞᄅᆞᆯ 봉ᄒᆞ니라 ᄒᆞᆫ 왕
비 우연 득병ᄒᆞ샤 졈졈 침즁ᄒᆞ여 십분 고극ᄒᆞ미 일국이 황황ᄒᆞ
복

젹셩의젼 권지단 첫장

국의 드닷ᄒᆞ여 조현ᄒᆞ온ᄃᆡ 상과 휘 식ᄒᆞ이 박기시며 무ᄉᆞ 연이 환ᄒᆞ엿ᄉᆞᆸ것
거ᄒᆞ시ᄆᆡ 됴회ᄒᆞ시ᄆᆡ 황상이 ᄎᆞᆫ칭ᄒᆞᆸ고 ᄒᆞ시미 티ᄌᆞ와 계젼의 ᄒᆞ시니 티ᄌᆞ 죽이기
ᄒᆞ시더 쳠ᄒᆞ되 평ᄒᆞᆫ 승방의 ᄒᆞᆨᄉᆞ ᄒᆞ여ᄒᆡ 호승상국뵈 ᄒᆞᄂᆞ여 드국병ᄒᆞ여
기ᄉᆡᆼ ᄒᆞ더니 ᄆᆡ부 빅뵈 ᄒᆞ의논 ᄒᆞᄂᆞᆫ 본국을 도라 감ᄒᆞᆯ 주ᄒᆞᆫ 뒤 상이 윤허ᄒᆞ
시ᄂᆞᆫ 두 ᄯᅩᄒᆞ이 안평국 ᄉᆡᆼᄌᆞᄅᆞᆯ 봉ᄒᆞ ᄒᆞᄂᆞᆫ은 희단을 반이 상ᄉᆞ ᄒᆞ여 계
존와 굉쥐ᄉᆞ은 ᄒᆞᆫ 후 본국을 도ᄒᆡ와 ᄉᆡᆼ친을 ᄒᆞ향ᄒᆞ여 나와 ᄒᆞ위
ᄒᆞᄂᆞᆫ ᄒᆞ연 ᄃᆞ국병ᄒᆞ야 ᄒᆞᆸ고 ᄒᆞ시미 세진 죽으ᄆᆡ ᄒᆞ고 치국 티평ᄒᆞᆫ ᄇᆡᆫ민낙업ᄒᆞ야
러라 기러기도 ᄲᅩᆫ 도ᄅᆞᆯ 도리ᄒᆡ 리왕과 ᄒᆞ휴 ᄒᆞ연ᄒᆞᄂᆞᆯ 빠지 아니ᄒᆞᆫ 기러기
ᄅᆞᆯ 회송을 구려 평ᄉᆡᆼ을 ᄒᆞ외저 아니ᄒᆞ더라 이ᄒᆞ ᄀᆞᆯ계ᄉᆞᆼ을 ᄒᆞ여 존ᄒᆞᆫ이
ᄒᆞ셩인 ᄒᆞᆫ 국티 민강ᄒᆞ여 누천년을 누리더라

안셩동문이신판

적성의전 권지단 끝 19—13—10行

21. 양풍(운)전(楊風(雲)傳) 단

1) 서지상황

Ⅶ-4-235 1册 20張, 木版本

※(梁風雲傳으로 고쳐져 있음.)

外表紙 : 18.3×23.2

內 : 17×23.1

內廓 : 15.7×20.3

每面 : 15行 22~26字

但, 20-B는 29~34字

끝 : 20-B-14行

刊記 : 안성동문이신판

※ 題目은 양풍젼이라야 함. 主人公의 이름은 풍(風)이요 字가 雲仙이므로 양풍운젼이라 함은 마땅치 않음.

2) 줄거리

漢나라 ᄉᆞ졍年間에, 宰相 楊太伯과 그 夫人 崔氏와의 사이에는 아들 風과, 彩玉·彩鸞이라는 두 딸이 있었다. 名門巨族의 出身으로 温順恭儉하나, 懦弱하고 決斷力이 없는 사람이었다. 하루는, 이웃 老婆의 말만 듣고, 宋哥 女子가 賢淑한 줄 믿고 丞相에게 小室로 勸한다. 妾을 집안에 둠이 祥瑞롭지 못하다고 사양하던 楊丞相도, 經國之色인 宋女를 보더니 그만 반해서 崔氏夫人을 草芥같이 여겨 宋女의 奸計로 崔氏夫人과 子女는 내어

쫓기고 만다. 崔氏夫人의 抗拒나 두 딸의 諫言도 물리친 채, 마침내 네 식구를 내어 몰고 마는 것이다.

夫人은 風을 품에 품고, 두 딸을 左右로 이끌고 自己 친정 아버지 墓下로 가 墓직이 老婆에게 의지하게 된다. 그러나 崔氏夫人은 병들어 血書를 남기고 이승을 뜨고 만다. 老婆가 이 血書를 楊丞相에게 傳하자 슬픔에 사로잡히더니 다시금 宋女의 奸言에 귀가 여려 이 老婆까지 죽이려 들었다. 그 낌새를 챈 老婆는 도망쳐 돌아갔다. 風은 老婆의 세간살이까지 팔아서 겨우 어머니의 葬禮를 마치고, 어머니의 먼 친척인 崔尙書를 찾아가 200兩을 얻어 三年 侍墓살이를 마친다. 그런데 하루는 風의 꿈에 그 母夫人 崔氏가 나타나 東海 松山의 玉龍殿을 찾아 가라고 告하는 것이었다.

한편 母夫人 崔氏를 잃은 두 딸 彩玉과 彩鸞은 여남은 살이 되자 떠돌아 다닐 수도 없고 하여 하는 수 없이 아비에게로 돌아갔다. 두 딸을 바로 내어 쫓으려는 楊丞相에게 宋女는 밥찌꺼기라도 먹여가며 밥이라도 짓게 하자고 만류시킨다. 몇해 뒤 宋女는 自己의 四寸오라비와 彩玉을 結婚시키려하나 崔氏夫人의 원수인 宋女의 친척과는 결혼할 수 없다는 不服 때문에 쫓겨나고 만다. 다시금 老婆에게 돌아와 보니 老婆는 이미 세상을 뜬 뒤라, 어머니의 산소앞에 울고 있는 두 딸에게, 어머니는 꿈결에 역시 玉龍殿을 찾아 가라고 귀띔해 준다.

그리하여 風과 彩玉·彩鸞의 三男妹는 後土夫人, 山神靈, 天王菩薩, 仙官, 仙女의 도움으로 龍宮에 다달아 龍王의 命으로 玉龍殿에 있는 어머니 崔夫人과 再會하게 된다. 그리고 風은 玉皇上帝의 뜻에 따라 人間世上에 下降하여 그 아버지를 섬기고 榮華를 누린 뒤 돌아오게 된다. 風은 온갖 戰術을 익힌 뒤, 保身甲옷을 입고, 오른 손엔 三光劍, 왼손엔 落花를, 그리고 彌勒山 精氣를 탄 駿馬까지 받아 가지고, 西海 廣德王의 弟子로 得罪하여 人間세상에 귀양온 宋太子를 쳐서 降伏 받되 죽이지 말고 사로잡으라는 命을 받들고 故國으로 돌아온다.

風은 宋太子, 철통골(鐵桶骨)과 激戰끝에 드디어 宋太子를 사로잡았으나, 天王菩薩의 命대로 이를 용서하여 本職에 돌아가게 한다. 風은 功勞에 의하여 楚王이 되어 아비 楊丞相을 찾아 고향으로 돌아간다.

宋女에게 빠져 妻子를 내어 쫓고 家産을 蕩盡하고 종도 달아나고, 그렇듯 위해바친 宋女에게조차 구박을 당하는 신세가 된 楊丞相은, "人間의 善惡도 분간못하는 눈은, 아들을 만나기 前에는 멀 것이다." 하고 꿈의 豫言대로 앞을 못보게 된다. 찾아온 아들을 얼싸안고 痛哭하는 瞬間 신기하게도 楊丞相의 눈은 다시금 빛을 보게 되고, 楊丞相 太伯은 宋女를 무릎 꿇리고 꾸짖은 뒤, 단근질하여 그녀를 지져 죽이고, 그 屍體까지 태워 없앴다. 風은 皇帝의 사위가 되고, 崔氏夫人과 두 딸은 道를 닦아 月宮仙이 되고, 옛 허물을 뉘우친 楊丞相은 일흔일곱에 이승을 뜨고, 楚王이 된 風은 쉰아홉에 병 들어 그 넋이 떠돌며 天王菩薩에게 落花를 바치고 謝禮한 뒤, 역시 道를 닦아 神仙이 되었다고 한다.

양풍운 젼단

셜셜ᄒᆞᆫ국니승평년간의ᄒᆞᆫ지상이잇스되셩은양이오
명은ᄃᆡ광이니ᄉᆞᄅᆞᆷ되오ᄆᆡ온슌공검ᄒᆞ고ᄆᆡᄉᆞ의ᄆᆡ니
약ᄒᆞ여일을당ᄒᆞ면결단이업ᄂᆞᆫ지라본ᄃᆡ병부가죡으
로국일을즈금ᄒᆞ며벼슬이승품의이르ᄆᆡ지산이유여ᄒᆞ여
세상의ᄯᅳᆺ이업ᄂᆞᆫ지라청운을ᄒᆞ즉ᄒᆞ고향의도라와
농부어옹이되여고쳐ᄎᆞ씨로더브러동낙ᄒᆞ여일즉일ᄌᆞ녀업셔
녀를두어스되졍녀의명은ᄉᆞ옥이오ᄎᆞ녀의명은치란이니
양희소오쳬도ᄆᆡ용모ᄂᆞᆫ화려ᄒᆞ고ᄌᆞ질이초동ᄒᆞ여ᄇᆡ일ᄅᆞᆯ이명
운풍엽온중ᄒᆞ고쳔이어용모를짐즛이ᄯᅩᄒᆞᆫ비범ᄒᆞᆫ지라광풍
보옥갓치ᄉᆞ랑ᄒᆞ더니슬푸다최씨의화ᄃᆞᆯ그ᄯᆡ박명ᄒᆞ여흘일엽
ᄂᆞᆫ지라일로부터이웃집노괴와셔효ᄃᆞᆷ을극진ᄒᆞ면견녀ᄆᆡ를
종가의녀ᄌᆞᄉᆡ후히현숙ᄒᆞ믈이윽ᄒᆞ더니최씨도곤승상을권
ᄒᆞ여ᄌᆞ식을두워고ᄒᆞ니ᄃᆡ승상이월쳡을잡인이라ᄆᆞᆷᄂᆞᆫ거시상
셔로ᄆᆡᄌᆞ이나ᄒᆞ여ᄒᆞ되여ᄂᆡ양ᄭᅡ의업ᄂᆞᆫ노리ᄎᆞ씨옥을승녀의ᄒᆞᆫ

양풍(운)젼 단 첫장

녀의답부왕의ᄀᆞᆺ여ᄋᆞᆯᄂᆞᆫᄒᆞᆫ대연왕이생ᄃᆡ이ᄀᆞᆺ로ᄂᆞ고공증ᄒᆞᆫᄂᆞᆯ황측ᄒᆞ더
랑오리자이녀ᄒᆞ여ᄀᆞᆯ기다르미초왕이이긔ᄅᆞᆯ가초아다리의뉘허가결안교
비ᄅᆞᆯᄯᅡᆺ친ᄒᆞ공주ᄅᆞᆯ압세우고본부로도라와연왕ᄭᅴ폐비경ᄒᆞᆫ니녀
인ᄒᆞ야일변부인공주ᄅᆞᆯ청ᄒᆞ여각ᄒᆞ여ᄉᆞᆯ리ᄒᆞ니ᄯᅩ초왕이ᄯᅩᄒᆞᆫ모친과냥비ᄅᆞᆯ청ᄒᆞ여각ᄒᆞ
여비ᄒᆞ니이ᄯᅢ집ᄒᆞᆫ더라일ᄋᆞᆯ모라산ᄒᆞ리니초왕과공주친ᄒᆞ실ᄉᆡ노아가니궁궁후
지랑ᄋᆞᆯ비ᄒᆞᆯ되업더라ᄎᆞ셜경녈부인이냥녀ᄅᆞᆯ거ᄂᆞ려션도ᄅᆞᆯ다가일ᄋᆞᆯ궁
션이뫼ᄂᆞᆫ초왕은공쥬로려부러히로ᄒᆞᆯᄉᆡ오ᄉᆞ신녀ᄅᆞᆯ쟝ᄒᆞ니니ᄒᆞᆫ납ᄒᆞᆯ
모습ᄒᆞᆫ지랑ᄂᆞᆫ가ᄃᆞ혼ᄒᆞ여ᄌᆞ손이만당ᄒᆞᆫ영화부귀ᄅᆞᆯ세의웃ᄃᆞᆫ이리랑
은이여류ᄌᆞᄒᆞ여연왕이칠ᄌᆞ삽칠세의ᄒᆞᆼᄒᆞᄆᆡ초왕이녈노ᄭᅬ셔산의와장ᄒᆞ
니삼상ᄋᆞᆯᄯᅡᆺ친ᄒᆞ니왕의나히육십구세라ᄋᆞᆼ연득병ᄒᆞ미왕비와녀ᄅᆞᆯ두ᄂᆞᆯ별
ᄒᆞ실ᄒᆞ니ᄇᆡ뵈이고한심ᄒᆞ여옥중ᄃᆡ궁으로갈ᄉᆞ록그ᄃᆡ보ᄂᆡ오시ᄉᆞ셔낙ᄒᆞ왕ᄋᆞᆯ드려보비ᄉᆞ례ᄒᆞᆯ
ᄒᆞᆼᄒᆞ오ᄂᆞᆫ녀의일ᄒᆞ러보니칭ᄋᆞᆯ뵈옵고냥ᄂᆡ일ᄅᆞᆯ졀로벗기ᄇᆡᆸ부친과모녀즉의
일ᄭᅡᆷ부ᄯᅡᆺ되여영ᄒᆞ니ᄒᆞᄂᆞᆫ쟝ᄉᆞᆼ을낫ᄭᅳ치고ᄒᆞᆫ인ᄒᆞ여그ᄭᅩᆺ의셔도ᄅᆞᆯ각각신ᄒᆞ이되니
셔ᄂᆡ와그ᄀᆞᆺ손의영웅방은이일로ᄭᅬ록지못ᄒᆞᄂᆞ라

안셩오동문이신판

양풍(운)젼 단 끝장 20—B—14行

22. 삼국지 권지숨

1) 서지상황

Ⅶ-4-235 落帙 1册 木版本

外表紙 : 18×23.4

內 : 16.8×23

內廓 : 15.7×19.7

每面 : 15行 23~30字

끝 : 20-A-12行 "ᄒᆞ회를 분셕ᄒᆞ리"

刊記 : 안셩동문이신판

2) 줄거리

앞 · 뒤가 없는 제3권이기 때문에 줄거리를 쓸 수도 없지만, 3권의 內容은, 趙子龍이 漢의 危機를 꿈으로 알고 말을 달려 曹操에게로 쳐 들어가는 대목, 趙子龍은 曹操를 미쳐 잡지 못하고, 曹操는 軍馬가 困乏하여 다시 싸울 생각도 없이 남정으로 向하는 데서 끝남.

삼국지 권지슴

원쇼진파회조죠의위급ᄒᆞ믈듯고군ᄉᆞ를지촉ᄒᆞ여오
건쇼조패ᄒᆞ회ᄒᆞ여군ᄉᆞ를ᄒᆞᆫ곳의모와ᄢᅵ쟝산을ᄇᆞ리고
거러다ᄃᆞ랑ᄒᆞ여오ᄂᆞᆫ군ᄉᆡ왈ᄎᆞ축병이본진을잇ᄂᆞᆫ어ᄃᆡ쟝쉬
웅게ᄒᆞ다ᄒᆞ거ᄂᆞᆯ조죄크게의심ᄒᆞ여변ᄒᆞ거ᄃᆞ니본ᄃᆞ산곡간
으로서일셩포향의일원대쟝이빗난포은갑의쟝창을
들고가ᄂᆞᆫ길을ᄆᆞᆨ아ᄭᅮ지져왈조죠ᄂᆞᆫ네칼을바드라ᄒᆞ며좃
군을어ᄉᆞ살ᄒᆞ더이셩랑세쳐라조죄황겁ᄒᆞ여제셔황으
로쳐쳑ᄒᆞ라ᄒᆞ배급히ᄂᆡᄃᆞ로큰힘ᄒᆞ디기쟝의서조인을ᄡᅵ
ᄂᆡ 젹이방심ᄒᆞ여합병ᄒᆞ여엄숙허도 문을찬치못ᄒᆞ여
졍욱각려왈허다장졸을펴ᄒᆞ여 첫엇지ᄒᆞ변셜언간ᄒᆞᄂᆞᆫ
졍욱왈젼쟝의ᄆᆞᄋᆞᆷ이가보온즉ᄒᆞᆫ즁병쟝이ᄌᆞ루로되두ᄂᆞᆫᄯᅩᄒᆞᆫ
ᄉᆞ백년왕되옵ᄂᆡ엇지죽ᄒᆞ녀가라잇가조죄왈그러ᄒᆞ면엇지ᄒᆞᄂᆞᆫ졍욱왈
덕을닥고군ᄉᆞ를쉬오ᄢᅵ종을기ᄒᆞ노이다조죄왈쟝ᄒᆞ다ᄒᆞ고의쥬쳔병쟝파빗
ᄇᆞᆫ쳔병이잇거ᄂᆞᆯ무ᄉᆞᆫ옥ᄭᅮ짓ᄉᆞ리오옹구왕을셩이일초피왕은뎐ᄒᆞ

삼국지 권지슴 첫장

극변ᄒᆞᆸ히더라ᄯᅢ에ᄒᆞᆼ산의덕ᄒᆞ로다이셔정이동방이얼ᄂᆞ니ᄂᆞ지라체
중을다ᄒᆞᆫ손권ᄒᆞᆫ줄건ᄂᆞ러니천근이보ᄒᆞ되ᄯᅢᄒᆞᆼ손보국을셔ᄒᆞᆫ궁
쉬군ᄉᆞᄅᆞᆯ모라온진ᄒᆞ거놀죄를ᄒᆞ비라보나정히ᄒᆞᆼ기병ᄃᆞᆨ쉭이라조치
기거왈이제우리중쉬오니보국가ᄅᆞᆯ면ᄒᆞ리라ᄒᆞ더나ᄯᅢᆯ이ᄯᅡ지못
ᄒᆞ야두중쉬ᄯᅡᆯᄅᆞᆯ달녀도라오며외여외쳐ᄒᆞᆫ도쥐ᄅᆞᆯ롱이여러ᄉᆞᆺᄂᆞ니
조ᄎᆞ와닷지ᄯᅡᆯ은박비항복ᄒᆞ라ᄒᆞ거날죄뎡정ᄒᆞ여으로되ᄒᆞᆯ조ᄎᆞᆯᄂᆞᆯ저
외ᄅᆞᆯ빌라ᄒᆞᆫ즉가ᄅᆞᆯ저리되ᄯᅢ에ᄒᆞᆼ손을빌라ᄒᆞᆫ영평관을향ᄒᆞ시게
중관의근왈ᄒᆞᆫ명아이ᄯᅢ의ᄯᅢ에ᄒᆞᆼ손성의웅거ᄒᆞ여시니우리급히나정
웅ᄒᆞ어디면조을ᄒᆞᆯ도ᄒᆞ다ᄒᆞ며되ᄒᆞ엿더ᄌᆞ룡이조ᄎᆞᆯ잡지못ᄒᆞᆫ장비외
관뎡이근ᄉᆞᄅᆞᆯ거ᄂᆞ려ᄯᅢ에ᄒᆞᆼ산셩을도려ᄒᆞᆫᄯᅢ조ᄂᆞᆫ근ᄯᅡᆯᄒᆞ거ᄂᆞ려조ᄎᆞ
ᄒᆞᆯ국ᄂᆞᆫ추가더라조죄니ᄂᆞᆷ정으ᄅᆞᆯ향ᄒᆞ되근미고관뫼ᄒᆞ여다시상ᄒᆞᆯ성
각엽더라엇지된고ᄒᆞ회ᄅᆞᆯ분셕ᄒᆞ라

안셩동문이신판

삼국지 권지숨 끝장

23. 뎡을션젼(鄭乙仙傳)

1) 서지상황

Ⅶ-4-237 3冊 筆寫本
黃色菱花紋表紙 紅線裝(貫册)
外表紙 : 18.6×22.9
內 : 16.2×22.9
每面 : 11行 13字內外(無行)
권일 : 31장
권이 : 31장
권삼죵 : 30장
刊記 : 셰을ᄉᆞ 숨월 일 향목동셔

2) 줄거리

宋나라 仁宗때, 皇城 東門밖에 左丞相 鄭公은 夫人 경시(慶氏)와의 사이에 弄璋之慶이 없다가, 설흔이 넘은 뒤에 非凡한 아들 하나를 낳으니 乙仙이요, 字는 鳳龍이었다. 乙仙이 右丞相 뉴한셩(柳漢星)의 환갑잔치에 갔다가 그네 타는 츈연(春燕)을 보고 반하여 求婚하기에 이른다. 後嗣 없음을 슬퍼한 나머지 츈연을 낳고 사흘만에 세상을 버린 崔氏夫人뒤에 들어온 繼母 노시(盧氏)는 平素 春燕을 시새워 毒殺코저 별렀으나 그 奸計에 失敗하곤 하였다. 그래서 乙仙과 春燕의 結婚式날, 노틔(盧泰)란 작자를 충동여서 신방에 亂入케 하였다. 乙仙과 그의 아버지 左丞相 鄭公이 春燕의 素行에 의심을 품고 돌아가 버렸음은 너무도 當然한 일이었다.

억울함을 견디지 못하여 春燕은 血書를 남기고 自殺하였고, 몹쓸 盧氏 또한 뒤이어 죽었고, 충동질에 못이겨 신방에 亂入했던 盧泰 또한 스스로 목 매어 죽고 말았으며, 盧氏의 子女는 벙어리가 되거나 멍청이가 되었다.

그 뒤, 乙仙은 趙王의 딸을 아내로 맞아 左丞相이 되고, 趙王의 딸은 貞烈夫人이 된다. 그 뒤 乙仙은 刺使가 되어 春燕의 故鄕인 益州로 順撫御史로서 赴任하게 된다. 春燕이 원통하게 죽은 뒤로 益州에서는, 그녀의 울음소리를 듣고는 사람들이 연달아 죽는 怪異한 일이 벌어지고, 人跡이 끊어지고 말았다. 益州에 가서 비로소 乙仙은 春燕의 寃死한 事情을 알게 된다. 苦憫끝에 乙仙은 금성진인(金星眞人)을 찾아가나, 만나지를 못한다. 하지만 돌아오는 길에 길에서 줏은 구슬로 春燕을 蘇生시킬 수가 있었다. 그리하여 春燕은 皇帝의 命으로 忠烈夫人이 되어, 元妃의 職牒까지 받게 된다. 그 뒤 乙仙은 西戎의 叛亂을 平征키 위해 出征하게 된다.

그러자, 이 때다 하고 貞烈夫人인 趙王의 딸은 自己 四寸 오라비를 충동여서 春燕을 奸淫의 罪를 씌워 獄에 가둔다. 春燕은 獄안에서 玉童子를 낳는다. 까딱하면 殺害 당할 뻔한 春燕 母子는 금섬(金蟾)의 희생으로 脫出하여 목숨을 건지게 된다. 돌아와 이 일을 알게 된 乙仙은 貞烈夫人 趙王의 딸을 賜藥하여 自殺케 하고, 母子를 위해 목숨 바친 金蟾을 厚葬해 준다. 그리고 春燕 母子를 至誠으로 모신 月梅는 乙仙의 妾을 삼는다. 乙仙과 春燕은 온갖 榮華를 누린 끝에 함께 세상을 떴다고 한다.

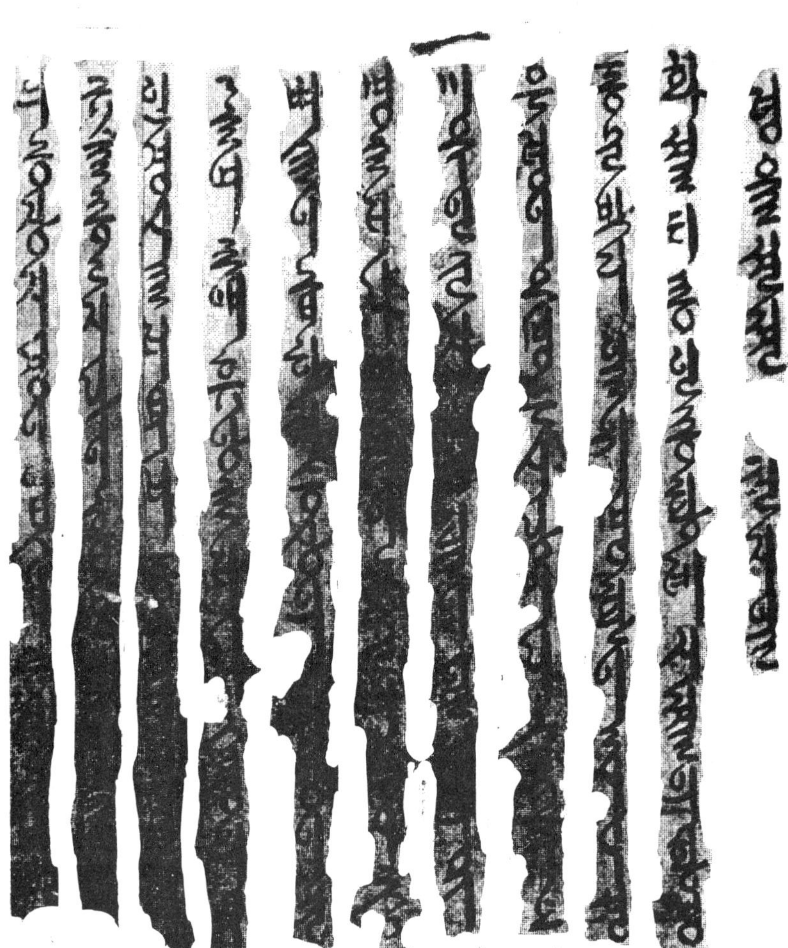

뎡을션젼 권지일 첫장

뎡을션젼 권지삼죵

차셜 공쥬이 졔집에 도라와 졔부
부인과 부인의 ᄉᆞ연 슈말을 고ᄒᆞ니
쳐졀 ᄒᆞ니 졔부뫼 ᄎᆞᄒᆞ여 ᄒᆞ며
갈오ᄃᆡ 뎐셰 요조 ᄌᆞ졔ᄂᆞᆫ ᄉᆞ을 ᄇᆡ
쳐부인을 살오더라 공쥬왈 누
부인이 ᄯᅢ이롤에 ᄂᆞᆫ 쳥쟝이 즉ᄂᆞᆫ
쏙을 당ᄒᆞ시니 다만 구ᄒᆞ여 돌
졔쥐의 ᄉᆞ오 죵ᄒᆞᆫ 쟝이 업ᄉᆞ 사ᄒᆞᆫ
이롤 ᄋᆞᆯ이라 구ᄒᆞ여 이롤 오려 쳥쟝이
이시면 네 ᄉᆞ ᄉᆞ 슈건을 ᄌᆞ구
ᄒᆞ여 ᄒᆞ지 ᄌᆞ라 공쥬 이 뫼와 ᄒᆞ

뎡을션젼 권지삼종

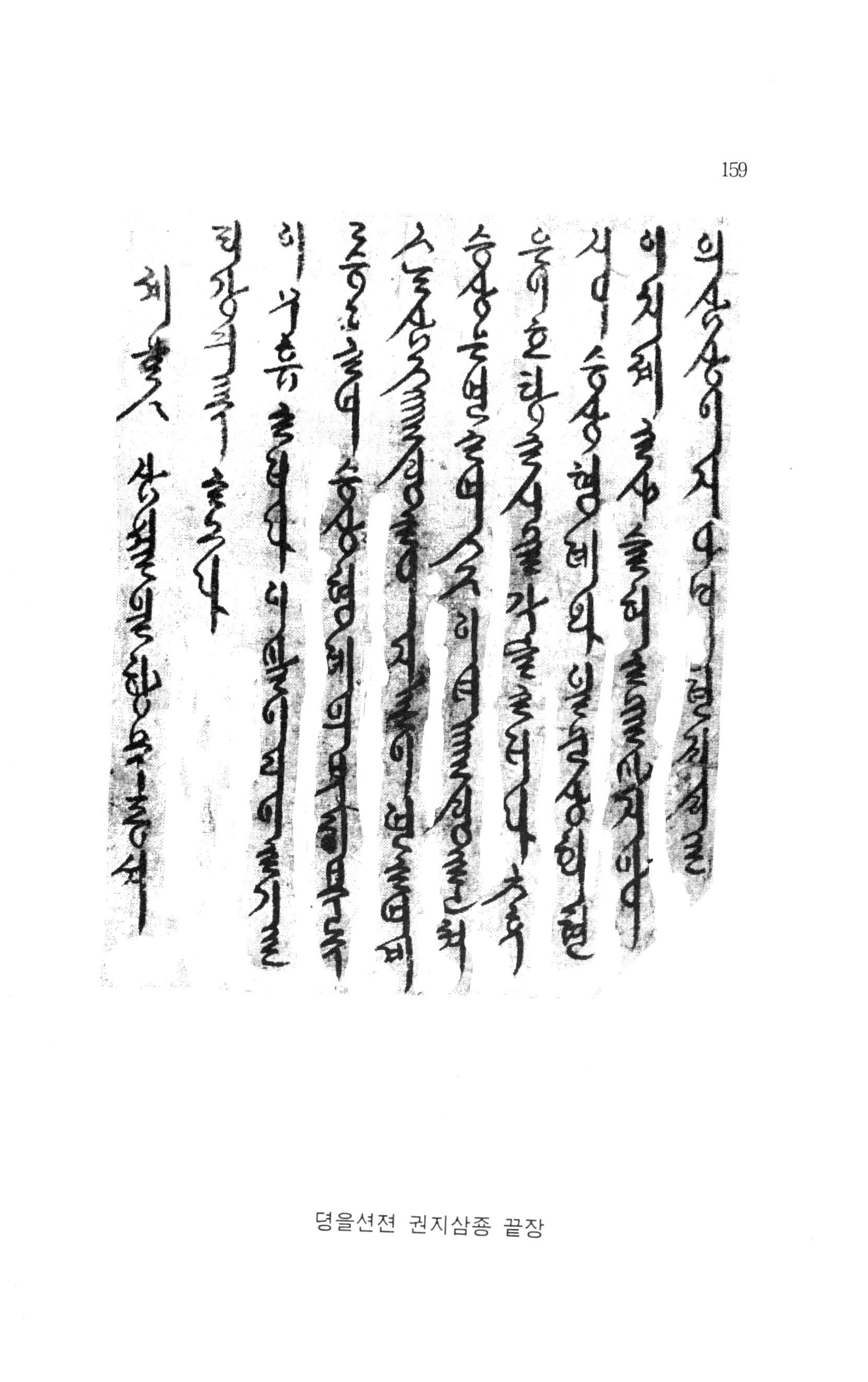

뎡을션젼 권지삼종 끝장

24. 김진옥젼

1) 서지상황

Ⅶ-4-238 共4册 筆寫本, 貰册
靑匣에 들었음. 諺文金振玉傳이라 쓰였음(등) 좀 집고 더럽고, 아래 위로 바르고 부했음. 책은 黃色表紙, 紅線裝.

卷一: 外表紙 : 19×21.5
內 : 17×21.4
글씨 : 13.6×17
每面 : 11行 13~17字, 無行
但 9-A는 12行, 9-B는 11行
끝 : 30-B-10行
刊記 : 셰 긔유팔월 일 향목동셔
※ 眞寶大全 卷十 뒤집은 종이

: 外表紙 : 18.8×21.6
內 : 17×21.5
內廓 : 14.5×17.4
每面 : 11行 15~16字
끝 : 30-B-4行
刊記 : 30-B-5行 셰긔유(1909?) 팔월 일 향목동셔

卷三 : 外表紙 : 19×21.5
內 : 16.5×21.6
글씨 : 15.1×17
每面 : 11行 14~15字 無行
끝 : 28-A
刊記 : 셰 긔유팔월 일 향목동셔
※ 全卷이 戶籍 뒤집은 종이 光武五年三月 郡守 金炳驥
江原道 江陵郡, 戶主 曹厚承

卷四 : 外表紙 : 18.6×21.7
內 : 17.2×21.6
글씨 : 15.1×17.2
每面 : 11行 12~15字
끝 : 30-A-19行
刊記 : 셰긔유 구월 일 향목동셔

2) 줄거리

明나라 때, 清州 땅에 金尙書와 呂氏夫人이 나이 마흔에 이르도록 無子하여, 雲山 화쥬암에 發願하여 玉童子 振玉(字 夢珠)을 낳게 된다. 아들 振玉은 화쥬암에서 공부하게 두고 尙書는 서울로 올라가 벼슬하던 中 南單于의 侵入에 降伏치 않자 敗走하던 敵이 無人絶島에 버리고 간다. 呂氏夫人은 블시庵에 들어가 削髮하여 중이 된다.

振玉은 父母를 찾아 千辛萬苦를 하다가 老僧이 준 女服을 입고 뉴(柳) 丞相宅에 들어가, 柳小姐와 因緣을 맺고 面鏡과 玉指環을 信物로 丞相宅을 나오자 科場에 나아가 壯元을 한다. 그 때 임금은 무양 公主의 配匹로 삼고자 하여 柳丞相에게 破婚을 강요한다. 그러나 柳丞相夫人과 皇太后가 姨從間이라, 振玉과 柳小姐와의 結婚을 임금은 允許하기에 이른다.

振玉은 上將軍 兼 大元帥가 되어 大敗하는 용돌통과 南單于를 追擊하여 降書를 받아 上께 바치고 돌아가는 길에, 화산도사(華山道士)의 指示로 獨船을 타고 한 섬에 이르러 뜻밖에 父子相逢하게 된다. 무양 公主의 謀害로 柳小姐는 投獄되고 마침내 振玉의 玉童子까지 죽이라고 奸臣들으이 무양 公主를 부추긴다. 武士들이 玉童子 ᄋᆡ운(字 雲仙)을 물에 내치고 간다. 그러나 ᄋᆡ운은 아비 振玉과 相逢케 되어 그 어미 柳小姐를 救해 달라고 哀願한다. 華山道士의 造化로 一葉舟로 渡江한 振玉과 ᄋᆡ운 父子는 謁闕하게 된다. 公主가 九歲된 太子를 毒殺코저 毒藥을 타 먹였으나, 華山道士의 藥으로 回生케 된다. 金振玉夫婦는 여든이 넘어 하루아침에 함께 세상을 뜨니 綠林園이란 吉地에 安葬한다. 子孫은 繼繼承承 벼슬길에 올라 끝이 없더라 한다.

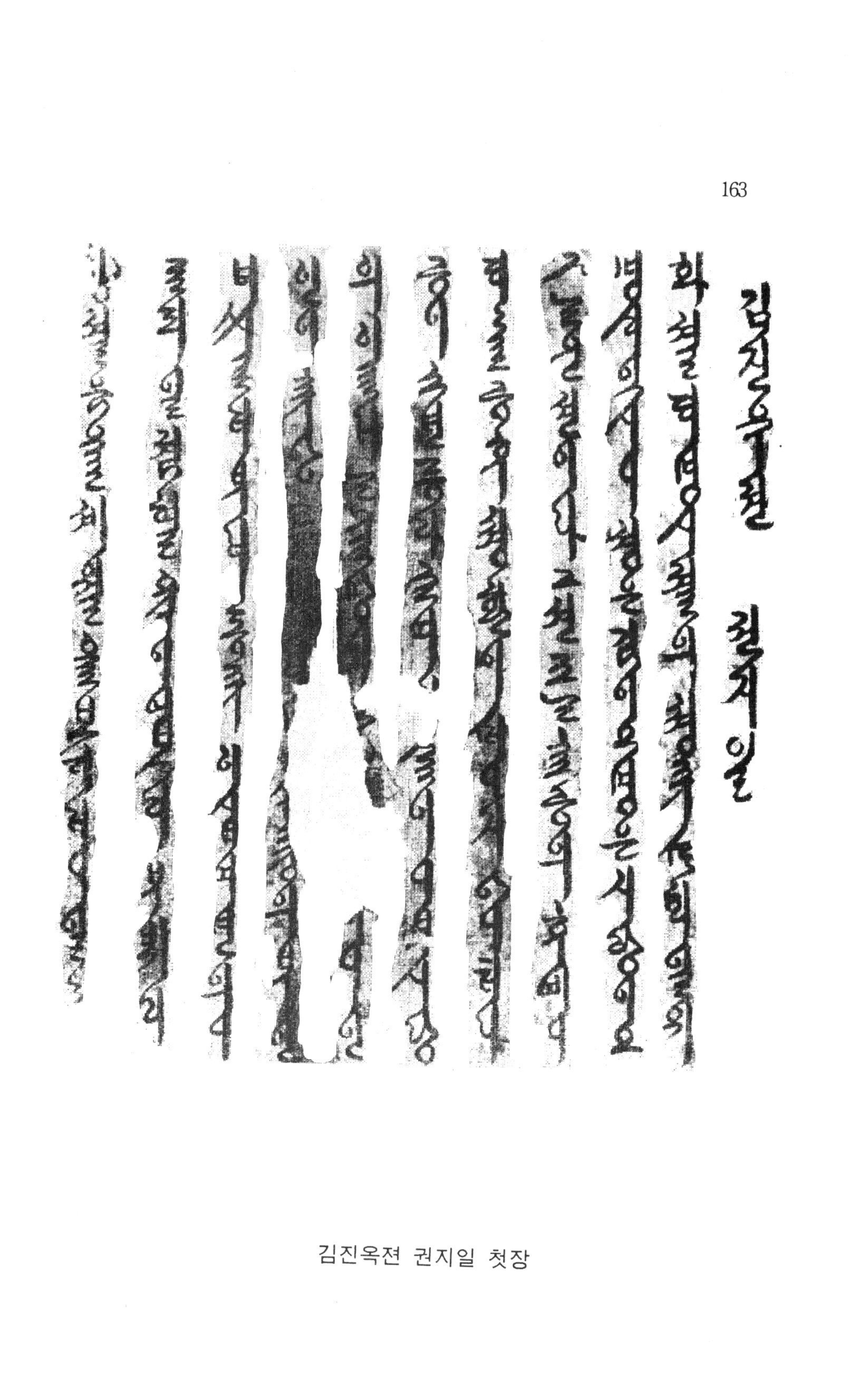

김진옥젼 권지일 첫장

김진옥젼 권지ᄉᆞ종

김진옥젼 권지ᄉᆞ종 첫장

김진옥젼 권지ᄉ종 끝장 30－A－9行

25. 현수문전(玄壽文傳)

1) 서지상황

Ⅶ-4-239 共8册 青匣, 黃表紙, 紅線裝, 筆寫本

卷一 :

外表紙 : 19.2×23
內 : 17.7×23
每面 : 11行 13~16字 無行
끝 : 31-B-4行
刊記 : 세을사 즁츄일 향목동셔 (乙巳 : 1905?)
※ 추수기 뒤집은 종이

卷二 30-B-4行 셰을사 즁츄일 향목동셔
卷三 30-B-6行 셰을사 즁츄일 향목동셔
卷四 31-B-9行 셰을사 계츄일 향목동셔
卷五 30-B-1行 셰을사 즁츄일 향목동셔
卷六 33-B-7行 셰을히 즁츄일 향목동셔
卷七 33-B-1行 셰을사 계츄일 향목동셔
卷八(권지팔죵) 30-B-7行 셰을사 계츄일 향목동셔

2) 줄거리

宋 神宗때 吏部尙書 玄턱지(擇之)와 夫人 張氏 사이에는 나이 마흔에 이르도록 無子하더니, 西域 天竺 五龍山 딕평사 化主僧에게 彩緞 數十匹과

金銀 各五十兩을 施主한 뒤, 胎氣 있어 낳기 前날 밤 꿈에 仙官이 "이 아기를 貴히 길러 後嗣를 잇게 하려니와 五歲에 離別 大小厄을 치룬 후 福祿이 무궁하리니 이름은 슈문(壽文)이라 ᄒᆞ고 字를 취셩이라 하라" 고 豫告한다.

그 후 雲南王의 叛亂으로 父母와도 헤어진 壽文은 道人에게 九個月동안 遁甲 藏身術과 六韜三略을 배우니, 人間 九年과 같았다. 道人은 바로 天竺의 日光大師로 어려운 때마다 뜯어 보라고 세개의 封書를 준다.

그 뒤 石公에게 길리워, 딸 石小姐 운혜(芸蕙)와 因緣을 맺게 된다. 石公이 棄世後 後娶 方氏는 두 사위와 함께 壽文을 凌辱 죽이고자 山밭을 갈게 하나, 쟁기날에 玄壽文은 親히 열라는 石函이 찍히니 純銀甲옷 한벌과, 金투구와 三尺寶劍을 발견케 되어 깊이 간수한다.

方氏가 壽文을 毒殺코저 하나 封書 一을 떼서 短笛으로 毒氣를 削劑, 乳母 春蟾에게 芸蕙를 부탁코 길 떠나게 된다. 方氏 다시 芸蕙를 꾀나 안듣자 방덕(方德)으로 하여금 겁칙케 하는 간계를 아우 石침이 듣고 귀뜸하여, 芸蕙는 아비의 遺書에 따라 男服하고 乳母와 함께 금산사 七寶庵으로 달아난다. 壽文은 壯元及第後 南蠻의 謀叛을 치고 凱旋中 七寶庵을 거치게 되어, 壽文과 芸蕙는 相逢하나, 北狄의 來襲으로 壽文은 다시 兵馬都總督大元帥로 다시금 出征케 된다. 壽文은 玉笛으로 大勝을 거두고, 自請하여 西域을 安撫하던 中, 封書로서 또한 母子相逢을 미리 알게 된다. 그 뒤 다시 꿈에 封書로 父子相逢케 된다.

그러나 예전에 壽文에게 敗한 양평공의 딸 계양춘(桂陽春)과 약덕의 딸 유양츈(柳陽春)이 壽文을 害치고저 宮女가 되어 入闕함을, 日光大師가 꿈으로 豫告하여, 이튿날 두 子女를 500里밖으로 내쳐 禍를 물리치게 된다. 天子가 棄世후, 忠臣의 諫言을 멀리하고 奸臣과 가까이 한 太子로 因해 나라가 어지러워지나, 壽文은 保身甲에 子龍劍, 千里大宛馬를 타고, 奸臣의 머리를 베어 大勝하게 된다.

女眞으로 도망친 계양춘(桂陽春)이 國權을 흔들어 兵을 모아 中原을 치나 失敗로 돌아간다. 壽文은 第五子 침에게 後嗣를 맡기고 九子三女를 남기고 일흔여섯에 세상을 뜨고, 이튿날 王后 石氏도 卒하게 된다.

침은 嚴道士에게 陣치기 칼쓰기 말달리기를 배워 익히어 아골더 진골더 산골더 三人을 죽인다. 계양춘은 仰天痛哭하고 自刎하고 만다. 元天子가 大喜하여 침을 긔왕으로 封한다. 침은 일흔다섯에 七子三女를두고 白日昇天한다.

현슈문젼 권지일 첫장

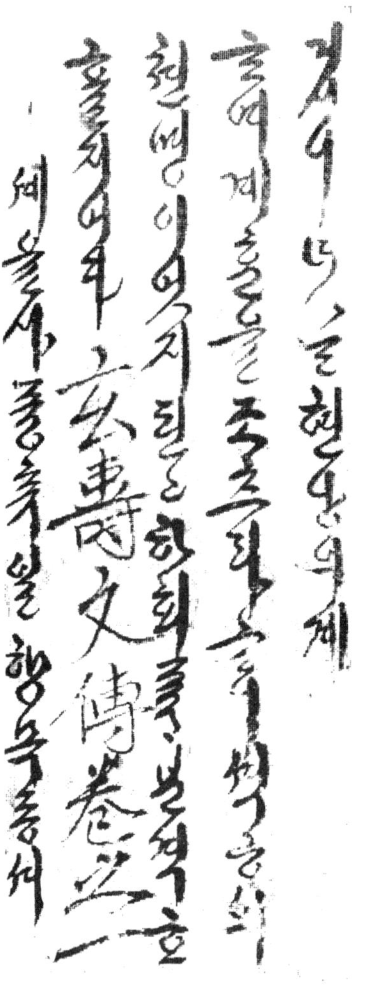

현슈문젼 권지일 끝 30－B－4行

26. 이딕봉젼

1) 서지상황

Ⅶ-4-241 共4冊 筆寫本

卷一 : 34장 셰을사 밍츈 향목동셔

卷二 : 29장 셰을사 즁츄 향목동셔

卷三 : 31장 셰을사 칠월 향목동셔

卷四 : 33장 셰을사 즁츄 향목동셔

2) 줄거리

明나라 成化年間에, 蔆州 牧丹洞에 사는 吏部侍郎 李翼과 그 아내 楊氏는 結婚後 十年지이 아이가 없었다. 그러다가 金草山 白雲庵의 老僧에게 黃金 五百兩과 白米 三百石 黃燭 四千자루를 施主한 뒤, 鳳은 夫人의 품에 안기고 凰은 薔薇洞 張翰林집으로 날아가는 꿈을 꾸고 果然 아들을 낳아 이름을 大鳳이라 하였다.

한편 張翰林 夫人 蘇氏 또한 같은 鳳凰꿈을 꾸고 같은 날 같은 時에 딸 愛凰을 낳게 된다. 두 집에서는 大鳳과 愛凰을 結婚시키기로 定한다. 두 아이는 남보다 숙성하게 잘 자랐지만, 皇帝는 幼弱하고, 右丞相 王喜는 國權을 휘둘러 政治는 紊亂해졌다. 세상을 걱정한 끝에 李翼은 皇帝에게 忠諫을 하나, 도리어 王喜의 弄奸으로 벼슬을 削奪당하고 三萬里나 먼 無人絶島에 流配되게 된다. 아들 大鳳 역시 五千里 밖에 있는 白雪島에 귀양 가게 된다. 王喜는 그들을 꽁꽁 묶어 물에 빠뜨리라 하였건만 뱃사람은 묶을 것까지 없이 아무래도 죽을 것이라 여겨 그냥 물에 던지고 만다.

그러나, 西海龍王이 그의 두 아들을 보내어 李翼은 三萬里 밖 無人島로, 大鳳은 西蜀 金草山 白雲庵으로 引導하게 하여 父子는 各己 헤어지고 만다.

한편 張翰林夫妻는 李翼父子의 慘禍를 보자 憤痛이 터져 하룻만에 세상을 뜨고 만다. 孤兒가 된 愛凰은 親戚 張俊과 王喜의 奸計로 王喜의 며느리가 되라는 強要를 받지만, 愛凰의 侍女 蘭香의 機智에 따라 救濟된다. 蘭香은 愛凰을 代身하여 王喜네 집 며느리로 들어가, 自己는 愛凰이 아니라 蘭香임을 밝히어, 結婚을 強要한 罪를 暴露하여 王喜를 꾸짖고 돌아온다. 愛凰은 男裝하여 張啓雲이라 改名하고 崔御史의 집에서 길리게 된다.

男裝 改名한 張啓雲 즉 張愛凰은 科擧에 及第하여 벼슬길에 오르고, 南單于의 亂에 征南大元帥로 大捷한 뒤 皇帝에게 自己의 來歷을 밝히고 皇帝의 命으로 온 天下에 李翼父子를 찾기에 이른다. 그러나 絶島까지 찾아 보아도 아무런 소식이 없어 그 父子의 魂魄이나 위로하고자 水陸齋를 올리게 된다. 거기서 愛凰은 痛哭하는 두 女人을 만나게 되니, 바로 大鳳의 어머니와 自己를 救해 준 蘭香이었던 것이다.

한편 西海龍王의 引導로 白雲庵에 간 大鳳은 거기서 道를 닦아, 北凶奴의 侵入에 李陵과 關雲將의 陰祐를 받아 大功을 세우나, 風浪을 만나 無人島에 漂流하여 뜻밖에 그 아버지 李翼과 相逢케 된다. 그 뒤 大鳳은 南海龍王을 降伏시키고 夜光珠까지 받아 가지고 다시금 俗世로 되돌아온다. 大鳳은 父子의 無罪함을 表文으로 바치자, 王喜 等의 惡人을 治罪하고 李翼은 燕王에, 楊夫人은 貞烈夫人에 封하고, 大鳳을 楚王에 張小姐를 楚國忠烈王妃로 封하게 된다. 大鳳은 愛凰에게 三子二女, 崔妃에게 四子一女, 蘭香에게 七子四女를 두고 無窮한 福祿을 누려 當世에 으뜸이었다 한다.

27. 곽희룡젼

1) 서지상황

Ⅶ-4-242 共3冊 筆寫本

青匣안에 黃色表紙 紅線裝

卷之一：

外表紙：18.1×23.3

每面　：11行 12~15字

끝　　：37-B-8行

刊記　：세을사 정월 일 향슈동필셔

卷之二：

끝　　：30-B-1行

卷之三：

끝　　：30-A-10行

刊記　：30-A-11行 세지을 亽이월 일 향슈동필셔

2) 줄거리

元나라 때 宰相 곽츙국(郭忠國)과 夫人 사이에는 五十이 넘도록 一點血肉이 없었다. 시름에 겨운 그들이 南海 竹林寺에 重修를 위해 黃金 一千兩을 施主하고 빈 덕에 前生에 南海龍子이던 海龍을 낳게 된다. 南海龍子가 謫降하게 된 理由는 金星太白과 白鶴 勝負를 다투다가 南海 竹林寺의

觀音菩薩의 지시로 이들에게 태어난 것이다(蘇大成傳의 東海龍子는 비를 잘못 내린 罪로 謫降하게 되었었다).

아이의 생김새는 蘇大成의 경우처럼 龍의 얼굴에 범의 머리, 곰의 등과 이리의 허리, 잔나비의 팔을 지녔었다. 그런데 마침 나라는 어지러워 奸臣만 들끓어 奸臣의 奸計로 皇帝의 遺言까지 받은 忠臣 郭忠國은 皇城에서 一萬八千里나 떨어진 雪山島에 귀양가게 된다. 열다섯살이 되자 海龍은 三年을 작정하고 그 아버지 郭忠國을 찾아 나서게 된다. 途中에 斗牛岩에서 長三尺 金字로 적쇼금(赤霄劍)이라 쓰인 寶劍과 金字로 大國忠臣 郭海龍이라 쓰인 石函속의 甲옷과 투구를 얻게 되고, 應天道士를 만나게 된다. 應天道士는 雪山島에 아버지를 찾으러 가려는 海龍을 말리고 龍門山으로 들어가게 하면서, 집이 籍沒되고 어머니는 官婢로 定屬되고, 海龍은 懸賞金을 걸고 잡아들이려 한다는 소식을 알려 주므로, 海龍은 마침내 應天道士를 따라 龍門山에 들어가게 된다. 거기서 八陣圖, 六韜三略, 天文地理, 六丁六甲, 呼風喚雨등의 術法을 익히게 된다. 한편 官婢가 된 母夫人 林氏는 吏部尙書의 딸인 官婢 彩蓮의 도움으로 公主의 侍婢노릇을 하게 된다.

때마침 西蕃이 侵攻하자 나라는 어지러워지고, 奸臣들은 皇帝에게 降伏을 勸誘하게 된다. 天子는 그 말을 물리치고 親征의 길에 나서나 마침내 大敗하게 된다. 海龍은 龍門과 龍泉道士(應天道士)의 指示에 따라 赤霄劍에 保身甲옷에다 赤驪馬를 타고 西蕃의 亂을 平定하고 적에게 잡힌 天子를 救出하였다. 그리고 母夫人 林氏에게 편지를 보내어 아버지 郭忠國을 찾아 雪山島로 向하게 된다. 還宮한 皇帝는 海龍의 功을 포상하기 위해 籍沒한 家産을 되돌려 주고, 丞相 郭忠國에게는 王을 封하고 夫人林氏는 貞淑夫人으로, 海龍은 承相으로 삼기를 밝히었다.

皇帝는 公主를 海龍에게 시집 보낼 작정이었다. 林氏夫人은 公主에게 彩蓮을 귀여워하도록 부탁한다. 忠國을 찾아 나선 海龍은 그 아버지가

眞番의 將卒에게 붙잡혀간 것을 應天道士를 通해서 알고 皇帝에게 아뢰어 眞番 征伐에 나선다. 眞番의 先鋒將 鐵冠道士도 奇異한 術法으로 덤벼들었지만 마침내 海龍에게 敗하여 그 목은 皇帝에게 바쳐진다. 父子가 皇城에 돌아오자 擇日하여 公主와 結婚하게 된 海龍은 駙馬가 되고 또한 魏王이 되어 公主에게 三子二女를 두니 父風母習으로 玉骨仙風이었다고 한다.

곽히룡젼 권지일 첫장

곽희룡젼 권지일 끝장 1—37—B—8行

28. 댱자방뎐(張子房傳)

1) 서지상황

Ⅶ-4-243 共1册 筆寫本
黃色菱花紋表紙 紅線裝

卷之一 : 外表紙 : 18.7×22.7
每面 : 11行 無行 10~14字
※19장 뒤는 雨念齋 詩抄 文箚 卷十 剳記
完山 李鳳煥 聖章著 男 明五謹校 孫 晩用 復校
뒤집은 종이
끝 : 31-B-8行
刊記 : 셰을ᄉ 오월 일 향목동셔

卷之二 : 外表紙 : 18.8×22.8
每面 : 11行 11~12字
※ 9-A 12行
9-B 11行
10-A 12行, 15字
끝 : 34-B-7行
刊記 : 34-B-8行 셰을사 즁하 일 향목등셔라

2) 줄거리

漢나라 張良(字 子房)은 秦나라가 漢나라를 滅하자, 秦始皇을 죽이려고 百二十斤짜리 鐵槌를 만들고 때만을 기다리고 있었는데, 이 일이 失敗되자, 變姓名하고 친구집에 숨어 산다.

그 뒤, 黃衣老人이 떨어뜨린 신을 두번이나 진흙속에서 건져다 바친 덕에 太公兵法이라는 天書 三卷을 얻게 되어 俠客을 모아 때를 기다렸다. 드디어 劉邦을 도와 項羽를 自刎시키고 大業을 이룩케 한 이야기다. 이 책끝에는 이 이야기는 이미 史記에 나오므로 대강만 적어 뒷사람에게 읽힌다는 말이 덧붙여 있다.

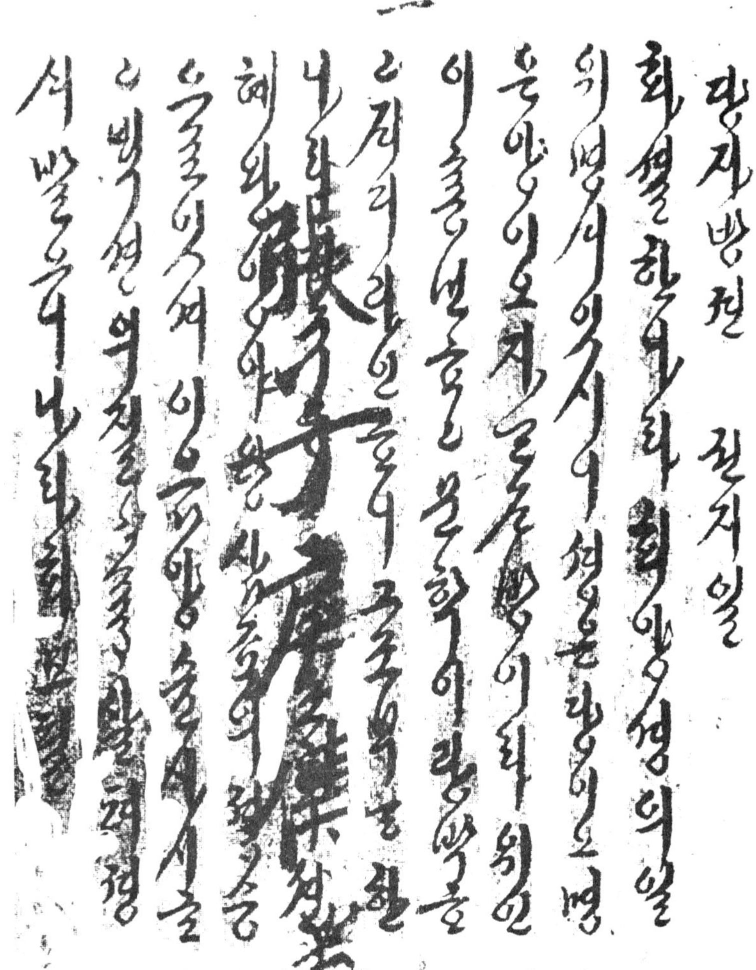

당자방전 권지일 첫장

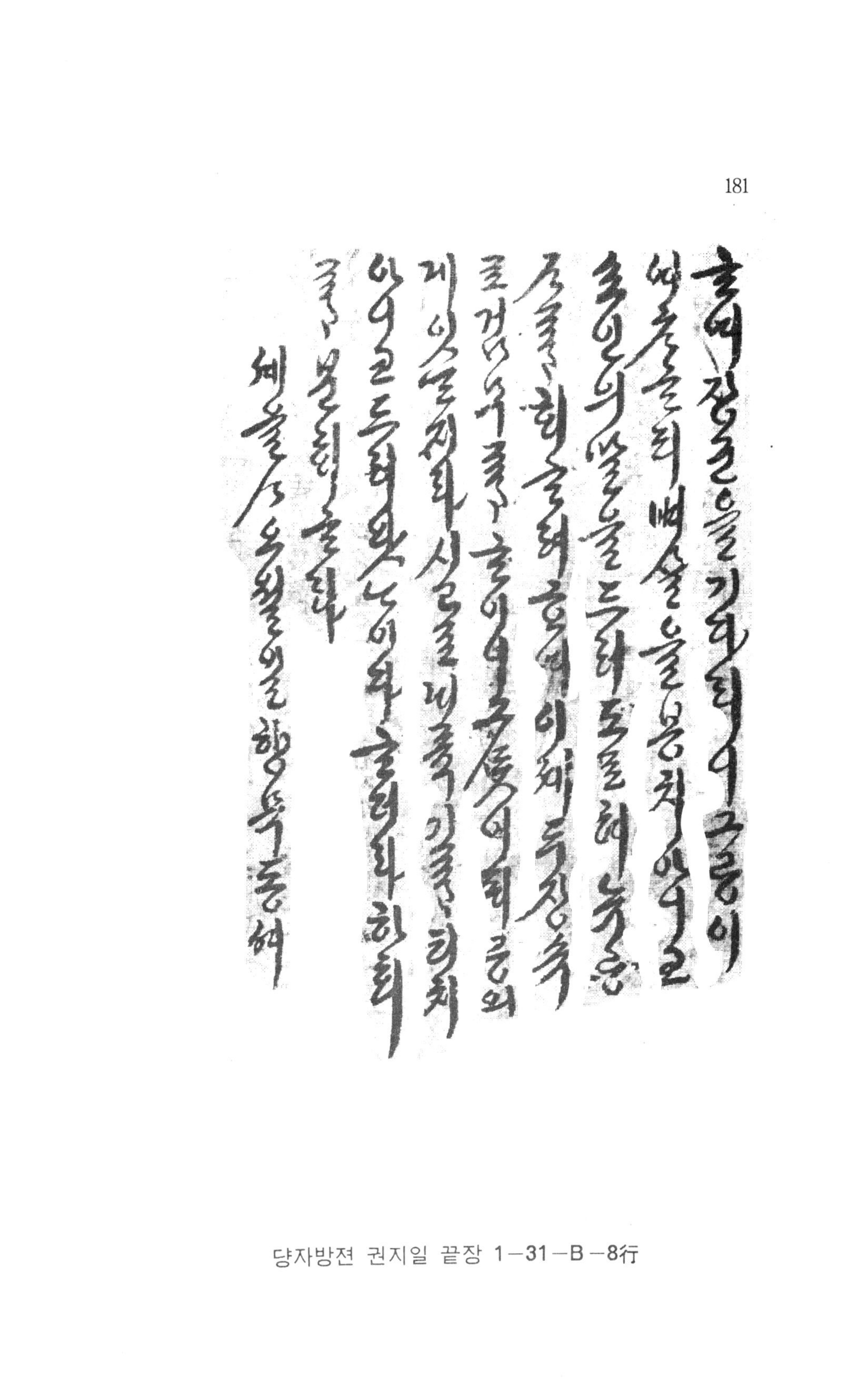

댱자방젼 권지일 끝장 1—31—B—8行

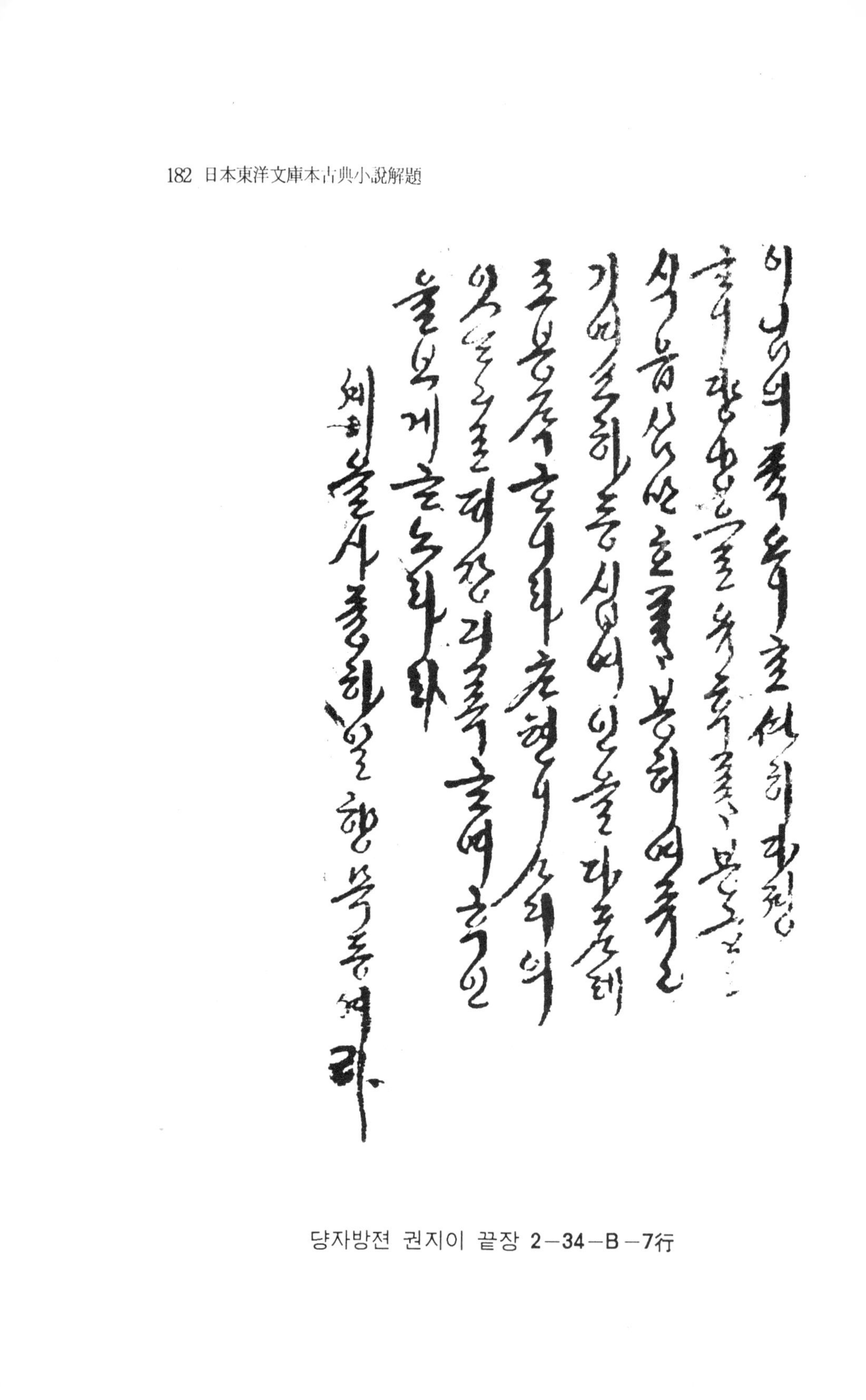

당자방전 권지이 끝장 2—34—B—7行

29. 당경전

1) 서지상황

Ⅶ-4-244 共 2冊, 筆寫本
青匣에 黃色表紙 紅線裝

卷之一 : 당경젼 권지일

外表紙 : 18.5×22.5
內 : 17.5×22.5
글씨 : 14.3×17
每面 : 11行 無行. 11~14字
끝 : 33-B-9行
刊記 : 33-B-9行 세병오팔월 일 향슈동셔

卷之二 : 당경젼 권지이죵

外表紙 : 18.5×22.5
內 : 16.3×22.5
글씨 : 13.5×18.1
每面 : 11行 無行, 11~13字
※但 33장-12行
끝 : 33-B-9行
刊記 : 33-B-10行 셰을스 중하 일 향목동셔

2) 줄거리

宋나라 때 張處士와 夫人呂氏는 一點血肉이 없다가 天竺寺에 供養을 바친 뒤 아들 景을 낳게 된다. 景은 숙성하여 일곱살에는 詩書에 能通하고 武藝를 좋아하여 夫妻는 어린아이가 너무나 올됨을 꺼리었다. 하루는 지나가던 道士가 "이 아이 初年 運이 不吉하여 열살에 父母를 이별한 후 외톨이로 떠돌아다니다가 吉時를 만나면 名滿四海하고 富貴榮華 세상에 으뜸이리라."
하므로, 生年月日時와 姓名을 기록하여 옷깃속에 넣어 주었다.

마침 驪州刺使 유간이 叛亂을 일으켜 洛陽을 침범한 바람에 張處士(張景의 아버지)도 사로잡혀 가게 된다. 風采가 秀麗한 그는 將帥로 뽑힌다. 景의 어머니 呂氏는 울다 잠든 아기에게 自己옷을 덮어 주고 고름에 玉가락지를 매어 주고 피난을 떠난다. 돌아와 보니 景은 어미를 찾아 집을 떠난 뒤라, 남편과 아들을 한꺼번에 作別하게 된 呂氏夫人은 自殺하려던 차에, 陳御史夫人이 侍女를 보내어 張處士댁 安否를 물으러 왔으므로 救함을 받아 陳御史宅에서 留하게 된다.

張處士는 賊軍의 將帥가 되었다가 官軍인 蘇成雲에게 敗하여 自決하려고 한다. 게다가 雪鶴洞 自己집의 不幸한 소식을 듣고는 그의 슬픔은 이를데가 없었으나 이웃의 慰勞로 차마 못 죽고 목숨만 부지하게 된다.

어머니와 헤어져 떠돌아다니던 景은 妓生 楚雲을 만나 慰安을 받았으며 그 옷깃에 꿰매진 아버지의 筆跡으로 自己의 生年月日 이름을 알게 된다. 어머니의 玉가락지를 품속깊이 지니고 있었다. 官軍의 大將인 蘇成雲은 때마침 張景의 글 읽는 소리를 듣고서 그 奇才를 알게 되어, 글을 읽도록 하여 돌아갈 때 張景을 데리고 上京한다. 楚雲과 景은 헤어지는 마당에 心中을 告白한 楚雲에게 詩 한首를 信표로 준다. 蘇成雲은 景을 사위 삼고자 하나, 세 아들의 反對로 實現치 못하던 차에 王貴가 또한 사위 삼고저 하여 蘇成雲과 王貴 사이에는 葛藤이 생겨 마침내는 天子의 審判을 받게 되니, 아들이 셋이나 있는 蘇成雲에게 讓步하라는 것이었다. 그러나 蘇成雲의 딸이 기어이 景에게만 시집가겠다는 바람에, 王貴의 딸의 同意를 얻어 景의 副室되기로 結末이 난다.

그 때, 마침 西戎의 侵入으로 張景은 大司馬大將軍으로 出征하여 雲南을 平定하고 西戎으로 向하던 中, 雲州에서 楚雲과 再會하여 지난 날의 因緣을 다시 맺고 한결 더 사랑하게 된다. 다시금 西戎을 向해 가서 討伐하여 勝戰하게 되는데, 거기서 官奴가 된 아버지 張處士와 再會, 天子의 命으로 張處士는 楚國公에 封해져서 아들 張景과 함께 上京하게 된다. 凱旋行列을 구경하던 呂氏夫人은 남편과 아들을 만나게 된다. 呂氏夫人을 살려 준 陳御史의 딸은 이미 두 夫人이 있는 張景에게 시집가게 된다.

그 뒤 열살짜리 太子가 即位하자 燕王이 그 자리를 노려 叛亂을 일으켰기 때문에 張景은 絶島에 流配된다. 前부터 楚雲의 美貌와, 그녀에 대한 남편 張景의 寵愛를 시새워온 蘇氏夫人(蘇成雲의 딸)은 이를 기회로 楚雲을 내어 쫓아버린다. 그러나 陳小姐의 도움으로 脱出한 그녀는 남편 張景의 謫所로 가려다 뜻을 이루지 못하여 낯선 남의 땅에서 削髮하여 女僧이 되어 살아가던 中 아들 喜를 낳게 된다.

太位를 簒奪한 燕王은 天子도 귀양보내고 皇后를 深宮에 가두고서는 張景을 죽이려 든다. 그러나 張景은 老僧의 指示에 따라 섬을 脱出, 風浪에 실리어 女僧이 된 楚雲을 만나게 된다. 그리하여 忠臣과 힘을 얻러 燕王을 討伐하는 싸움을 벌려 끝내는 大捷을 거두고 백성을 安撫하고 天子를 復位시키고 燕王을 海島로 귀양보낸다. 天子의 命으로 燕王에 封해진 張景은 蘇氏夫人의 시새움을 懲戒하기 위해, 친정으로 보내어 修養토록 하고, 승려가 된 楚雲을 데려오고, 그 아들 喜를 世子로 冊封한다. 그 뒤 燕王과 王妃는 나이 여든에 一時에 昇天한다.

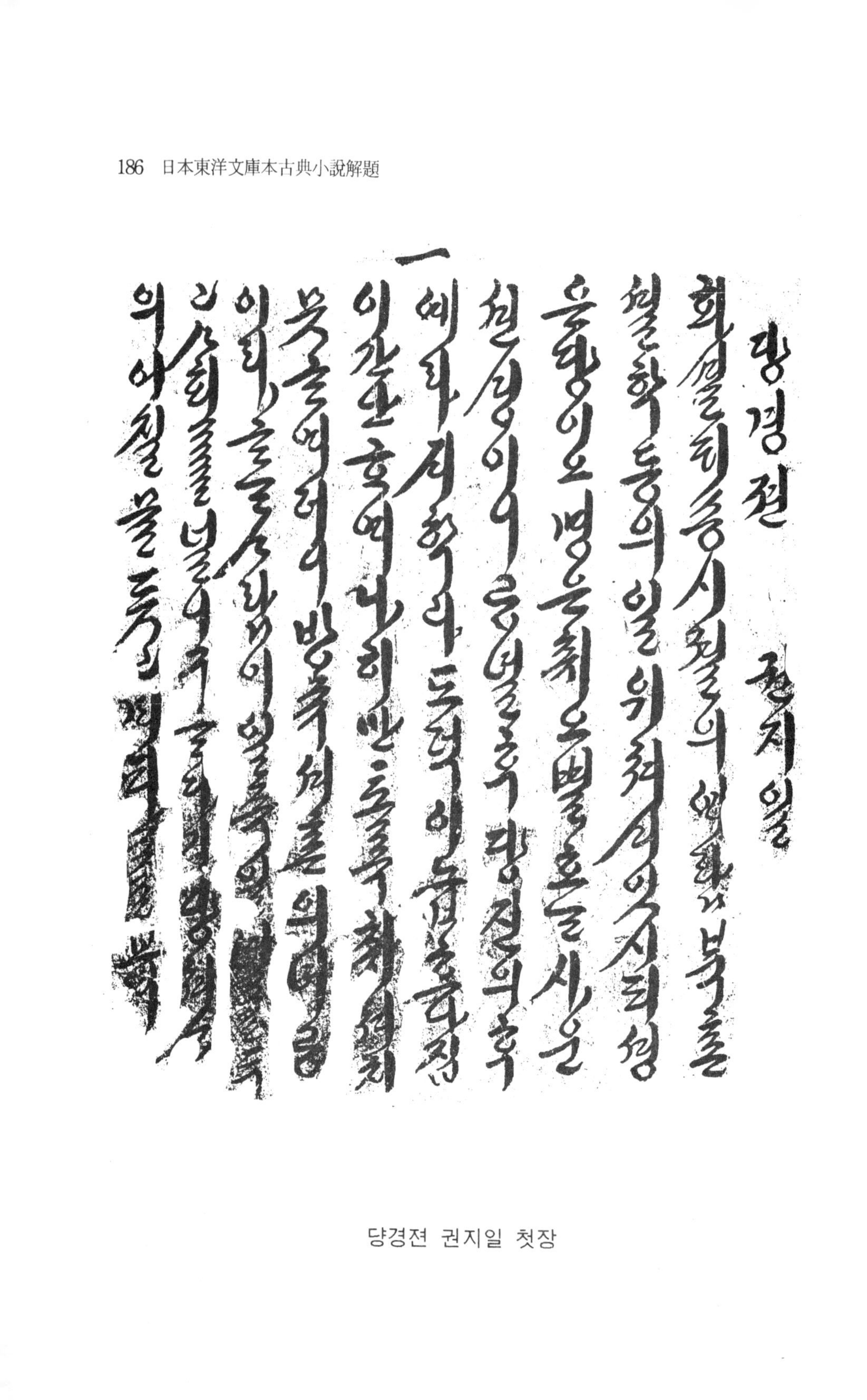

당경전 권지일 첫장

댱경젼 권지이종

화셜 취셜 이젹의 태항의 이셔슈

작ᄒᆞᆫ 도젹을 늑ᄒᆞ가 ᄯᅩ 쳥ᄒᆞᆫ올

보ᄂᆡ실시 ᄆᆡᆼ올 ᄒᆞ여 ᄯᅩ 엇지 신션

지ᄯᅩ ᄒᆞ이 엇지 ᄒᆞᆯ지오 ᄒᆡ의 왼편되

一 ᄒᆡ의 ᄒᆞ나 ᄯᅥᆯ 여ᄯᅥ 북녀와 ᄋᆞᄀᆡ의

우기 ᄒᆞᆫ을 드리여 ᄲᅧᆼ 등ᄒᆞ시

날 쥐시 ᄯᅩ 울ᄒᆞ여 그 ᄂᆞᆯ을 ᄭᅢᆯ ᄒᆞᆷ

발셔 보ᄂᆞᆯ 오ᄅᆞᆫ 노ᄂᆞᆫ 여서 ᄉᆞᆯ 물 비

응ᄒᆞᆯ 이제 ᄒᆞ여 노ᄒᆞ여 셔ᄀᆡ

위홀 ᄒᆞ타 ᄒᆞ시ᄆᆡ 제 쇼ᄅᆡ 쳥

당경전 권지이종 첫장

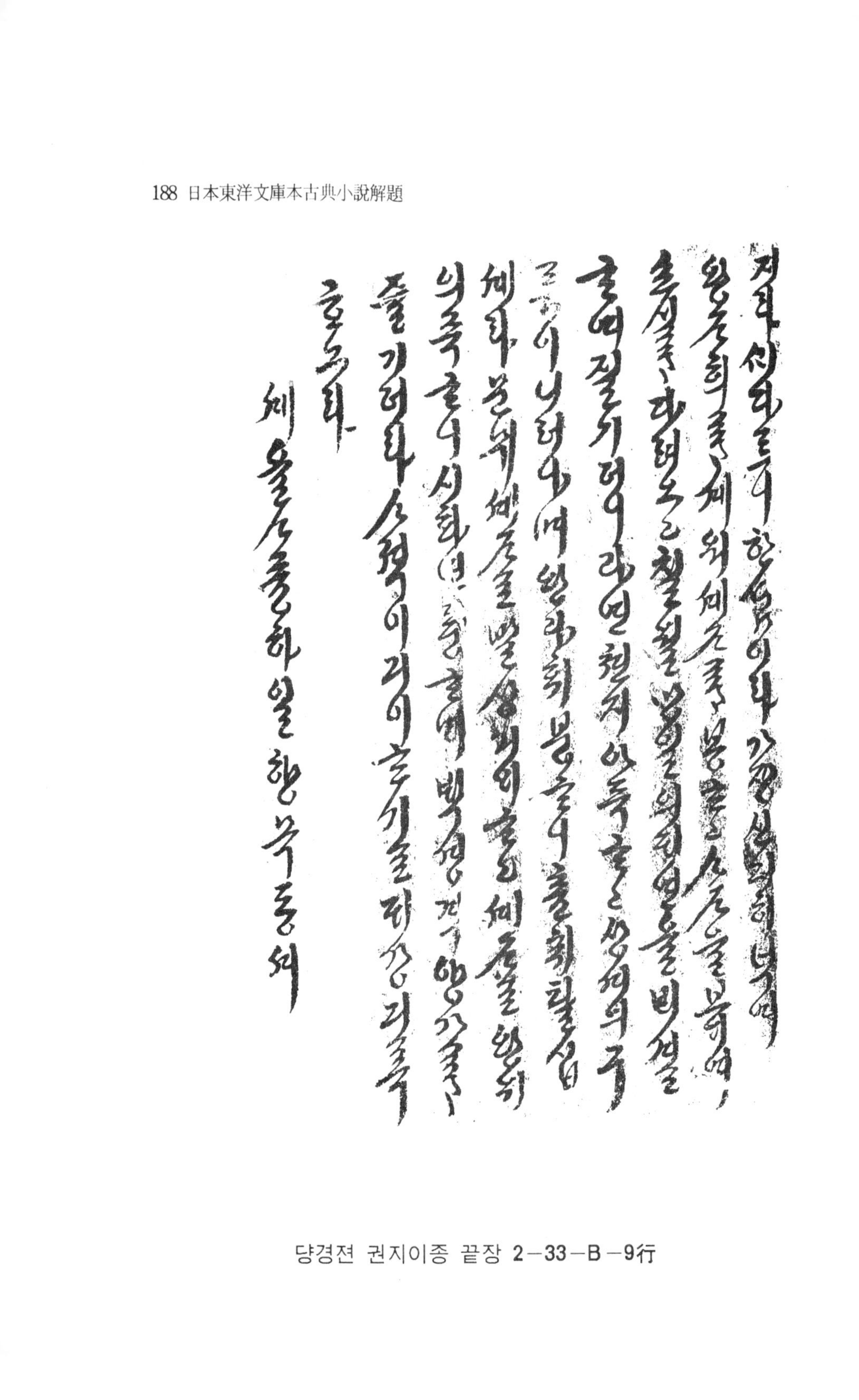

당경전 권지이종 끝장 2－33－B－9行

30. 금녕젼(金鈴傳)

1) 서지상황

Ⅶ-4-247 共 3冊, 筆寫本 貰冊
靑匣등에는 諺文 金鈴傳
冊에는 금방울젼, 금녕젼 黃色表紙 紅線裝

卷之一 : 금방울젼 권지일
外表紙 : 18.1×23.3
內 : 17×23
每面 : 11行 16~18字 無行
글씨 : 13.3×18.5
맨처음 : 화셜~로 시작
끝 : 29-A-10行
刊記 : 29-A-11行 셰무슐유월 일 향슈동셔
※ 뒤에 "고쳐서 세놓으라" 씌어 있음.

卷之二 : 금녕젼 권지이
外表紙 : 18.3×23.5
內 : 16×23.5
글씨 : 13.2×18.5
每面 : 11行 無行, 14~15字
끝 : 31-B-3行
刊記 : 31-B-4行 셰무슐즁하 향슈동셔

※ 1～6A까지와 6-B-7A-8A · B-9-A · B다른 필치
※ 16-B, 17-A · B, 18A 끝行까지 필치 또 다름.

卷之三 : 금녕젼 권지숨죵

外表紙 : 18×23.7
內 : 16×23.6
글씨 : 13.2×18.4
每面 : 11行 3～14字
끝 : 29-B-9行
刊記 : 없음
29-B-9行에 연달아 "이후의 일은 별권이 잇기로 더강 기록하여 알게 ᄒᆞ나니 셔남헐지어다"라 쓰여 있음.

2) 줄거리

元나라 至正年間(1341～1367 順帝때)에 장원(張元) 夫妻는 "時運이 不利하여 早晩間 大禍가 있을 것이니 밧비 떠나라"는 藍田山神靈의 啓示에 따라 泰安地方의 이풍山에 숨어 때를 기다리고 있었다. 그러던 어느날 문득 비바람이 치더니, 남션진쥬라는 怪物에게 쫓긴 東海龍王의 셋째아들 南海王이-紅衣童子의 모습으로 나타나 救援을 請하는 것이었다. 內外가 怪物과 맞싸우다 龍女는 지쳐 죽고 혼자 남았다는 南海王은 붉은 기운으로 化하여 賈夫人의 입으로 避難하게 된다.

그 뒤 張元은 야릇한 꿈을 꾸게 되니, 곧 靑龍에서 仙人으로 化한 東海龍王이 子息의 危急함을 救해 주신 恩惠를 잊을 수 없다면서 南海龍女의 막내딸이 妖怪에게 죽으매, 그 寃魂이 玉皇上帝께 發願하였더니 그대에게 定해졌다."하는 것이었다. 張公夫婦는 子女間에 없더니, 藍田山에서 본 仙童같은 玉童子를 낳게 되니 이름은 海龍, 字는 應天이었다.

그 때는 마침 魏王이니 趙王이니 하여 南西로 霸權을 다투고 어지럽던 時期였다. 張元夫妻는 海龍을 집에 두고 暫時 亂을 避하여 나갔다 돌아오니, 海龍의 모습은 보이질 않았다. 盜賊中의 張三이라는 者가 海龍을 업고 自己의 故鄕인 江南으로 달아난 뒤였다. 슬픔에 잠긴 張元夫妻는 그 후 西蜀과의 國境近處에서 地方官노릇을 하는데 張元의 治績은 훌륭하여 제법 이름이 높았다.

그 곳에 好俠 放蕩한 金三郞이라는 者가 있어 本夫人 朴氏를 醜物이라 하여 虐待하고 趙女와 얼려 집에도 돌아오지 않았다. 그러나 朴氏는 늙은 시어머니를 성심껏 奉養하여 孝婦로써 이름났었다. 하루는 朴氏夫人 꿈에 "龍王의 딸을 그대에게 맡길 터이니 잘 길러라. 그러나 만나게 되는 것은 16年뒤일 것이다"하는 老僧의 啓示를 받는다. 그 뒤 문득 陰風이 되어 돌아온 남편 金三郞과 朴氏夫人이 夫婦의 情을 通한 뒤 夫人은 열달만에 금방울 하나를 낳게 된다.

그 방울은 눌러도 터지지 않고 돌로 깨쳐도 깨어지지 않고 집어다 버려도 도로 따라오고, 물에 넣어도 불에 태워도 도로 떠오르고 빛이 더욱 씩씩하여 하는 수 없이 두고 보니, 밤이면 품속에서 자고, 낮이면 굴러 다니면서 치떠 나는 새도 잡아오고, 나무에 올라 실과도 따다 앞에 놓으니 朴氏夫人에게는 妖物이 아닌 보배구실을 하게 되었다.

그 소문이 퍼지자 목손이라는 부자 욕심장이가 훔쳤갔다가 財物을 다 불태우고 知縣에게 告發하니, 知縣 또한 갖은 짓을 다 해 본 결과, 그 빌미로 잠도 못자고 밥도 목 먹고 죽을 지경이 되자 下獄했던 朴氏夫人을 釋放해 주고 방울을 돌려 보낸 뒤 知縣도 寢食이 如前하게 된다.

張公夫婦도 늘 海龍 생각에 시름하던 中 絶命하게 된 賈夫人을, 방울이 물어다 놓은 풀을 朴氏夫人이 賈夫人 입에 넣자 蘇生케 되어 賈夫人과 朴夫人은 義兄弟를 맺기에 이른다. 또 하루는, 방울이, 張元夫婦가 海龍을 두고 떠난 모습을 그린 簇子를 물어다 놓으므로 다시금 서러움이 새로와진다.

海龍은 앞서 말한 것처럼 盜賊 張三의 고향 江南으로 갔으나 張三의 夫人卞氏의 시새움으로 張三이 죽은 뒤는 몇번이고 죽을 고비를 넘기게 되니, 이상하게도 어려운 고비마다 금방울이 와서 危機를 모면하곤 하였다. 그러나 卞氏夫人의 薄待를 견디다 못한 海龍은 壁書를 남기고 張三의 집을 떠난다. 海龍은 금방울의 指示에 따라 길을 떠나는 데, 갑자기 九頭獸의 出現으로 금방울을 앗기고 만다. 海龍은 하늘의 啓示에 따라 금방울을 찾아 헤맨다. 그러다가 금션슈부(錦善水府)에 이르러 錦善公主를 威脅하고 있던 妖怪를, 公主에게 받은 寶劍으로 쳐 죽이자, 그 속에서 뜻밖에 금방울이 굴러 나왔다. 公主를 救한 海龍은 公主가 꿈에 받은 啓示대로 公主와 結婚하고 天子의 駙馬가 된다. 그 때, 侵入한 北匈奴를 금방울의 도움으로 보기좋게 물리치고 大捷을 거둔다.

한편, 하루는 朴氏夫人 꿈에 仙官이 나타나서, 곧 딸을 만나게 될 것이며, 친구 張元夫人도 아들을 만나게 되리라고 알린다. 朴氏夫人이 눈을 떴을 때는 금방울은 없어지고 仙女 하나가 앉아있었다. 또한 海龍은 凱旋하던 中에, 꿈속에서 白髮老人의 啓示로 縣官이 된 아버지 張元을 만나게 된다. 錦善公主는 금방울의 恩惠에 報答코자 父王에게 아뢰어 皇后의 수양딸로 삼게 하고 둘이 남편 海龍을 섬기기로 한다. 朴氏夫人은 大烈至孝夫人의 直牒을 받게 되고 海龍은 魏에 册封되어 錦善, 금방울 두 公主와 後園에서 즐기다가 함께 白日昇天하게 된다.

이 책 끝에는 이 이야기의 後續篇은 金鈴別傳을 보라는 但書가 있다. 이 小說은 金圓傳의 이름으로 널리 알려진 小說과 거의 비슷하다. 金圓傳의 경우에는, 수박같이 동글고 대골대골 구르던 金圓이 난 지 十年뒤에는 仙官이 下降하여 膜을 타 주어서 男子가 되었다고 하는데 금방울의 경우에는 16年만에 妖怪를 죽여 公主를 救하고 海龍을 돕는다는 대목도 좀 다르다.

그리고 金鈴傳과 郭海龍과도 그 主人公의 姓만 다를 뿐 다 같은 龍王의 아들이며, 契機는 조금씩 다르지만 비슷한 대목이 더러 있고, 朴氏夫人傳과의 뒤섞임 또한 엿볼 수 있다.

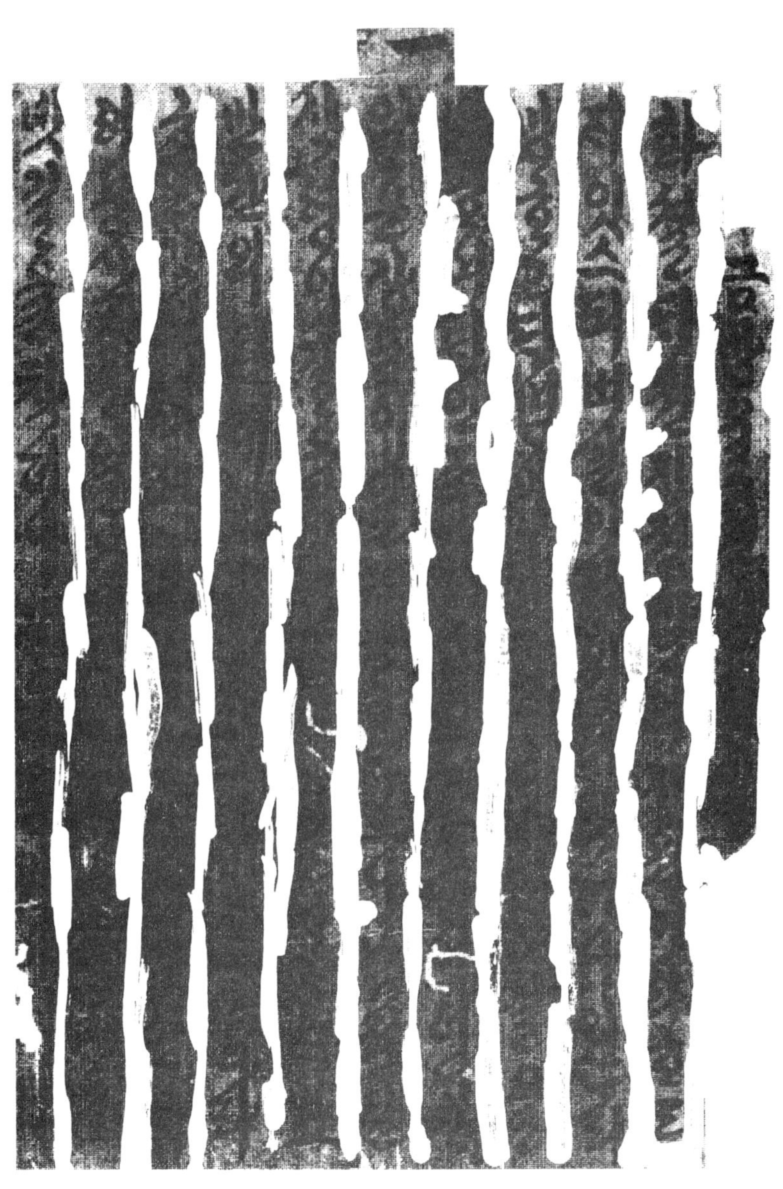

금방울젼 권지일 첫장

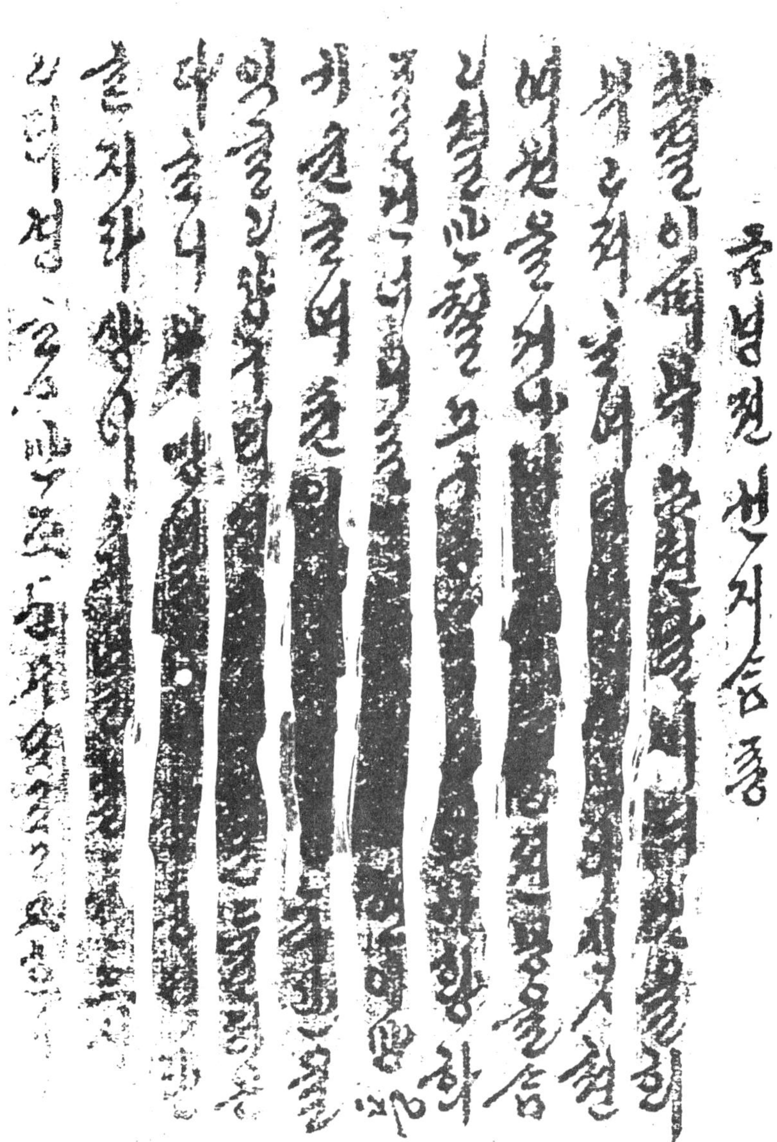

금녕젼 권지숑죵

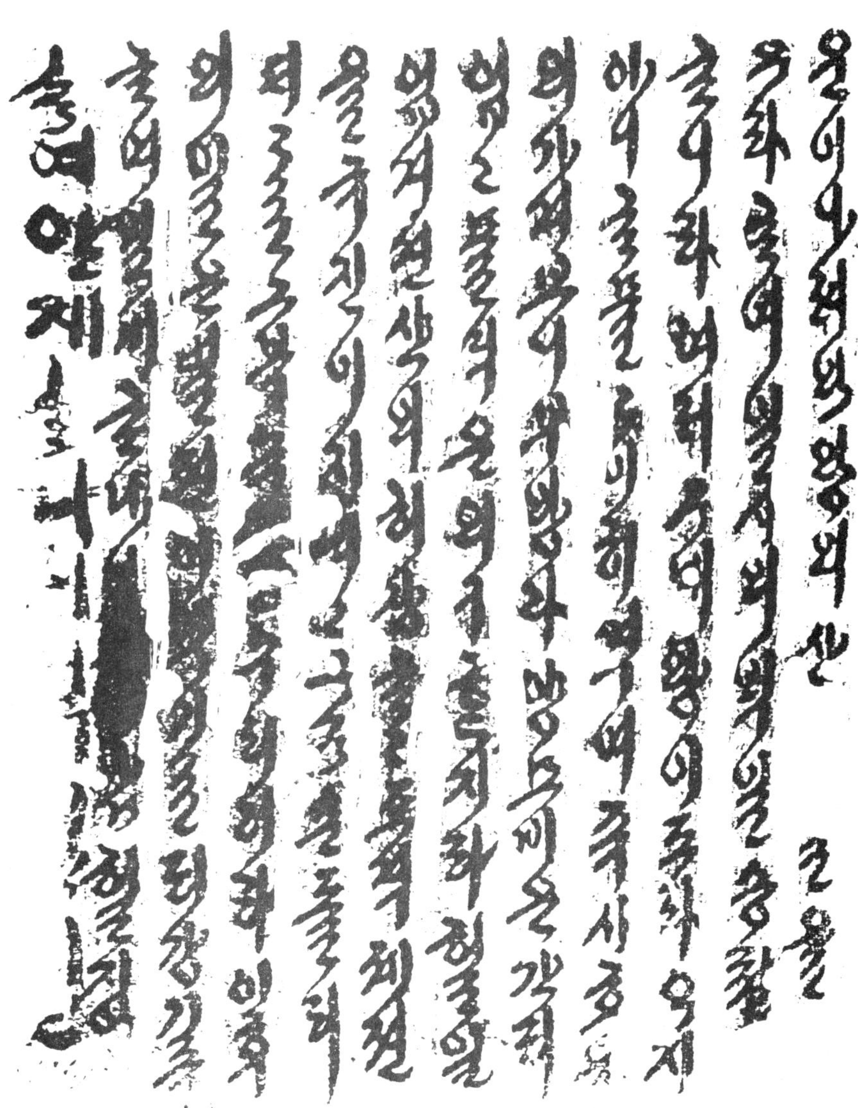

금녕전 권지숨종의 끝장

31. 춘향젼(春香傳)

1) 서지상황

Ⅶ-4-248 共10卷10册, 筆寫本

青匣(1−5) : 19×21.4×7, 黃色表紙 · 紅綠裝

卷之一 : 춘향젼 권지일

外表紙 : 18.5×20.9

內 : 16.9×20.9

每面 : 11行 無行. 15~17字

끝 : 29-B-1行 } ᄎᆞ하롤 분히ᄒᆞ라
29-B-2行

刊記 : 29-B-3行 셰긔유 구월 일 향목동셔

※ 戶籍(光武5年 全南務安郡) · 文集跋 · 古文眞寶卷三 뒤집은 것이 뒤셖임)

卷之二 :

外表紙 : 18.2×20.8

內 : 16.5×20.6

每面 : 11行 14~15字

끝 : 29-B-4行 ~ ᄒᆞ더라
29-B-5行 ᄎᆞ하롤 셕남ᄒᆞ라

刊記 : 29-B-6行 셰긔유 구월 일 향목동셔

※ 文集 뒤집은 종이

卷之三：

外表紙：18.6×21

內　　：17×20.9

每面　：11行 無行. 13~14字

끝　　：26-B-6行

刊記　：26-B-7行 셰긔유 십월 일 향목동셔

※ 5장의 뒤：眞寶大全卷十 駿馬行

10장 뒤：光武四年 慶南晋州郡 } 戶籍 뒤집은 것

17장 뒤：光武四年 慶南安義郡

21장 뒤：光武六年 全南茂長郡

卷之四：

外表紙：18.4×21.1

內　　：16.5×21.1

每面　：11行 無行 12~14字

끝　　：34-B-5行

刊記　：34-B-6行 셰긔유(己酉 1909?) 십월 일 향목동셔

※ 5장뒤：光武四年 慶南安義郡 戶籍

戶籍 뒤집은 종이 外에 筆寫本 中國小說 日記등.

靑匣(6-10)：19.4×21.5×6.8

卷之六：

外表紙：18.5×21.15

內　　：17.2×20.9

每面　：11行 無行 14~15字

끝　　：26-B-3行

刊記　：26-B-4行 셰갑지(진)(1904?) 뉵월 향목동셔

※ 군데군데 좀 집어 글자가 안 보임.

특히 1장 2行~5行 中間, 8行(7~9行에 질려서)
A·B 다 좀 집음.
2장, 3장, 3장~끝까지 거의 조금씩 좀집음.
1장뒤는 天文관계 기록
5장뒤는 鷄林金氏 世譜卷之七
6장뒤는 鷄林金氏 世譜卷之八

卷之七:

外表紙 : 18.6×20.9
內 : 17×20.8
每面 : 11行. 14~15字 無行
끝 : 30-A-5行
刊記 : 30-A-6行 셰신히 ᄉ(辛亥 1911?) 월 일 향목동셔
※ 1장뒤는 周易傳義大全 卷六 뒤집은 것

卷之八:

外表紙 : 17.7×20.9
內 : 15.7×20.8
글씨 : 14.2×17.2
끝 : 26-B-2行
刊記 : 26-B-3行 셰경ᄌ(庚子 1900?) 구월 일 향목동셔
※ 1~2장 좀 집고 낡고 검음
3~장장, 9~10장 同一筆致.
족보 뒤집은 종이

卷之九:

外表紙 : 18.5×20.9
內 : 17×20.7

글씨 : 15.5×16.5

每面 : 11行 無行. 좀 집음.

끝 : 30-A-10行

刊記 : 30-A-11行 셰신히(辛亥 1911?)(좀 집음) 일 향목동셔

※ 周易傳義大全 뒤집은 종이

卷之十 : 츈향젼 권지십죵

外表紙 : 18.5×20.8

內 : 17×20.8

글씨 : 15.5×16

끝 : 30-B-9行

刊記 : 30-B-10行 셰신히 ᄉ월 일 향목동셔(좀 집음)

※ 周易傳義大全 뒤집은 종이

2) 줄거리

이 筆寫本 春香傳은, 첫부분에 九雲夢의 첫 部分이 나와 한참 정작 春香傳과는 관계없는 쓸데없는 글이 죽 나오다가 한참만에야 本文으로 들어가고 있다. 그리고 10冊이라는 數量으로도 짐작이 가겠지만 다른 版本에 비겨 쓸데없는 말이나 挿入歌謠가 많이 있어 대목 대목에 興味本位임을 알 수있게 한다.

줄거리는 Ⅶ-4-235 木板本 春香傳에 紹介하였으므로 重複을 피하려고 省略한다.

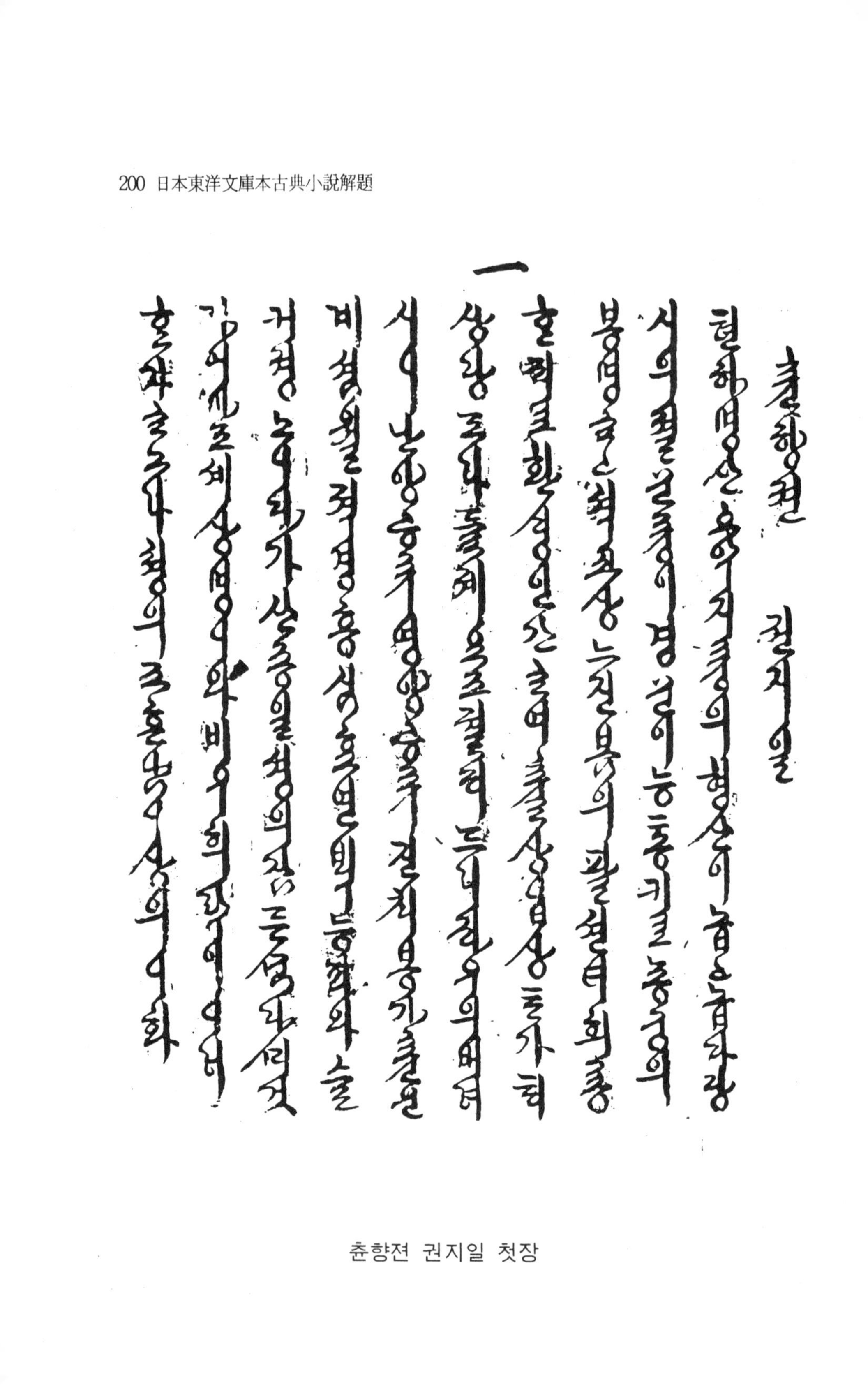

춘향전 권지일 첫장

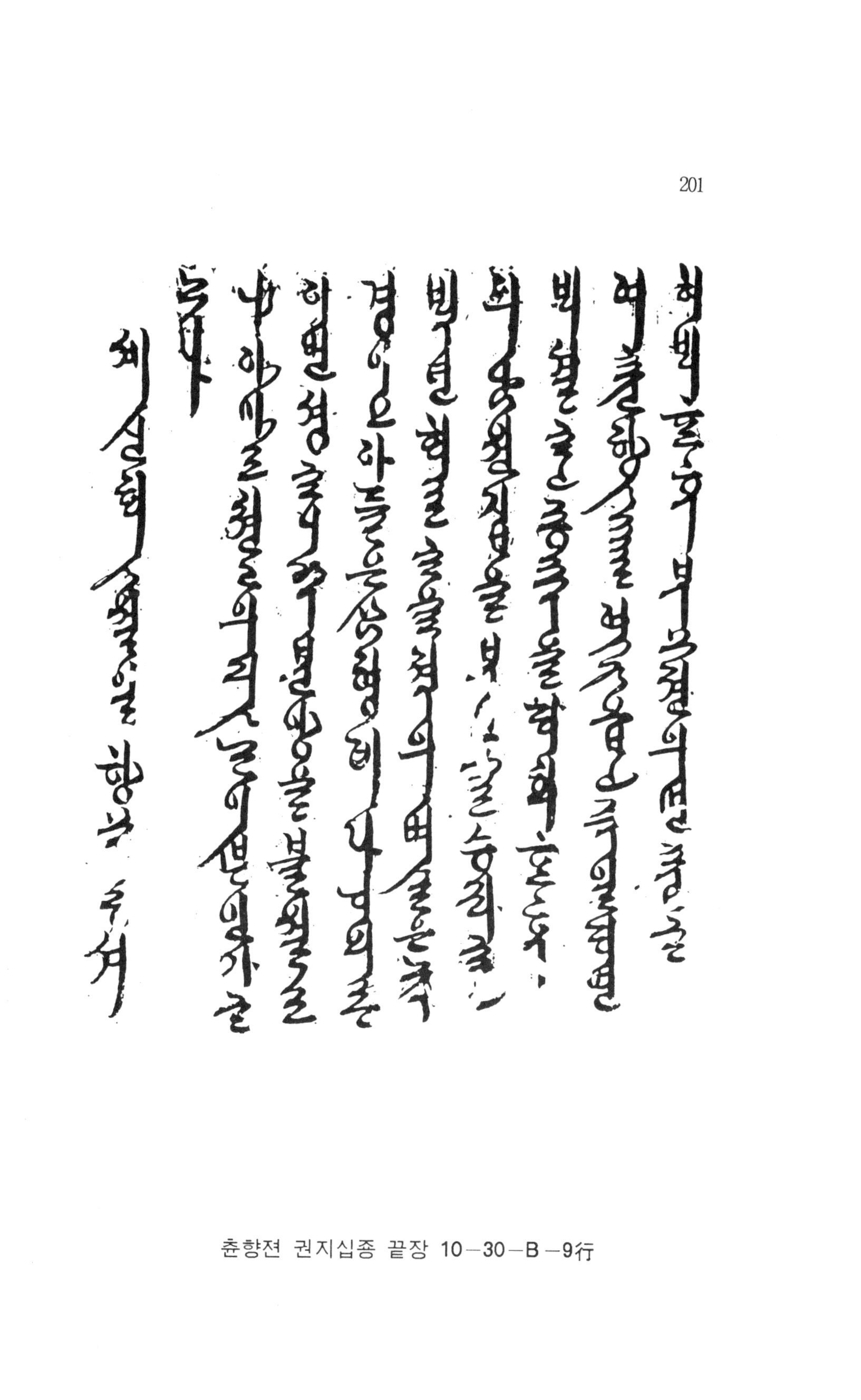

춘향전 권지십종 끝장 10—30—B—9行

32. 구운몽

1) 서지상황

Ⅶ-4-250 共 7冊, 筆寫本, 黃色表紙 紅線裝
青匣 :

1冊 : 구운몽 권지일
外表紙 : 18.3×22
內 : 17×22
每面 : 11行 無行. 13~15字
끝 : 30-B-11行
刊記 : 30-B-11行 같은 줄에
셰긔유(1909?) 십월 향목동셔
※ 光武四·五年 戶籍 뒤집은 종이
※ 베낄 때 줄의 첫자 끝자를 맞추어서 베낀 듯.
例 : 30-A- 일야지간의 물식이변 ○ 비우고
30-B ᄒᆞ야 바회ᄉᆞ이의 국홰만발ᄒᆞ여거 ○ 비우고놀(다음줄에)

2冊 : 구운몽 권지이
外表紙 : 18.6×22.8
內 : 17.5×21.8
每面 : 11行 無行, 15~16字
끝 : 30-B-7行
刊記 : 33-B-8行 셰긔유 십월 일 향목동셔
※周易 뒤집은 종이

※ 29-B-1行 —어려울가 ᄒᆞᄂᆞ ◯ 비우고
29-B-2行 이다.
줄의 첫字 끝字를 맞추어서 베낀 것이 아닌가?

3冊: 外表紙 : 18.1×22
內 : 16.8×22
每面 : 11行 無行. 13~15字
끝 : 36-B-5行
刊記 : 36-B-6行 흰 종이로 붙였으나 향목동셔는 속으로 보임

4冊: 外表紙 : 18×22
內 : 16.7×22
글씨 : 14×18.5
每面 : 12行 11~15字, 無行
끝 : 34-A-5行
刊記 : 34-A-6行 세지임인(壬寅 1902?) 십일월 일 향목동셔
※ 秋收記 뒤집은 종이
※ 17장-A 끝에 붉은 잉크 펜글씨로 "딕역부도 이완용아 네가 무슴일노"란 落書있슴.

5冊: 外表紙 : 18.4×22
每面 : 11行 無行 12~15字
但 14장은 12行 15~16字
※ 끝 : 37-A-12行 未完
刊記 : 없음(未完이라)

※ 22장뒤는 領議政 李宜顯賜祭文

※ 璿苑[illegible] 뒤집은 종이도

6册: 外表紙 : 18.1×22

每面 : 11行. 無行 16~18字

但 2장 12行 15~17字

3-A는 11行

3-B는 12行

31-B는 12行

끝 : 31-B-12行

刊記 : 31-B-13行 셰임인 십일월 일 향목동셔

7册 : 外表紙 : 18.2×22

1－A : 11行 12~15字

13－B : 12行

25－A : 11行

26－A : 12行

26－B : 12行

끝 : 26-B-7行

刊記 : 26-B-8行 셰지임임(인) 십일월 일 향목동셔

끝에 "셰칙은 죄미은 이시나"라는 落書가 있음.

2) 줄거리

天下의 各山 五獄中의 南嶽 衡山 蓮花峯의 庵子에 사는 六觀大師의 愛弟子 性眞은, 法席에 參禮해 준 東海龍王에 대한 回謝次 스승의 命을 받아 龍宮으로 向하게 된다. 龍宮에서 隆崇한 대접을 받고 거나하게 醉하여 돌아오는 길에 醉氣를 식히고자 시냇물가에서 쉬어 가기로 했다. 그런데 異常한 香氣에 이끌려 시냇물을 거슬러 올라가 보니 뜻밖에도 南嶽 魏夫人의 弟子인 八仙女가 놀고 있었다. 그녀들은 마침 性眞의 스승인 六觀大師를 만나뵙고 돌아가는 길이었던 것이다. 八仙女는 性眞을 그냥은 못보낸다고 버티기 때문에 복사꽃을 하나씩 仙女들에게 던져 주자, 꽃은 여덟알의 明珠가 되어 땅에 떨어졌다. 八仙女는 그 구슬을 하나씩 주워 가지고 하늘로 두둥실 떠 올랐다. 이들은 瞬間的인 戱弄의 罰로 다 破門當하여 아홉사람은 空中에 떠 올랐다가는 四方八方으로 흩어져 갔다.

楊處士의 아들로 태어난 少游(실상은 前生의 性眞)는 아버지인 楊處士가 神仙이 된 뒤 어머니를 孝誠스레 奉養하며 살아갔다. 열다섯에 科擧보러 집을 떠나는데 途中에서 秦彩鳳을 만나 楊柳詩로 和答하여 사랑하게 된다. 그러나 때마침 神策將軍의 亂으로 科擧는 못보게 되고, 藍田山 紫霞峯에서 아버지의 친구인 道士를 만나 네 曲의 노래를 배우고 거문고, 白玉洞簫 各各 한 卷씩의 方書를 받아 가지고 어머니 품으로 돌아오게 된다.

열여섯이 된 해에 少游는 또다시 科擧를 보러 가는데 途中에서 天津橋 青樓에서 桂蟾月을 만나, 青樓三絶에 대해 이야기 듣고 鄭瓊貝를 만나라는 紹介를 받고 헤어진다. 少游는 어머니의 四寸벌이 되는 杜鍊士의 꾀로 女裝하고 鄭府에 들어가 거문고를 타면서 瓊貝를 첫눈에 반하게 된다. 少游는 壯元及第하여 사위로서 鄭府에 머무를 約束을 한다. 그뿐아니라, 少游는 瓊貝와 鄭十三郎의 計略에 걸려 賈春雲과도 사귀게 된다. 少游는 鄭府의 사위가 될 뜻을 어머니에게 여쭈려 가려는 차에 河北 三節度使가

叛亂을 일으켰으므로 河北巡察使로서 出征하게 된다. 少游는 또한 邯鄲땅에서 男服을 한 燕王의 妻 狄驚鴻을 만나게 된다. 少游는 大功을 세웠기 때문에 禮部尙書가 된다. 어느날 그는 宮殿안에서 들려오는 蘭陽公主 李簫和의 玉簫의 가락에 和答하여 玉簫를 불었다. 그와 蘭陽公主 사이에는 玉簫소리를 因緣삼아 마음의 交感이 시작된다. 皇太后는 蘭陽公主와 少游를 結婚시키고저 하나, 少游는 이미 瓊貝와 結婚한 몸이므로 그 請婚을 拒絶하자 皇太后의 노여움을 사서 監獄에 갇히게 된다. 그러자 吐蕃의 叛亂이 일어나 少游는 征西大元帥로서 出征하게 된다. 거기서 沈裊烟·白凌波와 알게 되어 因緣을 맺고 돌아온다. 그 동안 蘭陽公主에게 讀書와 書藝를 가르쳐 온 女官 秦彩鳳은 紈團詩로서 少游에 대한 自己의 心境을 表現하건만, 蘭陽公主는 그래도 如前히 彩鳳을 敬愛하여 少游를 같이 男便으로 섬길 마음이었다. 皇太后도 公主의 이 所願을 允許하게 된다.

少游에 대한 彩鳳의 사랑은 깊어만 갔다. 蘭陽公主는 瓊貝와 姉妹의 義를 맺고 皇太后는 瓊貝와 母女의 義를 맺어 瓊貝를 英陽公主라 부르게 된다. 皇太后는 瓊貝의 어머니 崔氏夫人에게 自己가 瓊貝를 사랑하듯 自己딸 蘭陽公主를 사랑해 달라고 거듭거듭 부탁하는 것이었다. 少游는 功勞덕에 魏國公에 册封된다. 皇帝는 두 누이동생, 즉 英陽公主(瓊貝)와 李簫和(蘭陽公主)를 少游에게 시집보내고, 게다가 淑人 秦彩鳳까지 妾으로서 곁들여 주었다. 魏國公 少游는 이리하여 英陽·蘭陽의 두 夫人과 秦彩鳳, 게다가 各己 因緣을 맺은 賈春雲, 桂蟾月, 狄驚鴻, 沈裊烟, 白凌波의 여섯 사람, 합쳐서 여덟 夫人을 곁에 두고 온갖 榮華를 다 누리게 된다.

八月 한가위 밤이었다. 少游는 八夫人과 함께 高樓에 올라 즐기게 되었다. 차례로 獻壽하는 夫人들을 바라보며, 少游는 문듯 언제나 잘 꾸는 꿈을 생각하게 되었다. "벼슬살이를 그만두면, 언제나 坐禪하는 꿈을 꾸니까 필경 佛家와 因緣이 있으리라"고 중얼거렸다. 그 刹那 어디선지 한 胡僧이 나타나 "자네를 꿈에서 깨게 해 주지!" 하고는 사라져 버렸다. 곁에 있던 여덟 夫人도 온데 간데가 없었다. 정신이 들어 보니 少游는

百八念珠를 손에 든 채, 거친 베 長衫에 袈裟를 걸치고 削髮한 중이 되어 스승 六觀大師의 앞에 있는 것이었다. 목이 타서 곁에 있던 茶를 마신즉 그 茶가 靈妙한 作用을 하여 그에게 前生의 온갖 일을 모조리 回生시켜 주었다. 大師는 "金剛經의 大法筵을 열어, 자네 마음에 깨달음을 주고저 하는데, 暫時 새로 올 弟子들을 기다리기로 하자"는 것이었다. 그러자 곧 八夫人이 머리를 깎고 나타나 "하룻밤 꿈으로 크게 깨달아 南嶽 魏夫人의 곁을 떠나 佛門에 歸依하러 왔습니다." 하는 것이었다. 그녀들이 性眞앞에 나타났던 八仙女이었던 것이다. 大師는 마침내 法席에 올라 經文을 講論하였다. 少游(性眞)와 八夫人은 이내 깨달아 不生不滅의 道에 通하게 된다. 大師는 袈裟와 錫杖을 性眞에게 물려 주고는 西天極樂世界로 떠났다. 그 뒤 性眞도 六觀大師처럼 온갖 奇蹟을 나타내었으므로 僧女가 된 八夫人도 또한 大道를 깨우쳐서 極樂往生하게 된다.

朝鮮王朝의 小說은 大部分 作者未詳인 데 이 小說은 有名한 西浦 金萬重(1637~1692)의 作이다. 이 筆寫本에는 作者名이 쓰여있지는 않다.

구운몽 권지일 첫장

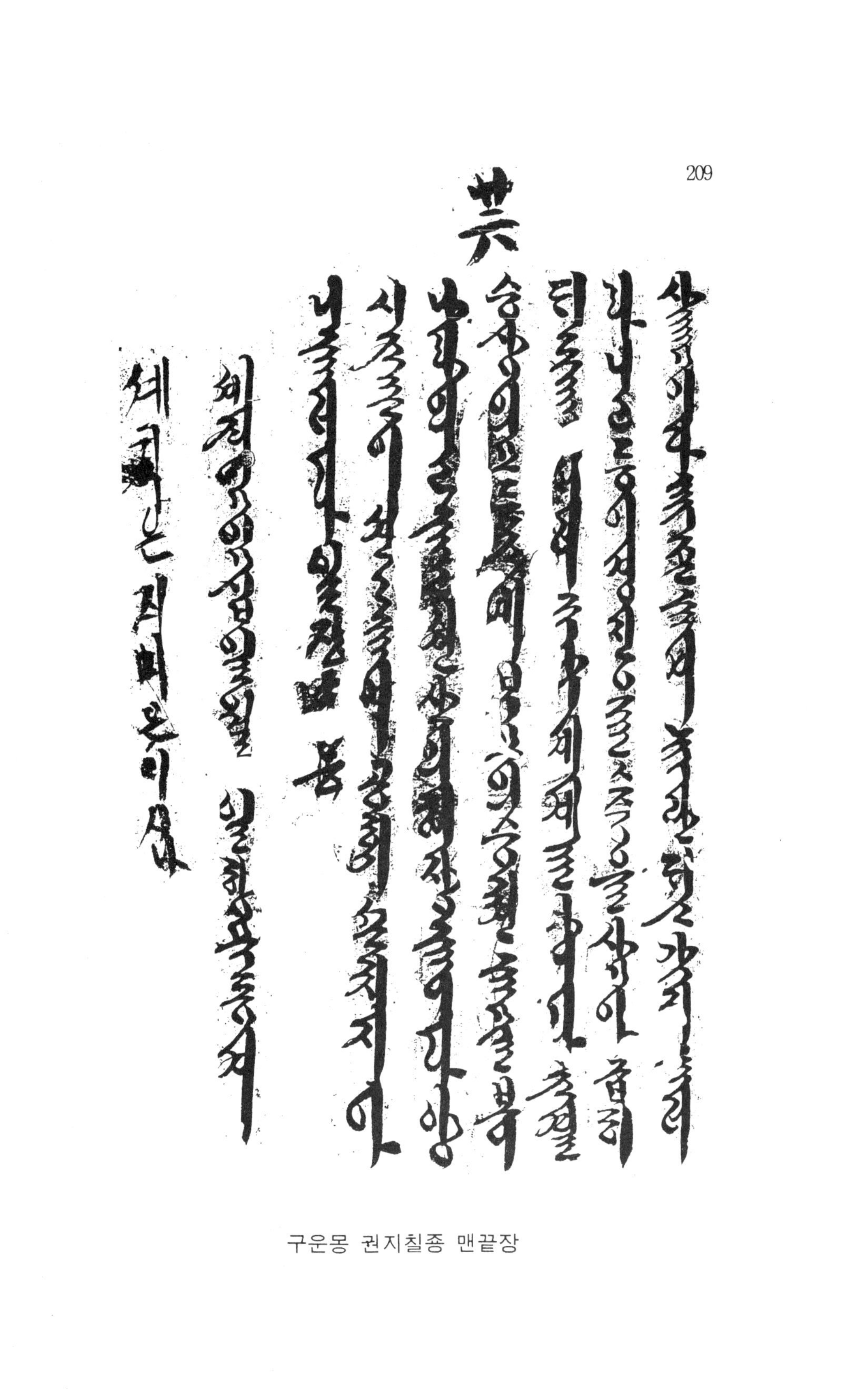

구운몽 권지칠종 맨끝장

33. 옥누몽

1) 서지상황

Ⅶ-4-253 共30册, 筆寫本, 貫册
青匣 6, 黃色表紙, 紅綠裝
青匣 : 20.7×22.8×6.6

1匣 : 1~5册

卷之一 : 外表紙 :
內 : 19.5×22.6
每面 : 11行 11~13字
끝 : 33-A-9行
刊記 : 33-A-10行 셰무신(戊申 1908?) ᄉ월 일 향목동셔
※ 小題目은 없음.
※ 첫장 뒤는 慶南南海郡 戶籍 뒤집은 종이(光武6年1902)

卷之二 : 끝 : 29-A-8行
刊記 : 29-A-9行 셰무술(戊戌 1898) ᄉ월 일 향목동셔

卷之三 : 끝 : 30-A-5行
刊記 : 30-A-6行 셰무신(戊申 : 1908) 사월 일 향목동셔

卷之四 : 끝　　: 31-A-7行
　　刊記　: 31-A-8行 셰무신 오월 일 향목동셔

卷之五 : 끝　　: 31-A-7行
　　刊記　: 31-A-8行 셰무신 오월 일 향목동셔
　　※ 30장 뒤 : 光武五年 會寧郡 戶籍 뒤집은 종이
　　　첫匣 1~5冊은 대부분 戶籍 뒤집은 종이
　　　小題目이 없음.

2匣 : 6~10冊

卷之六 : 外表紙 : 19.9×22.6
　　內　: 14.8×15.5
　　끝　: 30-A-7行
　　刊記　: 30-A-8行 셰무신 오월 향목동셔

卷之七 : 끝　　: 30-B-2行
　　刊記　: 30-B-3行 셰무신 삼월 일 향목동셔

卷之八 : 끝　　: 30-B-1行
　　刊記　: 30-B-2行 셰무신 이월 일 향목동셔

卷之九 : 끝　　: 30-A-11行
　　刊記　: 30-A-2行 셰무신 이월 일 향목동셔

卷之十 : 外表紙 : 19×21.3
끝 : 31-B-5行
刊記 : 31-B-6行 셰무신 오월 일 향목동셔
※ 2匣은 대부분 戶籍 종이 뒤집은 것.
역시 小題目이 없음.

3匣(11~15冊)

卷之十一 : ※小題目 : 원슈디쳡 흑즁산 화룡현몽반사곡
外表紙 : 19.7×22.2
글씨 : 15×15.2
끝 : 30-B-1行
刊記 : 30-B-2行 셰무신 오월 일 향목동셔

卷之十二 : 끝 : 31-A-8行
刊記 : 31-A-9行 셰무신 오월 일 향목동셔
※ 1장~6장 치부종이 뒤집은 것
7~ 끝장까지 光武四年, 六年 戶籍

卷之十三 : 끝 : 31-A-10行
刊記 : 31-A-11行 셰무신 오월 일 향목동셔
※ 치부종이 周易傳義大全 뒤집은 것

卷之十四 : 끝 : 31-A-8行
刊記 : 31-A-9行 셰무신 오월 일 향목동셔

※ 全卷 光武六年 戶籍 뒤집은 종이

卷之十五 : 끝　: 32-B-5行
刊記　: 32-B-6行 셰무신 뉵월 일 향목동셔
※ 全卷 치부한 종이, 15장만 詩傳大全 뒤집은 종이
※ 小題目은 없음(3匣中 卷十一外는)
※ 每面 11行, 11~14字

4匣 (16~20冊)

卷之十六 : 外表紙(共) : 19.1×22.3
內 : 17.2×22.3
글씨 : 15×16.1
끝 : 33-A-7行
刊記 : 33-A-8行 셰무신 뉵월 일 향목동셔
※ 16~20冊 小題目없음.
※ 每面 11行, 11~15字
※ 21장만 冊뒤집은 종이, 나머지는 치부종이 뒤집은 것.

卷之十七 : 끝 : 33-A-7行
刊記 : 33-A-8行 셰무신 뉵월 일 향목동셔
※ 1~16장 戶籍종이, 17~33장 詩傳大全
※ 每面 11行 13~15字

卷之十八 : 끝 : 31-B-4行

刊記　　　：31-B-5行 셰무신 뉵월 일 향목동셔

※ 全卷 詩傳大全 뒤집은 종이 每面 11行 15~16字

卷之十九：끝　　　：31-B-5行

刊記　　　：31-B-6行 셰무신 뉵월 일 향목동셔

※ 詩傳大全, 易諺解 뒤집은 것

卷之二十：끝　　　：30-B-10行

刊記　　　：30-B-11行 셰무신 뉵월 일 향목동셔

每面　　　：11行, 14~17字

※ 易諺解

5匣(21~25册, 小題目없이 각셜 · 화셜로 시작)

卷之二十一：外表紙：19.2×22.5

內　：17×22.6

글씨　：14.9×16.5

每面　：11行 無行, 12~14字

끝　：31-A-10行

刊記　：31-A-11行 셰무신 칠월 일 향목동셔

※ 1~19장 易諺解, 20~부터는 戶籍簿

卷之二十二：每面　：11行. 無行 16~18字

끝　：30-B-7行

刊記　：30-B-8行 셰무신 칠월 일 향목동셔

※ 全卷 光武四年 慶南咸安郡 戶籍簿

卷之二十三 :

每面 : 11行 無行. 15~16字

끝 : 30-B-8行

刊記 : 30-B-9行 세무신칠월 일 향목동셔

※ 光武四年 戶籍 郡守 洪秉憲

卷之二十四 :

끝 : 31-A-10行

刊記 : 31-A-11行 셰무신 일 향목동셔

※ 光武四年 慶南咸安 郡守 李秉翊

卷之二十五 :

끝 : 30-B-4行

刊記 : 30-B-5行 세무신 칠월 일 향목동셔

6匣(26~30卷)

卷之二十六 :

每面 : 11行 無行. 13~15字

끝 : 30-B-6行

刊記 : 30-B-7行 셰무신 팔월 일 향목동셔

※ 1~24장 戶籍簿 光武四年 慶南咸南郡守 李秉翊

25장 詩傳大全

26장 치부종이

27~28장 詩傳大全

29~30장 치부종이

卷之二十七 :

每面 : 11行 無行. 11~13~14字

끝 : 29-B-1行
刊記 : 29-B-2行 셰무신 팔월 일 향목동셔
※ 치부종이 詩傳大全 易諺解 뒤섞임(밑에 부친 종이)

卷之二十八 :
끝 : 30-A-5行
刊記 : 30-A-6行 셰무신 팔월 일 향목동셔
※ 易諺解 朱子書簡要

卷之二十九 :
끝 : 33-B-8行
刊記 : 33-B-9行 셰무신 팔월 일 향목동셔
※ 朱子簡要, 易諺解, 詩傳大全으로 뒤에 부침.

卷之三十 : 옥누몽 권지 솜십죵
外表紙 : 19.4×22.1×1.1(두께 册)
內 : 17×22
글씨 : 14.1×16.5
每面 : 11行 13~15字
※ 小題目 : 난셩츈젼 오진원 연광동슌노균싱금
끝 : 33-A-5行
刊記: 33-A-6行 셰무신 팔월 일 향목동셔
(小題目이 붙은 것은 卷11, 卷30 뿐임)

2) 줄거리

天上 白玉樓에서 白玉樓 三章을 지어 玉皇上帝의 寵愛를 한 몸에 받고 있던 문창성(文昌星)은 제방옥녀(帝傍玉女)・천요선・홍란성(紅鸞星)・제천선녀(諸天仙女)・도화선(桃花仙)과 戲弄한 罪로 그녀들과 함께 俗世

로 귀양오게 된다. 그러나 여기에는 "醉夢浮生에서 옛정을 깨우치게 함으로써 佛家의 清淨 廣大한 뜻을 일깨워 주자는 觀音菩薩의 뜻이 있었던 것이다.

한편 楊賢과 許氏夫人은 나이 마흔에 이르도록 一點血肉이 없어서, 天上의 연꽃이 져서 솟았다는 玉蓮峯 山神靈인 菩薩에게 빌어 창곡(昌曲)이란 아들을 낳게 된다. 이는 바로 天上界에서 罪를 지어 俗世에 귀양온 文昌星이었다. 昌曲은 生後 한이레에 벌써 言語가 能通했고 두살에는 是非를 分揀했고 세살때는 이웃애와 놀며 땅을 그어 글자를 썼고 돌을 무어 陣法을 벌일 정도였다. 昌曲은 열여섯에 科擧보러 서울로 올라가는 途中 蘇州땅에서, 強盜를 만나 路資를 모조리 털린다. 그래서 放浪끝에 壓江亭宴會에 가서 江南의 名妓인 강남홍(江南紅)을 만나게 되고, 둘은 서로 사랑에 빠진다. 비록 妓生이지만 文昌曲에 대한 江南紅의 一片丹心은 변함이 없을 것을 盟誓하고, 杭州刺使의 딸 尹小姐를 正室로 맞도록 文昌曲을 勸한다. 文昌曲이 떠난 뒤 江南紅은 病을 핑계삼아 다른 사람과의 往來를 끊고, 마침내 一生을 같이 살 作定인 尹小姐의 집으로 간다. 尹小姐와 江南紅은 서로 사랑하고 그리워하는 사이가 된다.

楊昌曲이 보내는 사랑의 글에 가슴을 두근대던 江南紅에게, 邪慾으로 이글거리는 黃刺使의 封書가 와서 그녀에게 시중들라고 한다. 江南紅은 自己 意思대로 行動할 수 없는 妓女의 괴로움을 尹小姐에게 하소연하고, 五月端午에는 뱃놀이 시중을 들기로 하였다. 江南紅은 玄琴 三曲에 自己의 슬픔을 붙이고, 黃刺使에게 욕을 보느니, 屈原의 넋을 따르는게 낫다고 물속에 빠진다. 그러나 그녀는 尹小姐의 配慮에 따라, 孫三娘에게 救해져서 韃靼國의 白雲道士 밑에 몸을 의지하게 된다.

한편 尹小姐의 아버지는 兵部尙書로 任命되어 서울로 올라가게 되는데, 主人을 잃은 江南紅의 시녀 연옥과 蒼頭도 尹小姐를 따라 서울로 간다. 楊昌曲이 科擧에 붙자 尹尙書는 딸 尹小姐와의 百年佳約을 맺고저 楊府로 向한다. 楊府에서도 擇日을 서둘러 잡기를 부탁할 정도였는데,

貪官 黃閣老가 昌曲을 사위삼고자 請婚해오므로, 昌曲은 이미 定婚했다고 拒絶하였건만 皇帝의 威勢까지 빌려 다그쳐 왔고, 마침내는 昌曲을 밉게 보아 江州로 귀양보내기에 이른다. 그곳 江州에서 昌曲은 비파(琵琶)를 因緣으로 碧城仙과 사랑하게 된다.

半年뒤, 昌曲은 귀양이 풀리나 皇帝의 威勢로 黃閣老의 딸과 結婚을 하게 된다. 그리고 父母의 許諾을 받아 碧城仙을 皇城으로 올려오게 된다. 그런데 때마침 南蠻이 叛亂을 일으켜 昌曲은 征南大元帥로 出征하여 中間에서 서울로 올라오는 碧城仙과 만나 그녀에게 玉피리를 받고 헤어진다. 尹小姐와 碧城仙에 대하여 시새우던 黃小姐는 남편 昌曲이 없는 것을 기화로, 그 어미 魏夫人과 共謀하여 碧城仙의 不貞을 일컫하였으나 賢明한 尹小姐는 男性과 사귀는 것은 妓女로서는 當然하다 하여 댓구도 않았다. 속이 상한 黃小姐의 어머니는 侍女를 시켜 自己藥에 에게 毒을 타게 하고서는 碧城仙에게 뒤집어 씌워 마침내 내어쫓고 만다.

한편 楊昌曲元帥는 소유경등의 協力과 꿈에 나타난 諸葛亮의 忠告로 寃鬼들에게 祭祀를 지낸 뒤 힘껏 싸웠다. 앞서 白雲道士밑에서 醫學, 卜書, 天文地理, 武藝 등을 익힌 江南紅이, 道士의 指揮에 따라 홍혼탈이라는 이름으로 蠻王을 도와주는 척하고 전쟁하러 가서는, 相對方이 楊昌曲임을 確認하자, 條件을 붙이고 昌曲의 副將이 되겠다고 提案한다. 이리하여 江南紅, 孫三娘은 蘇裕卿의 麾下가 된다. 背叛 當한 蠻王은 축융왕(祝融王)을 충동여서 그 딸 일지련(一枝蓮)까지 끌어낸다. 그러나, 一枝蓮은 江南紅의 예삿사람 아님을 알자, 흠씬 感歎하여, 그 아비로 하여금 쥬돌통, 가달,　목홀 등과 함께 投降케 하고, 自己自身은 朋友의 誼를 맺은 江南紅의 知慧로 나탁의 降伏을 받고서 홍도국(紅桃國)의 亂을 平定키 위해 江南紅과 또다시 出征하게 된다.

한편 昌曲이 집을 비운 사이 碧城仙을 내어쫓은 黃小姐와 그 어미 魏夫人은 그것만으로는 직성이 덜 풀려, 女刺客을 시켜 碧城仙을 죽여 버릴 計劃을 짠다. 그런데 派遣된 刺客이 碧城仙의 貞淑함에 感歎하여 차마

이런 사람을 죽이랴 싶어, 도리어 黃小姐母女를 죽이려는 것을 碧城仙이 아서라고 말리기에 이른다. 義俠心에 닳아오른 女刺客은, 碧城仙의 潔白性과 黃小姐母女의 奸惡狀을 세상에 告發하고, 그녀들에게 買收된 춘월의 코며 귀를 깎고 달아나 버린다. 하지만 皇帝의 귀에는 如前히 헐뜯는 말만이 들어가, 碧城仙은 마침내 故鄕으로 追放된다. 그녀는 侍女 소청의 권고로 산화암(散華庵)에 몸을 숨긴다. 그러나 黃小姐의 毒手는 거기까지 뻗혀 碧城仙은 아슬아슬한 고비를 넘기고 마달에게 救出되어 점화암(點火庵)에 도망쳐 거기서 楊昌曲을 기다리게 된다. 그리고 黃小姐母女에게 買收된 춘월의 오라비 춘경과 그 친구 우격이란 惡黨은 碧城仙을 散華庵에 덮쳤을 때, 碧城仙을 놓쳤건만, 그녀가 떨어뜨리고 간 繡唐鞋를 주어다가는 죽인 證據라 하여 돈을 뜯어 내었다.

나탁을 降伏시킨 뒤 楊昌曲 元帥는 紅桃 國玉溪에서 苦戰하게 되는데, 白雲道士가 危機에서 救해 주고, 普照國師에게 傳하라고 百八念珠를 준다. 그리고 江南紅의 巧妙한 神術로 마침내 大捷을 이룬다. 楊昌曲과 江南紅은 서울로 凱旋하는 途中에 碧城仙을 만나 서로 慰安해 준다. 江南紅은 尹府로 돌아가 尹小姐와 기쁘게 再會한다. 楊賢夫妻는 燕太王·太妃가 되고 昌曲은 燕王, 尹小姐는 燕王妃, 黃小姐는 燕王次妃가 되고 세상은 太平해진다.

그러나, 巧猾한 노균(盧均)이 동홍(董弘)과 짝짜꿍이 되어 濁黨을 만들어, 皇帝에게 알랑대어 그 勢力을 뻗혀서 세상을 어지럽히고, 소유경, 尹尙書, 楊昌曲 등의 清黨은 모조리 流配시키는 事態가 發生한다. 江南紅은 家童의 모습으로 假裝하고, 燕王 楊昌曲을 뒤따라 謫所로 나아가게 된 벼슬아치로 동초·마달 등이 있었다. 謫所에서도 毒藥·放火·刺客 등의 여러가지 魔障이 楊昌曲을 엄습하였으나 濁黨의 모든 陰謀는 水泡로 돌아간다. 그럼에도 不拘하고 어리석은 皇帝는 盧均등의 충동임에 뒤흔들려 仙術에 빠져 逢仙이다 來仙이다 하여 터무니없는 잠꼬대로 나날을 보낸다. 그러나 碧城仙은 귀양간 남편 昌曲을 찾아가느라고 書生의 모습으로

變裝하고 旅行하는 길에, 솜씨있는 피리, 거문고의 가락으로 어둑한 皇帝의 꿈을 깨워주고 流刑된 清黨을 서울로 되불러 오도록 勸誘한다.

때마침 北單于의 叛亂이 일어나자, 碧城仙과 侍女 소청은 自己네의 옷을 皇太后와 皇后에게 입혀 危機에서 救해 주고 自己네는 척발랄에게 사로잡혀 간다. 北單于는 그녀들이 黃太后와 皇后를 목숨 바쳐 救해준 것을 알자 도리어 그 忠誠에 感歎하여 그녀들을 優待하게 된다.

한편 皇太后와 皇后는 달아나는 도중에 다시금 窮地에 몰리는데, 이번에는 一枝蓮이 救해 주고, 尹尚書, 楊太王의 保護를 받게 된다. 이어 동초 · 마달 등이 皇帝의 危機를 또한 모면케 한다. 이래서야 비로소 迷夢에서 깨어난 皇帝가 마침내 楊昌曲을 불러 들이게 된다.

楊昌曲의 軍師는 北單于를 쳐부수고 皇帝는 還都하게 되어, 有功者는 褒賞을 받고 濁黨은 모조리 處刑되고 家屋은 籍沒되고, 그 家族은 官婢가 되었다. 이리하여 平安을 되찾은 燕王 楊昌曲과 尹妃 사이에는 二男一女, 江南紅에게 二男, 碧城仙에게 三男, 一枝蓮에게 一男一女를 두게 된다. 그 뒤 昌曲과 尹小姐(尹妃)와 세 夫人은 神仙이 되어 함께 세상을 뜨는데, 몹쓸 黃小姐는 子息하나 못 두고 몇해 뒤늦게 죽었다고 한다.

옥누몽 권지일

화셜 옥경의 십이누 잇스되 ᄯᅩ 고
즁의 일흠은 누각이 ᄒᆞ니 ᄇᆡᆨ옥
누라 그 누각 졔되 굉걸ᄒᆞᆫ 명월 졀
승ᄒᆞ여 운창 주호의 쉬리 풍능을
ᄭᅮᆷ쳐 화홍 병을 ᄯᅴ 궁의 ᄒᆞ여
진지 상계 명구오 현실 션ᄂᆞᆫ니 ᄒᆞᆯ
일은 우씨 현상의 이광ᄒᆞᆫ ᄯᅢ 옥
시 ᄂᆞᆫ 열 궐을 부화 잔치를 실ᄒᆞᆫ 능
성봉 ᄉᆡᆼ은 ᄒᆞᆫ 수의 오ᄇᆡᆨ ᄒᆞ오 ᄒᆞ
ᄇᆡ 상ᄂᆞᆫ 쥬 현의 풍 ᄒᆞ 면

옥누몽 권지일 첫장

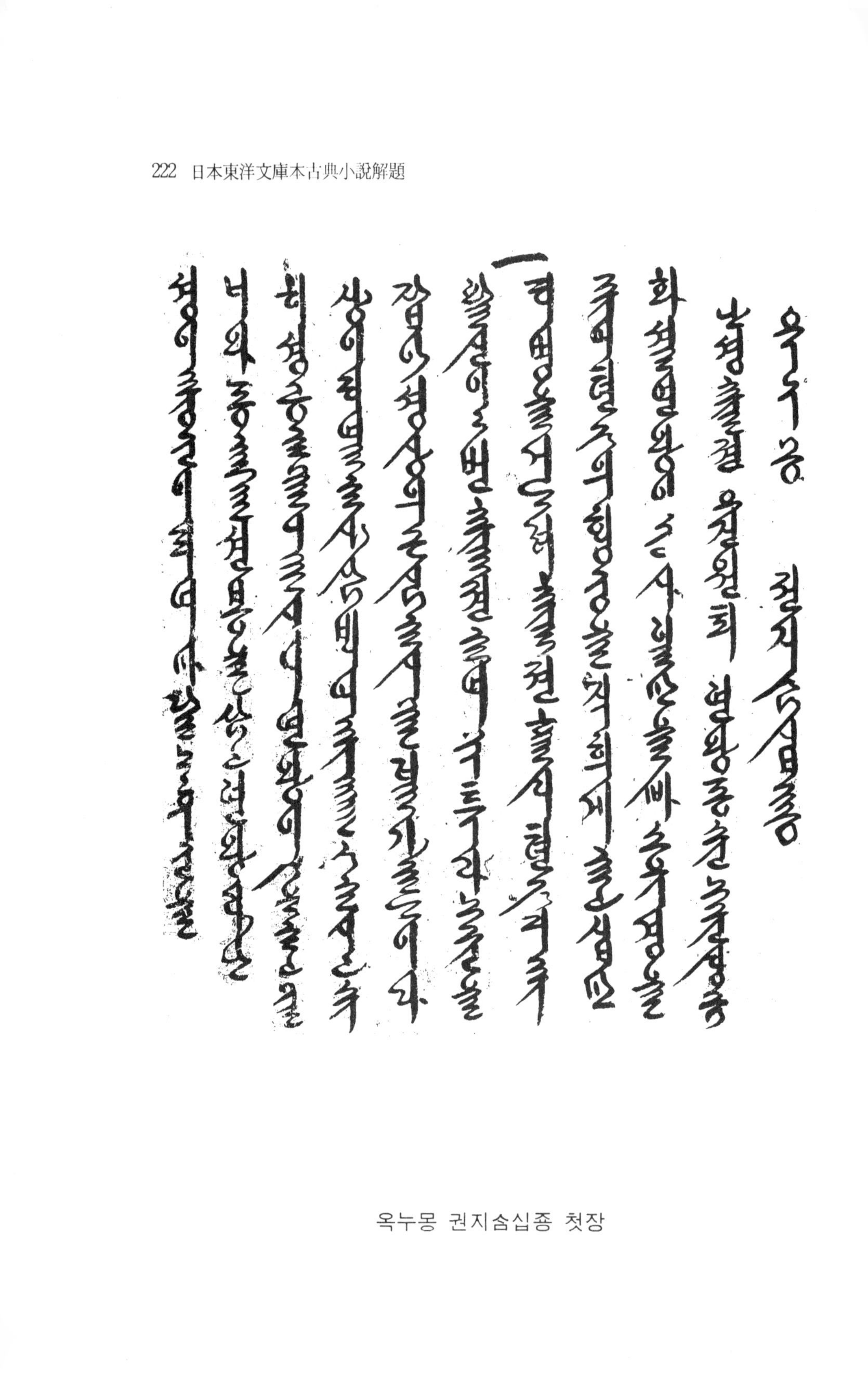

옥누몽 권지솜십종

[illegible]

옥누몽 권지솜십종 첫장

경ᄉᆞ의 입조ᄒᆞ믈 ᄒᆞ며 샹쇼ᄒᆞ믈 보ᄒᆞ치아
니러나 션동이 나 허ᄎᆡ ᄉᆞ입 ᄒᆞ여
흉용ᄒᆞᆫ 곤우ᄒᆡ를 ᄌᆞ쥬ᄒᆞ이 세ᄉᆞ 승을
여 왕업을 누리ᄂᆞ니 리필ᄒᆞ이 ᄒᆞᆫ

끝 신션ᄒᆞ 졀ᄒᆞᄒᆞ 장ᄒᆞ고 ᄒᆞ다
쇠 구신 갈필ᄒᆞ 외ᄒᆞ올 ᄒᆞᆫ ᄒᆞ우ᄒᆞ셔

옥누몽 권지솜십종 끝장 30—33A—5行

34. 슈져옥난빙(水渚玉鸞聘)

1) 서지상황

Ⅶ-4-254 共 8冊, 青匣 黃色表紙 紅線裝 無行, 筆寫本
青匣 : 19.7×22.6×9.8

卷之一 : 슈져 옥난빙 권지일

外表紙 : 19.2×22
內 : 17.8×22
글씨 : 15.7×19.4
每面 : 11行 無行 12~15字
끝 : 27-A-11
刊記 : 27-B-1行 셰을묘(1915, 1855?) 뎡월 일 향목동셔
※ 卷 1,2,3은 몹씨 좀집음. 卷4는 좀 덜함.
※ 첫장 A와 B는 글씨가 다름.
※ 1-B~27-B까지는 같은 글씨
※ 17-A~27-A까지는 柵中目錄 뒤집은 것.

卷之二

外表紙 : 19×22.4
內 : 17.7×22.4
글씨 : 14.2×16.7
每面 : 11行 21~32字
끝 : 32-B-?

刊記　: 32-B-? 셰을묘뎡월 일 향목동셔

※ 21~32장까지는 몹씨 좀집어 안보이는데 몇줄씩(부한 때문인 듯)

卷之三 :

外表紙 : 18.9×22.1

內　: 16.6×22

글씨　: 14.8×17.6

每面　: 11行 無行 13~17字

끝　: 31-B-11

刊記　: 31-B-11行 셰을묘 뎡월 일 향목동셔(같은줄 끝에 이어)

※ 치부한 종이, 月沙集, 息庵集 등.

卷之四 :

外表紙 : 19×22

內　: 16.9×22

글씨　: 14.8×17.9

每面　: 11行 12~17字

끝　: 31-B-11行

刊記　: 31-B-11行 셰을묘 이월 일 향목동셔

※ 經筵日錄, 延平日記에서 베낀것 日月錄 뒤집은 종이.

卷之五 :

外表紙 : 18.9×22

內　: 16.5×22

글씨　: 14.7×17.4

每面　: 11行 無行 14~19字

※ 1~25장 깨끗한 백지

※ 1-A-11行-14字로 비워놓고
1-B로 이어감. … 엿튼 숀(아래 餘白 남기고)
견의(다음 Page로 넘어감으로 보아 張張이 첫字와 끝字를 마추어 베낀 것이나 아닌가 여겨짐)

卷之六 :

外表紙 : 19×22
內 : 17×22
글씨 : 14×16.9
每面 : 11行 無行 15~17字
끝 : 30-B-11
刊記 : 30-B-11行 셰을묘 이월 일 향목동셔

卷之七 :

外表紙 : 18.9×22
內 : 16.9×22
글씨 : 14×17.3
每面 : 11行 無行
끝 : 30-B-11行
刊記 : 31-B-3行 셰을묘 이월 일 향목동셔
※ 上面은 필기한 종이로 부했음.
※ 17 · 31장外는 깨끗한 백지에 썼음.

卷之八 : 슈져 옥난빙 권지팔죵

外表紙 : 18.9×22
內 : 17.2×19.9
글씨 : 14.2×17
每面 : 11行 15~17字 無行

끝　　: 30-A-11行

刊記　: 30-B-3行 셰을묘 이월 일 향목동셔

※ 30-B-1~2行에는 "ᄉ젹은 진문츙의록의 잇시니 후록을 보아 알지어다"라 덧붙여 있음.

※ 그리고 30-B-3行 두에 李王職 도장 같은것이 두 개 찍혀 있으나 흐릿함.

2) 줄거리

明나라 成化年間에 吏部尙書에 龍頭閣太學士를 兼한 진양(陳良)에게는 王氏夫人과 張氏·宋氏의 두 美姬가 있었다. 王氏夫人에게는 슈문(修文)이라는 아들이 있고, 張氏에게는 숙혜(淑惠)라는 딸이 있었으나, 奸惡한 宋氏에게는 子息이 없었다.

한편 禮部尙書 石鴻과 薛氏夫人 사이에는 마흔이 되도록 子女間에 없었는데 하루는 夫人이 玉鸞을 받는 꿈을 꾸고 한 아기를 낳게 되는 이름은 난영(鸞英-이 소설의 뒷 部分에서는 玉鸞이라 적고 있음.) 字는 출옥(出玉)이라 하였다. 다섯살부터 四書五經을 익히고 文章 筆法이 老師 宿儒를 壓頭할 만하던 鸞英이 자란 뒤 하루는 채원(彩園)이라는 老女僧이 鸞英의 앞날을 占쳐 주겠다면서 나타난다. 老女僧은 鸞英을 보자마자 "내 나이 백살이 되도록 이런 아름다운 少女는 본 적이 없다"면서, 소매속에 지니고 온 玉鸞佩를 鸞英에게 주면서 "그대야말로 이 玉鸞의 主人이니라. 머지않아 숫玉鸞을 손에 넣게 되리라"하는 것이었다. 이 玉鸞은 神奇하게도 薛夫人의 꿈에 본 바로 그 玉鸞과 꼭 같았다. 玉鸞詩 한 首를 石鸞英에게 請하여 받아 소매에 넣더니 女僧은 온데 간데가 없어진다.

石鴻은 禮部侍郎 뉴긔(柳奇)를 通해 陳良에게 通婚하여 陳修文과 石鸞英은 結婚하게 된다. 陳良의 집 家寶이다가 잃은 雌佩는 바로 石鴻의 사매에서 꺼낸 玉鸞이라, 비로소 짝이 맞게 된 雌雄玉鸞佩는 書案 위에 빛을 발하게 된다. 千載奇逢으로 兩家에서는 크게 기뻐한다. 結婚의 聘物은 물론 두 집에서 보내온 玉鸞佩였음은 두말할 나위도 없다. 그뒤 修文은 外家인 王府에 가서 술에 거나하게 醉하여 돌아온 적이 있었다. 그 때 길에서 修文의 風采에 반한 유매영(柳梅英)은 玉가락지를 던져서 修文을 誘惑하였으나 修文은 끄떡도 않았다. 그러나 柳梅英은 온갖 手段을 써서 그를 自己의 男便으로 삼고자 한다. 우선 奸惡한 宋氏(宋婆라 하였음)와 짜고 自己가 유긔(柳奇)의 本妻 姜氏 所生이라 꾸미고, 女僧의 豫言이라 하여 鸞英은 八字에 子息이 없다고 하고, 마침내는 鸞英의 筆致를 模倣하여 사랑편지를 써가지고는 玉가락지를 한데 넣어 그녀를 不貞의 罪로 잡으려고까지 하였다. 그러나 修文은 마침 張氏(張婆라 하였음)와 淑惠가 그들의 奸計에 대해 이야기하는 것을 엿듣게 되어 眞相을 알게 되었으므로 鸞英의 貞節을 의심치 않았다. 그러한 陰謀와 奸計가 소용돌이치는 가운네서 鸞英은 백현(伯顯)이라는 아들을 낳는다. 그러나 梅英은 皇帝의 愛妾인 柳侍郎의 누이까지 動員하여 갖은 手段을 다 써서 陳氏네로 비집고 들어가기까지는 한다. 그러나 修文은 어디까지나 鸞英만을 돌볼 뿐, 梅英·宋婆가 아무리 온갖 計巧를 다 써도 끄떡도 않았다. 梅英등의 陰謀로 修文와 鸞英 사이에는 자칫 금이 갈 번한 적이 있기는 하였으나 張婆의 忠告로 도리어 情다워졌고, 鸞英는 또 쌍동이 아들을 낳게 된다.

때마침 北匈努의 侵入으로 修文은 싸움터로 나가기를 自願하여 兵部尙書大元帥로 出征한다. 梅英과 宋婆, 千年花등은 이를 기화로 우선 陳丞相에게 忘心丹을 먹여 그의 判斷力을 무디게 하고서는, 趙生의 이름으로 鸞英에게 戀文을 보내게 하여 이번 쌍둥이가 趙生과의 관계에서 태어난 不貞의 씨앗이라 외쳐대었다. 精神이 흐려진 陳丞相은 그 말을 곧이듣고, 鸞英을 내어쫓고, 홧김에 쌍동이까지 목을 졸라 죽이려 들었다. 그 때 마침 老僧이 나타나 두 팔에 한아이씩 안고는 사라져 버렸다. 梅英은 내어쫓은 鸞英을 아주 죽여 없애려고 못된 아이들을 買收하나, 彩園大師에 의해 危機를 모면케 되고 도월암에서 쌍동이를 다시 만나게 된다. 그녀는 거기서 묵게 되지만, 늘 陳家에 두고 온 큰아들 伯顯을 그리며 눈물로 지새운다. 梅英과 宋婆는 鸞英은 필경 죽었으리라 하여, 남은 伯顯에게 온갖 迫害를 加하여서 뼈와 가죽만 남았지만, 一切 입을 다물고 말을 않았다.

그런데 出征한 修文은 싸우는 족족 이기고, 攻擊했다 하면 의례껏 陷落하여 大勝을 거두고 돌아오는 途中에 降仙庵 뒷산에서 玉函에 든 斬邪劍을 얻게 된다. 오랫만에 집에 돌아온 修文은 그리던 父母를 만나 반갑기 짝이 없었지만 파리해진 맏아들 伯顯을 볼 때마다, 그리고 鸞英과 쌍동이가 눈에 밟혀 견딜 수가 없어서 妻子를 찾아 修文은 定處없는 旅程에 오르게 된다. 그런 지 한달만에, 修文의 거문고소리를 알아들은 鸞英의 知音을 通해 修文은 쌍동이와 鸞英을 만나게 된다. 修文은 彩園大師에게 妻子 세 식구를 돌보아 달라 부탁하고 돌아가게 되는데 途中에서 千年花가 보낸 刺客에 의해 죽을 고비를 넘기게 되니, 꿈에 나타난 降仙庵 老僧의 指示대로 미리 斬邪劍을 몸에 지니고 埋伏하고 있었으므로, 이를 邀擊하여 千年花·青姑까지 모조리 버히고 만다. 青姑는 千年花의 스승이나 實은 잉어의 化身이었다.

집으로 돌아온 뒤 修文은 太子의 太傅가 되어 楚國公이 된다. 梅英은 마침내 朴侍郎의 아들 文春과 얼려 아이를 낳게 되자, 自願하여 陳門에서 물러나고 만다. 이미 忘心丹을 먹일 者가 없어지자 차츰 제 精神을 차리게 된 陳丞相은 自己가 한 짓을 뉘우치게 되고, 등에 난 등창도 아들의 孝誠으로 꿈에 받은 仙藥으로 낫게 된다.

修文은 梅英의 寢室에 있는 玉鸞을 찾아 내어, 趙生의 事件이 멀쩡한 거짓임을 알게 된다. 그리하여 도월암에 있던 鸞英과 쌍동이도 無事히 돌아와 修文一家에는 平安이 되찾아 오게 된다. 한편 모든 못된 짓이 다 暴露되자 梅英과 趙生은 함께 도망쳐 荊州刺使와 亂을 꾸미지만 修文에게 平定되고 마침내 그의 손에 죽고 만다. 이렇게 하여 修文은 끝내 一夫一妻를 지키고 온갖 富貴를 다 누리게 된다.

맨끝에 "陳門忠義錄을 보면 더 자세한 이야기가 있다"고 덧붙여 있다.

슈져옥난빙 권지일

화셜 대명 셩화 년간의 동화문 밧
긔 삼현촌의 일위명환이 이시니
셩은 진이오 명은 양이오 ᄌᆞ는 군현이
니 본ᄃᆡ 명문거족으로 고목세신이라
한죠 긔국공 신 젼담의 후예라 ᄯᅩᄒᆞᆫ
침묵 인후ᄒᆞ고 춍명 통달ᄒᆞ여 남
죠ᄉᆞ군ᄒᆞ미며 ᄉᆞᆯ이 누쟝셰오ᄅᆞ니 녕
양이 조야의 과우ᄒᆞ더니 현셰지구 춍
의ᄒᆞ시니 만죠공경이 츄앙ᄒᆞ더라
공이 금암의 간경과 왜 ᄌᆞᆼ 의 츙

슈져옥난빙 권지일 첫장

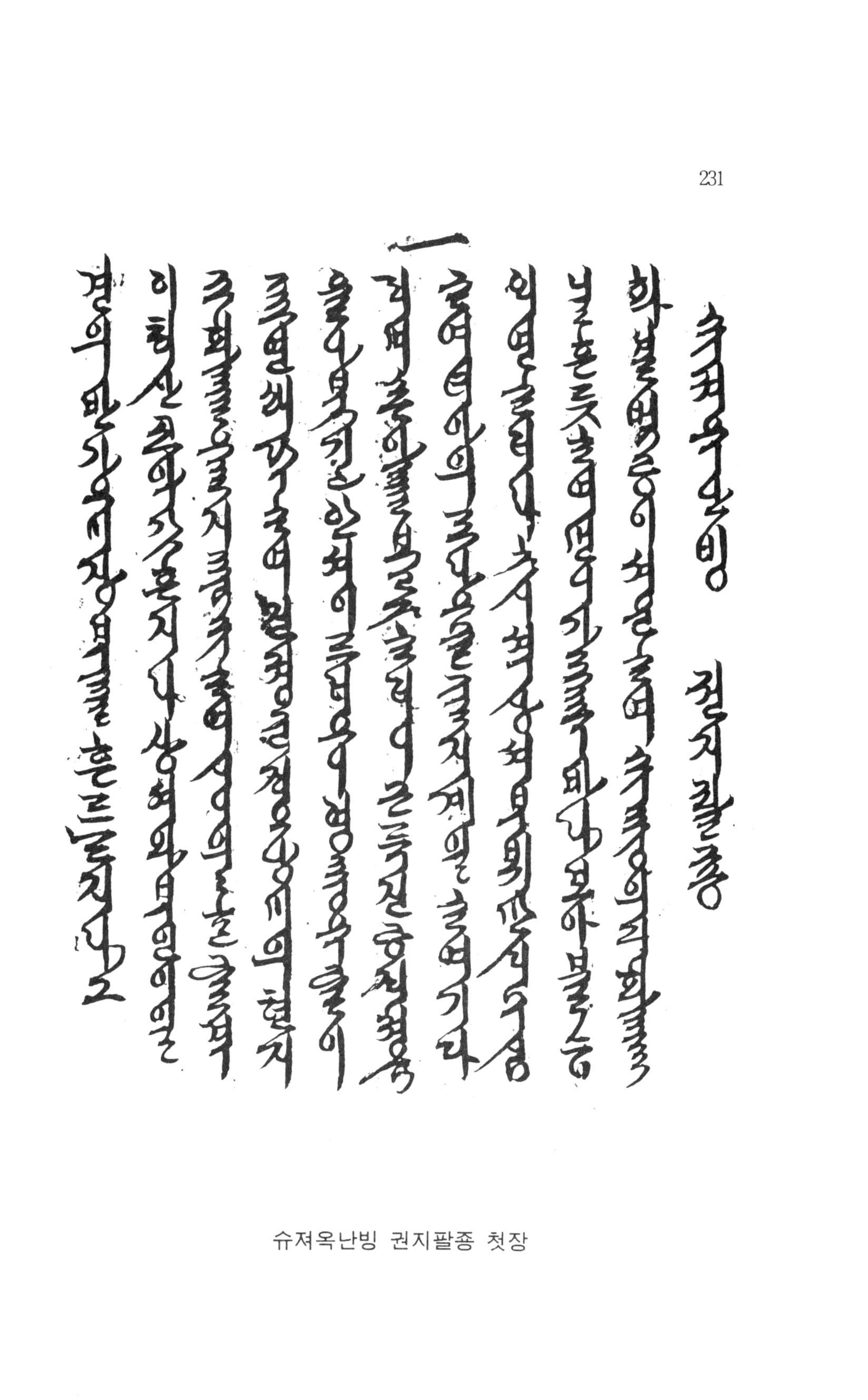

슈져옥난빙 권지팔죵

[illegible]

슈져옥난빙 권지팔종 첫장

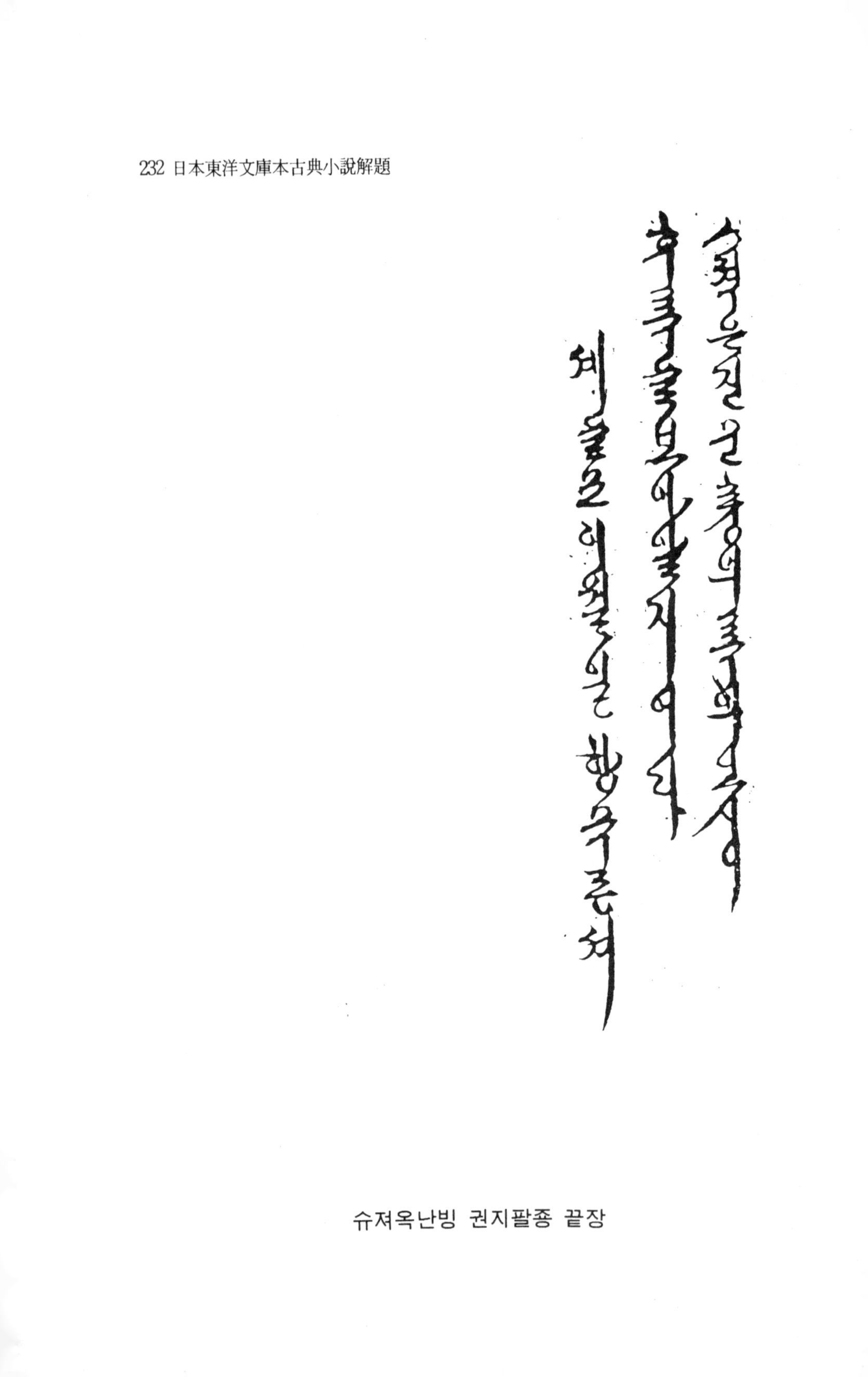

슈져옥난빙 권지팔종 끝장

35. 삼국지

1) 서지상황

Ⅶ-4-255 共69册, 青匣10, 筆寫本, 貰册

青匣 1 : 1~ 7册 : 20×22.7×10.7

青匣 2 : 8~14册 : 20×22.7×9.8

青匣 3 : 15~21册 : 20.3×22.5×9.45

青匣 4 : 22~28册 : 20×22.5×10.5

青匣 5 : 29~35册 : 20.2×23.2×10.5

青匣 6 : 36~42册 : 19.8×23.3×10.9

青匣 7 : 43~49册 : 19.5×23.5×11.45

青匣 8 : 50~56册 : 20×23.3×10.3

青匣 9 : 57~63册 : 19.4×23.3×9.7

青匣10 : 64~69册 : 19.4×23.3×8※10止

卷一 :

外表紙 : 19.5×22

內 : 17.2×22

글씨 : 15.2×18.5

每面 : 11行 15~17字

끝 : 30-B-4行

刊記 : 30-B-5行 셰신히(辛亥 1911?) 십일월일 향목동셔

※ 上段은 첫字가 끝에 닿을정도로 모련쳤고 下段은 餘白이 넉넉.

※ 치부종이

卷二 :

끝 : 30-B

刊記 : 30-B 셰신히 십일월 일 향목동셔

卷三 :

끝 : 30-A-10行

※ 漢詩(韓愈, 錢起, 楊巨源 등). 뒤는 四家詩베낀것

刊記 : 30-A-11行 셰신히 십일월 일 향목동셔

卷四 :

끝 : 29-B-10行 ※ 치부종이

刊記 : 29-B-11行 셰신히 십일월 일 향목동셔

卷五 :

끝 : 30-A-10行

刊記 : 30-A-11行 셰신히 십일월 일 향목동셔 ※치부종이

卷六 :

끝 : 30-B-6行

刊記 : 30-B-7行 셰신히 십일월 일 향목동셔 ※치부종이

※1~6卷 같은 글씨 A 글씨

卷七 :

끝 : 30-A

刊記 : 30-A 셰 납월 일 향목동셔 ※치부종이

※ 같은 辛亥가 아닌지?

卷八:

끝 : 32-A-7行

刊記 : 32-A-8行 셰신희 납월 일 향목동셔

卷九 :

끝 : 31-B-1行

刊記 : 31-B-2行 셰신희 납월 일 향목동셔

卷十 :

끝 : 30-A-6行

刊記 : 30-A-7行 셰신희 납월 일 향목동셔

※ 7~10卷까지는 같은 글씨 C 글씨

卷十一 :

끝 : 30-B-7行

刊記 : 30-B-8行 셰신희 구월 일 향목동셔 A 글씨

卷十二 :

끝 : 30-B-2行

刊記 : 30-B-3行 셰신구 납월 일 향목동셔 C 글씨

卷十三 :

끝 : 30-A-11行

刊記 : 30-B-1行 셰신희 구월 일 향목동셔 A 글씨

卷十四 :

끝 : 30-B-7行

刊記 : 30-B-8行 셰신희 구월 일 향목동셔

卷十五 :

끝 : 30-B-5行

刊記 : 30-B-6行 셰신희 십이월 일 향목동셔

卷十六 :

끝　　: 30-B-2行

刊記　: 30-B-3行 셰신히 십이월 일 향목동셔

卷十七 :

끝　　: 30-B-3行

刊記　: 30-B-4行 셰신히 십일월 일 향목동셔

卷十八 :

끝　　: 30-B-4行

刊記　: 30-B-5行 셰신히 십일월 일 향목동셔

卷十九 :

끝　　: 30-B-9行

刊記　: 30-B-10行 셰신히 구월 일 향목동셔

卷二十 :

끝　　: 30-B-2行

刊記　: 30-B-3行 셰신히 구월 일 향목동셔

卷二十一 :

끝　　: 31-A-4行

刊記　: 31-A-5行 셰신히 구월 일 향목동셔

※ 13~21卷까지는 같은 A 글씨

卷二十二 :

끝　　: 30-B ※未完

刊記　: 없음. ※ 낡아서 검고 黃褐色 딴글씨

卷二十三 :

끝　: 33-A-10行

刊記　: 33-A-11行 셰임ᄌ(壬子 1912) 삼월 일 향목동셔

卷二十四 :

끝　: 33-B-11行

刊記　: 33-B-12行 셰님ᄌ 삼월 일 향목동셔

卷二十五 :

끝　: 34-B-8行

刊記　: 34-B-9行 셰임ᄌ삼월 일 향목동셔

卷二十六 :

끝　: 33-A-7行

刊記　: 33-A-8行 셰님ᄌ 삼월 일 향목동셔

卷二十七 :

끝　: 30-A-4行

刊記　: 30-A-5行 셰님ᄌ 사월 일 향목동셔

卷二十八 :

끝　: 32-B-2行

刊記　: 32-B-3行 셰임자 사월 일 향목동셔

※ 卷 23~28의 1~26장까지는 C 글씨

卷 28의 27~32장 -B까지는 A 글씨

卷二十九 :

끝　: 33-A-8行

刊記　: 33-A-9行 셰임자 사월 일 향목동셔

卷三十 :

끝　　: 30-B-5行

刊記　: 30-B-6行 셰임자 사월 일 향목동셔

卷三十一 :

끝　　: 30-B-4行

刊記　: 30-B-5行 셰임자 칠월 일 향목동셔

卷三十二 :

끝　　: 31-A-11行 ※未完

刊記　: 없음

※ 권22와 같은 딴글씨, 낡고 검고 黃褐色 때묻고 낡음.

卷三十三 :

끝　　: 30-B-6行

刊記　: 30-A-7行 셰임자 칠월 일 향목동셔

※ 깨끗한 종이

卷三十四 :

끝　　: 30-B-4行

刊記　: 30-B-5行 셰임자 팔월 일 향목동셔

卷三十五 :

끝　　: 30-A-10行

刊記　: 30-A-11行 셰임자 팔월 일 향목동셔

※ 30-B 끝에 大正二年 己癸(癸巳의 誤記) 一月 二十七日이라 쓰여 있음.

卷三十六 :

끝　　: 30-B-6行

刊記　: 30-B-7行 셰임자 팔월 일 향목동셔

卷三十七 :

끝　: 30-B-4行

刊記　: 30-B-5行 셰임자 팔월 일 향목동셔

卷三十八 :

끝　: 30-A-7行

刊記　: 30-A-8行 셰임자 팔월 일 향목동셔

卷三十九 :

끝　: 30-B-3行

刊記　: 30-B-4行 셰임자 팔월 일 향목동셔

※ 卷 二十九~三十九까지 A 글씨

卷四十 :

끝　: 31-B-7行

刊記　: 31-B-8行 셰무슐(戊戌1898) 지월 일 향목동필셔

※ 卷 22, 卷32와 같은 글씨로 낡고 검고 더러움.

卷四十一 :

끝　: 33-B

刊記　: 33-B 셰경자(庚子 1900) 팔월 일 셔

※ 첫장은 22卷, 32卷, 40卷과 같은 글씨 33-B 또한 첫장과 같은 글씨

卷四十二 :

끝　: 32-A-10行

刊記　: 32-A-11行 셰임인(壬寅 1902) 뉵월 일 향목동필셔

※ 卷 22, 32, 40과 같은 글씨로 낡고 검고 더러움.

卷四十三 :

끝　　: 33-B-3行

刊記　: 33-B-3行 셰긔히(己亥 1899) 중츄 향목동필셔

※ 1~13-B까지 22,32,40,42卷과 같은 글씨

※ 14-A・B 딴글씨 15-A・B 美麗한 細筆. 16A. B 딴글씨 17-A~끝까지 1~13-B까지와 같은 글씨

※ 33-B-4~10行은 딴 이야기 쓰다 만것.

※ 黃褐色이고 때묻고 지저분함.

※ 外表紙(黃) : 17.7×23.2

卷四十四 :

外表紙 : 18.5×23

끝　　: 32-B-7行

刊記　: 32-B-8行 셰임인(壬寅 1902) 뉵월 일 향목동필셔

※ 黃褐色으로 낡고 더러움.

卷四十五 :

끝　　: 35-B-6行

刊記　: 35-B-7行 셰임인 뉵월 일 향목동필셔

卷四十六 :

外表紙 : 17.8×23.2

※ 끝 : 33-A-11行 未完

刊記　: 없음 찢어져나가 뒷장에 풀로 붙였음

※ 卷 44, 45, 同一 筆跡 卷46의 첫장도 同一 筆跡

卷 46-2-A~11-A 또 다른 필적.

卷 46-30-A・B 딴 필적, 31-A또 딴 필적.

※ 黃褐色으로 낡고 지저분함.

卷四十七 :

끝 : 39-B-10行

刊記 : 없음 붙여 버렸음.

※ 黃褐色으로 낡고 더러움.

1~4-A · B, 8-A~30-B까지는 같은 아름다운 글씨

5-A~7-B 딴 글씨

卷四十八 :

※ 47卷 첫 部分과 같은 필적

끝 : 32-B-8行

刊記 : 32-B-9行 셰임인 칠월 향목동셔

卷四十九 :

外表紙(黃) : 18.8×22.9

끝 : 33-B-10行

刊記 : 33-B-11行 셰경자(庚子 1900) 윤팔월 일 향목동즁슈

※ 1-A · B는 47卷 첫 部分과 같은 아름다운 글씨

2-A~끝 33-B-9行까지는 46卷-2-A~11-A 똑같은 글씨

卷五十 :

끝 : 33-B-8行

刊記 : 없음 붙여버렸음.

※ 가장 낡고 黃褐色 누릉갱이 빛깔.

※ 49卷의 2-A~끝까지와 같은 필적.

卷五十一 :

끝 : 31-B-9行

刊記 : 31-B-10行 셰임인 칠월 일 향목동필셔

※ 卷 43과 同一 필적

卷五十二 :

外表紙(黃) : 17.5×22.9

끝 : 30-B-4行

刊記 : 없음 딱붙여 버렸음.

※ 卷 43, 51과 同一 筆跡

卷五十三 :

끝 : 30-B-4行

刊記 : 30-B-5行 셰임인 칠월 일 셔(地名無)

※ 卷51과 同一筆跡

卷五十四 :

外表紙 : 17.7×22.9

끝 : 32-B-3行

刊記 : 32-B-5行 쯤에 셰임인 칠월 일 향목동셔

4行 딱붙여서 "라" 字만 보임.

※ 11~13장만 딴 글씨, 53卷과 同一筆跡

卷五十五 :

外表紙(黃) : 19.2×22.8

끝 : 32-B-5行

刊記 : 32-B-6行 셰신히 삼월 일 향목동셔

※ 周易 뒤집은 종이

※ 한사람의 필치나 잘 쓴 글씨가 아니라 欄위에 펜으로 "참 명필 이로다"하고 역시 拙筆로 어기적거리고 있음.

卷五十六 :

끝 : 34-A-10行

刊記 : 35-A-11行 셰신츅(辛丑 1901) 납월 일향목동셔

※ 작은 題目이 가리워져서 안 보임.

※ 達筆

卷五十七 :

外表紙 : 17.8×23 ※卷 57,58,59 같음.

끝 : 32-B-12行 ※ 다른面은 11行

刊記 : 없음.

卷五十八 :

끝 : 33-B-4行

刊記 : 33-B-5行 셰경자(庚子 1900) 눈팔월 일 향목동셔

卷五十九 :

끝 : 37-B-6行

刊記 : 37-B-7行 셰경자 구월 일 향목동셔

卷六十 :

外表紙 : 19×23.1 ※卷 六十, 六十一 같음.

끝 : 32-B-11行

刊記 : 없음.

卷六十一 :

끝 : 34-A-6行

刊記 : 34-A-7行 셰임인 지월 일 향목동셔

卷六十二 :

外表紙 : 18.5×22.9 ※卷六十二, 六十三 같음.

끝 : 33-10行

刊記 : 없음.

卷六十三：

끝　　：33-A-10行

刊記　：셰임인 십월일 향목동필

卷六十四：

外表紙(黃)：18.9×22.9

끝　　　　：32-A-6行

刊記　　　：32-A-7行 셰임인 지월일 향목동필셔

※ 1-A 작은 제목 흰종이로 붙여버려서 안보임.

卷六十五：

外表紙：18.5×22.9

끝　　：31-A-8行

刊記　：31-A-9行 셰임인 칠월일 셔

※ 치부종이

卷六十六：

끝　　：34-B-11行

刊記　：없음.

卷六十七：

外表紙(黃)：18.8×22.9

끝　　　　：35-B-7行

刊記　　　：35-B-8行 셰임인 지월일 필셔(地名없음)

卷六十八：

끝　　：29-A-9行

刊記　：29-A-11行 셰임인 지월일 향목동셔

卷六十九:

外表紙(黃) : 18.9×23

끝 : 29-B-9行

刊記 : 29-B-10行 셰임인 지월 일 향목동셔

※ 9匣, 10匣 즉 卷 57~卷 69까지는 同一筆跡

2) 줄거리

劉備·張飛·關羽의 세사람이 兄弟의 義를 맺어 白馬와 黑牛를 잡아 天地에 祭祀 지내고 같은 해 같은 날 죽자고 맹서할 때로부터 시작하여 司馬炎이 三國을 統一하여 秦나라 皇帝가 되기까지의 三國의 興亡을 그린 小說이다. 처음에는 小題目을 漢字의 音으로만 적고 있다. 69卷中에는 더러 册을 다시 裝幀하느라고 풀로 붙여서 안보이는 데가 있다.

삼국지 권지일
연도원호걸삼결의 참황건영웅입공
화셜 텬하 대세 합ᄒᆞ지 오ᄅᆞ면 반ᄃᆞ시 ᄂᆞᆫ호
이고 ᄂᆞᆫ호지 오ᄅᆞ면 반ᄃᆞ시 합ᄒᆞᄂᆞ니 쥬나라
ᄆᆞᆯ년의 칠국이 분정ᄒᆞ다가 병ᄒᆞ야 진을
멸ᄒᆞ니 진나라히 멸ᄒᆞᆫ 후의 초한이 분정ᄒᆞ야
ᄯᅩ 한나라 고조 황뎨 ᄇᆡᆨᄉᆞ를 버히고 긔의ᄒᆞ야 텬하를
혼일ᄒᆞ엿더니 분ᄒᆞ야 상젼ᄒᆞ다가 광무황뎨
즁흥ᄒᆞ신 헌뎨 시졀의 니ᄅᆞ러 텬하 삼분ᄒᆞ니
그 란이 니러나ᄆᆞᆯ 밀위여 보니 환뎨 영뎨 두
ᄯᅢ 환뎨 ᄂᆞᆫ 어진 션ᄇᆡ를 금고ᄒᆞ고 환관

삼국지 권지일 첫장

삼국지 권지뉵십구 죵

[illegible]

삼국지 권지뉵십구종 첫장

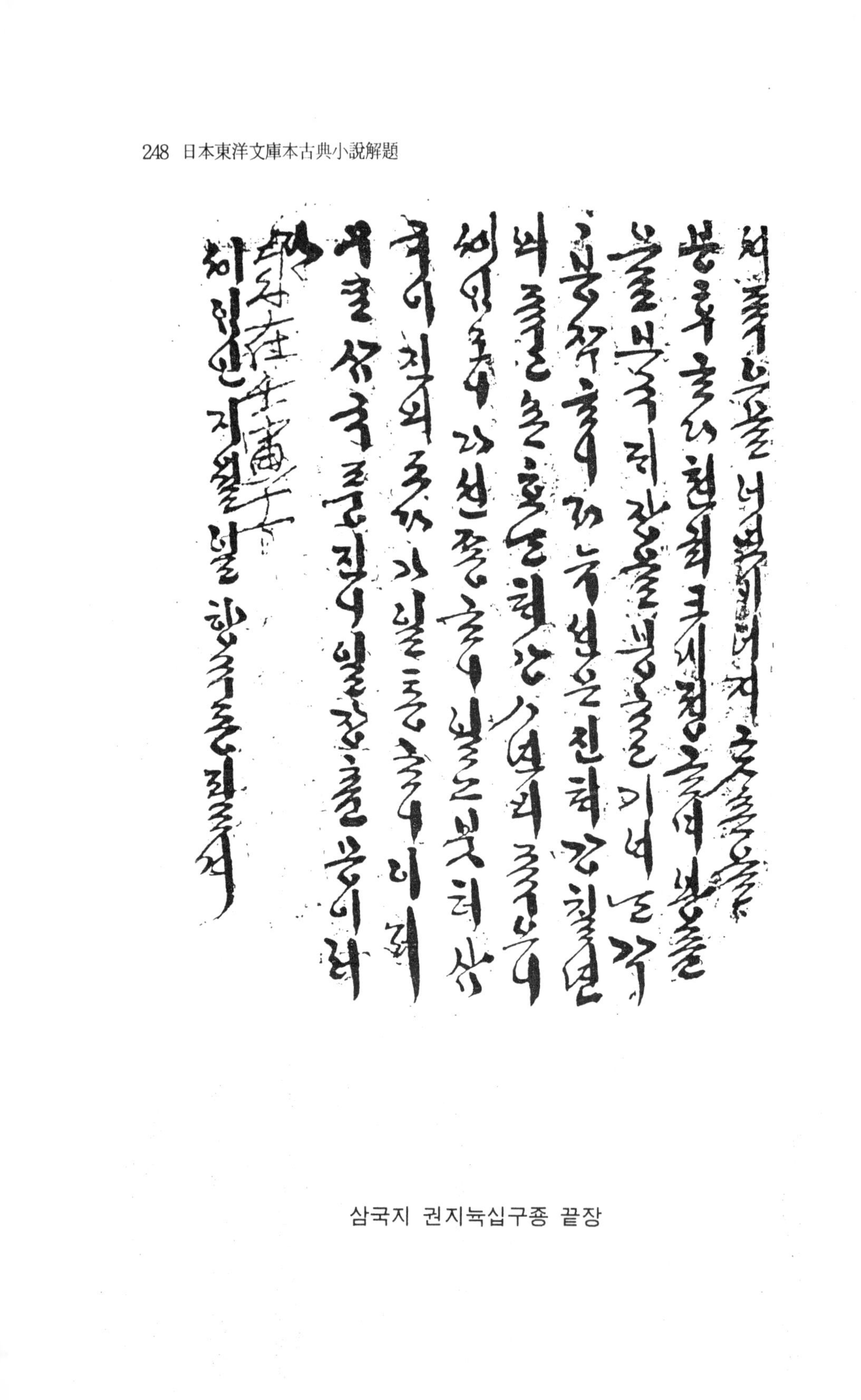

삼국지 권지뉵십구죵 끝장

36. 九雲夢

Ⅶ－4－214

漢文本 六卷

木板本 三册(한지) 黃色능화 紋 表紙 紅色線裝

칼끝이 날카롭고 글자가 네모안에 안들어가고 가끔 들쑥날쑥함.

一册

卷之一：

蓮花峯大開法宇 眞上人幻生揚家

20張裏 19字줄에 去年取地路

而去 未見其勝槩今行當不落莫矣

外　：18.1×27.5

內　：17×27.5

內廓：15.2×18.5 10行(줄 있음) 20字

卷之二：

揚千里酒樓擢桂 桂蟾月鴛被薦賢

18장

15.2×19.6

끝　：32張裏 5行 19字

翰林憑欄送之以夜爲期 美人不答 倏然而逝矣

二册

卷之三：

賈春雲爲仙爲鬼 狄鷩鴻乍陰乍陽

外　：17.9×27.5

內　：16.5×27.5
內廓：15×18.6
첫장表 10行中 第1行에만 줄

裏	無線
2장 3～6	無
7～8	有
9～10	無
11～12	有
13	無
14～16	有
17～18	無
19～20	有
21～22	無
23～24	有
25～28	無
29～30	有
32～34	無

34裏 4行 10字로 끝
武懼敵 想有神人 來助矣
나머지는 칸 고르지 않은 넓은 넉줄만
31～34장에는 10줄, 有線

卷之四：

白龍潭楊郞破陰兵 洞庭湖龍君宴嬌客
內　：15.8×27.5
內廓：14.6×19.3
10行 20字 有線

23장은 缺이나 문장은 이어짐.

끝장은 4장으로 되어 있고 다음장 表4行 2字로 끝남(愛也).

三册

卷之五：

外　：17.9×27.5

內　：16.3×27.5

內廓：15.2×19

10行 有線

楊少遊夢遊天門 賈春雲巧傳玉語

2장：22字, 23字

끝 27장 裏 5行 19字

云 杜鍊師入蜀三十年 尙未歸矣 柳夫人甚恨焉

卷之六：

樂遊園會獵鬪春色 油碧車詔搖古風光

10行 20字로 시작, 가운데 紋様은 전혀 없음.

10張裏 1行 21字

끝장 34張裏 8行 17字로 끝

菩薩大得畢竟皆歸於極樂世界 嗚呼異哉

10行 끝줄에 崇禎三度癸亥(1803).

(油璧車：아낙네가 타는 수레. 수레를 기름과 옻으로 꾸몄으므로 이렇게 부름.)

資料

折花奇談

비쇼긔

折花奇談序

酒色財氣卽士君子之所難也或有盜飮甕
間之吏部或有醉眠市上之學士或有偸香
之韓壽或有媒葉之于佑有一費萬錢之相
有一擲百金之卿有死不悔之荊卿有骨猶
香之聶政此皆因其嗜慾之所萌而且是豪
尚之所由成也自古以來英豪貴賤莫不由
於四垣之中有殺其身不悔者有亡其家不
顧者以逞一時之慾事反無聞焉與古之人
不可同日語矣奇聞异覌終古何限而若所

楊素之風流乎使梅作洛水步月之姬則吾友亦有子建之才儀乎春猶不借至于夏而能遂其願則此梅之飄殘可知井邊一面如隔弱水屋裡相見如夢初惺前而倏忽後而冷落事始借於十逢九遇之後今以後始信天緣之所在惜乎莫如痛斷於未遇之前然猶幸自絶於一見之後也

南華散人識

情有不可知者事有不可測者不可知而有不可忘不可終者不可測而有不可究不可

盡者是故情出乎緣事出乎機無緣情何由生無機事何從起乎機有微而後事作緣有萠而後情動其動於機作於緣者亦莫非人之所由生也是以禍福無門惟人所召然則好悪是非莫不〻由於人利害苦樂亦莫不不由於人故黃金白璧適足爲喪命之祟富貴功名適足爲滅名之窠因牛飲之醉而失邦因狐媚之色而焚身喪其命滅其名失于邦焚乎身者不知其漸之所由而浸〻然自歸於無何之境也自歸於無何之境而尤不

折花奇談 三

能蔑禁操妄者、即尤物也、及其萬丈慾火際
乎天地之間、千層洪濤汎濫方寸之内、勢如
累卵、而不知其危亡之接踵、急如燃眉、而不
知其禍綱之壓頭、仁智勇畧迥出一世之上
而亦莫能返轍復路、終須入於向所謂浸浸
之境而後已、可不懼哉、折花奇談、即余丁年
所由閱歷者也、叙其事、記其實、不過閒中翫
覽之資、而文不聯脉、事多間空、質諸吾友南
華子、南華子改叙篇次、又從以潤色之、雖吾
親履之事、而其腐心相思、斷腸難忘之情句

句活動字ゝ焵結或有掩卷太息之處或有心痒眼酸之句一期二違二約三失如兒弄揄如天指導今以後方知色之所媚人之易惑也且序文之勗予心者多矣自今以往改圖革舊反非入是者莫非吾友賜也

石泉主人自序

苐一回

李家媼媒結朱陳緣

方氏鴦打破陽臺夢

南華子曰上下六篇三題見面者爲九有

折花奇談　四

約不偕者為六、假夢者為一、真夢者為一、真心相思假夢相接假心自絶、真夢忽圓先有意而自媒於嫗後有意而自絶於嫗以一李生而有自媒自絶之文、先有心而納媒於生後無情而峻斥於生、以一老嫗而有納媒峻斥之文、李生之無心酬酢鶯婢之有意含嬌、有一真一假一進一退之文而老嫗則認假為真以虛為實、虛實真假在在伏線、遙遙補綴、不自絶、而使之自絶者鶯也、痛自絶而亦能自絶者生也

南華子曰梅之一見以生自媒梅之再見又以生自媒自媒而遭逢之相對嫗之一期為真期生之一失為真失一夢而似真非真之見而似夢非夢之果真而覺來有長相思長歎息之文真見而有酥骨蕩搖玉膚潤滑之句前後中終間之相對逢之相連銀珮同是佩也同是銀也有自小奴自負之心又有自小奴還推之事又有老嫗袖來之喜又為李生贄見之幣先有得失後有授受一佩之為一緣一奴之為再

媒一嫗之爲三媒一生之爲一得一矣二
得三傳而後始爲會合場信物者豈偶然
也哉物有々意之信物期有々信之佳期
曰一難二難三難曰一見二見三見嫗之
難乎云難者非眞難而乃假難々爲言也
生之見乎見云者乃眞見而眞見之中亦
多難見難忘之情也哉

壬子年間有李生者僑居于帽洞生得俊雅風
彩卓异頗解詩文亦一代之才子也不事家産
旅食于隣居李々亦閥閱人也邨家有一坐石

井朝暮井前一洞又鬟無不聚會汲水一庭物色頗有可觀焉有一箇佳人名曰舜梅年方十七顏不藻飾而千態無欠身不粧束而百媚俱生其若柳腰裊頰櫻唇鴉鬟真絶世之秀色見爲方氏又鬟適人加髢者已有年矣李生一見其容魂飛意蕩不能定情然蓬山如隔萬重謾吟高唐之賦難媒陽台之夢悟焉思服悄然銷懷一日蒼頭以一隻畫竹銀珮來告曰此即方婢衿纓中物也小僕擢典此物伏願相公替藏篋笥李生暗自歡喜曰佳人佳物不期入手我

者邂逅之約，從此有可階之望矣。一日那梅身穿着淡裳輕裙，頭戴小盆，手提轆轤，搖〻飄〻来到井邊于斯時也，情愈難禁，李生以言戲挑次出銀佩，示之，曰是誰之玩耶。舜梅驚且問曰此即小婢愛玩之物也，曾已質典小奴，胡爲乎落在相公之手乎。李生笑曰苟若汝物則吾當還爾否。舜梅正色對曰既乎質焉則豈有無文還原之理乎。李生情不自禁，仍言曰不期一佩已結芳緣，人生譬如水中漚，草上露，青春難再樂事無常，幸無慳一夜之期，得遂三生之願如

何邦女含笑不答汲水飄然而去。生悯然無聊一日李生與隣友賭飲于李家、原来李家有一老嫗好事而利口賣人場中自来老熟手段、酒至数巡、李生從容謂曰方氏乂鬟嫗其知之、為我紹介若得一宵之縁、則必重報毋矣。老嫗對曰雖哉是女、有自貞之節、非老身之鈍辞、強辯所可誘也。漢江之氷何日得堅頗無以無益之説徒費心懐也、李生勸解甚勤而老嫗之心去益難回。生悵然帰来獨倚欄頭忽聞跫音、自远而近。婢、媚形態果是意中之人也。燕嬾鶯慵直

折花奇談 一 七

向井邊生欢天喜地、動問殷勤、舜梅一笑不答飄然汲水而去。此時正當春夏之月也、井梧陰濃、盆榴花爛、燕語鶯聲、如助愁人、一層之思。遂吟一絕以暢心懷詩曰

一樹梅花春欲闌、有情人倚玉欄干。尋香戲蝶還飛去、夢斷羅浮月影團

把筆題罷、詠過一篇、瑞墨斑斑、寫盡滿腔情思、只切有意莫遂之歎、終宵耿耿。昧爽攬衣而坐忽聞囱外有琅然聲音、驚起視之、即李家酒嫗生曰早来訪問慰感良深、昨日之言果能記諸

心頭乎嫗曰老身何惛一言報答相公殷勤之情而此事有三難梅女之賦性愷潔身賤心貴不可奪志者一難也有母翁曰于鴦嗜酒貪色善小惡多梅女之進退儔張專在於此女梅可說鴦不可說此二難也有同舍婢福連淫佚善辯善伺人之動靜言未多而事及覺則為害於老身者多矣此三難矣然三難之中有一不難之事語曰六字孔方多焉多則美酒焉鉗制鴦口物色焉啗利蓮心從中用事庶乎其十止一二可得也以東谷方進賜之豪富以廟洞李相

13

公之風流頗媒梅婢者屢矣老身隨口隨應未曾献一策謀一計然知相公爲真實君子人也今使若干青銅以付老身則請爲相公試之。生曰此誠不難嫗其力各即探撥揄葉窃々付囑而去。過数日老嫗復来動問曰梅婢之銀佩覔在相公云然乎。生曰然。老嫗何由聞之嫗曰梅女有得銅還原之意故知之矣。李生曰我欲一佩要媒一見嫗其爲我去試一試。嫗因頷可而辞去。生心切自負自以爲佳期之必偕後数日蒼頭忽来覔銀佩生心猶趑趄不能措一語悵

然出付只恨老嫗之無信。是夜点燭獨坐思想
益切遥望倒索青鳥不来回首藍田玉杵無跡
欠伸嗟歎從倚绳床忽有婢娟佳人琅璫進来
啓丹唇吐香語曰妾乃卑賤之女郎君何奈自
惱之甚耶生欢甚喜極執手相歎仍說破相思
情事随即解去搯裙斜偎鴦枕脉脉相看有情
難盡生即之戲焉一叩不應再嗖不来忽欠身
驚覺則乃南柯一夢也。曉雞催唱孤燈明滅窃
窕儀形宛在目前欲忘難忘不思自思仍展雪
戕握霜毫題一捻紅一闋詞曰

長相思長歎息恨鎖寂寞春洛水巫山何處
燈前斷腸人相思揔成虛夢裡相思揔成
虛夢覺淚如雨淚盡愁對星月間〻踈
生自是之後一身萬念都係着那女度一日如
三秋嗟歎佳期之婉晚過旬有餘日老嫗来訪
生喜甚與之茶罷生曰嫗其不辭爲柯人之勞
而一去無聞若過數日則其將訪我于枯魚之
肆嫗之此来果有眞傳消息耶嫗曰老身敢不
力焉而自有掣碍尚甬還就使郎君貴體致有
虧損歉悚無已曩日銀佩之還推不由於老身

嫌其有違蹊徑使之結者解之、欲其遠嫌於他
而無得探我故也今者梅女有緊需所費更以
銀佩為質請債、故、老身今茲袖來伏願相公從
願特許、無失一見之媒也。生翫弄銀佩猶自愛
惜不已、即以青蚨若干、付諸老嫗、曰不敢典物
為債、而留佩、其意有在畢竟事、不落空、則幸矣
嫗應諾而去。生收拾佩物藏諸篋笥、以待老嫗
之回。後數日老嫗更來、笑且言曰、事將偕矣。人
之所願、天必從之。老身動動唇舌、利害多説、則
那女得聞相公前後殷勤之情、欣然許之、可知

折花奇談 十

天緣之在此、當以某日乘昏老身當奉邀相公相公惟當屈指以待也。生喜不自勝、即以一大巵奉酒、爲賀老媼辭去。生自是渴望老媼之請邀矣、一日、生有事詣外朝出信宿而還老媼路迎相謂、曰可惜可歎昨夕梅女乘間來訪故隨即來邀相公、則相公業已出他、一誤良緣可惜可惜。梅婢與老身賭飲數觥、剪燭款情、空費一夜使雲雨深盟、元央好夢竟歸於虛套、豈不可惜哉。生聞言心神怳惚、若墜淵崖、近前謝媼曰閱日勤意竟至於摸鮮捉影、今焉追思徒傷情

懷自今之訃、惟在再嘗之期、嫗其力焉、無使心焦意燥也、嫗領諾而去、光陰如流、九秋已盡、仲冬又屆、朔風瑟〻凍雪霏〻、正值月晦之夕也、生倚欄遠望、悄然銷懷、忽老嫗近前附耳曰、梅娌已在老身之所、竚待相公者久矣、生喜極如狂、出門尾嫗而去、時當初更之候也、囱攏寂寞孤灯焆滅、生五步作三步、忙〻進前、啓户相見歡喜可掬、抱住、雙手摟定裙裳曰、梅兮梅兮何其無情之至斯乎、吾之愁腸寸斷、思心屢灰、幸不致妖廟之火、只爲今日之一見、而天借便隙

折花奇談 十二

人得遂願雖死今時猶不爲恨。老嫗之一端喜
說頓開我霧心雲懷君瓊漿之沃肺金篦之刮
膜許多日許多之情不可以言語說盡也。舜梅
歛袵對曰郎君之眷戀不忘妾亦知之雖鐵腸
木心豈無感動乎心哉然郎君自有婦賤妾亦
有夫羅敷自靖之節恨不相守文君自媒之行
固所甘心以思切未及見之郎君猶且嘖罵而
遠之妾顧何敢忍顔納媚於相公而妾以菲薄
之資猥蒙相公之眷愛萬端勤意一向難孤罷
勉從順有此靜女之俟實多涉溱之嫌也。遂與

之盡情相款。老嫗備進酒饌生飲了數觥紅潮微上春風滿面生戲謂梅曰一佩銀玩先自蒼頭後送老嫗或不期而自至或營求而更来先後遲速都做出一宵芳緣想是此物故為甬贄見之禮今吾相見當作吾送幣之物則豈不好哉生即於囊中探出銀佩〻諸衿前一玩再翫喜笑琅〻梅曰郎君之勤意不可孤焉故敢此乘間来蹈是期然如臨深淵如坐針氈心如中鉤之魚身若驚彈之鳥小須臾不敢弛情放心捍夫姑未出家見今充為丞相府差其行止能

泛鍾無拘若鍾尋到此、禍將不測、莫如趂早帰家以謀再期、恐涉無妨也。生曰汝既到此如此良夜不可虛度、雖有許多難事、自有老嫗方便汝勿憂疑、更進數盃、以暢樂事、因解去裙帶、弄手探戲、酥胸蕩漾、不定玉膚潤滑難試一進一退搏弄淂千般萬回、烏雲乍歪、粉臉暫燦、陽臺巨梦正在頃刻、須臾之間、忽有一人剝啄叩門大聲呼曰梅乎安在、空不知佳期如何、且看下文分解

第二回

雙鶯打破兩遭梦

一鶯媒瀉三盃酒

南華子曰以梅而有自踐之約以嫗而有自生之招以生而有待梅々且至矣以梅而有待生々且至矣上下相照前後相對以梅而有典佩之緣以生而有贈佩之約有青天白天難々又難々之說又有灞橋庾嶺梅々又梅々之說上元佳節之約自梅而說且丁々寧々冷節清明之期自嫗而說是明々白々嫗之病梅之病或先或

後老嫗之忽焉中道而拒絶李生之猶且見訪於既絶曰三難之計反成遠交近攻之策曰一梅之緣忽提意表言外之人生之信也固信士也嫗之試生固智囊也以生而無心乎鸞以鸞而有意於生以嫗則有意無意有心無心正所謂落花有意隨流水流水無情戀落花者也

那時呼門之人非是別人乃梅之母氏于鸞也舜梅驚起推門而出于鸞面前責曰爾夫今纔還家爾且不在問諸前隣後屋杳無踪響今吾

推尋到此、汝須火速帰去也。舜梅低聲對曰老嫗爲我蒸糕留連、甚勤權此小遅、望叔毋無訪也相與聯袂而飛也、似進去老嫗倉黄喘急、自内跳出曰郎君郎君事已至此、亦将奈何、鴦婢慧黠者也疑房中有人而未之究焉或慮見事之遅也今若慫恿厥夫唐突來索則禍事出矣相公急速隱避以防不虞也生正値佳期之中散方癡呆半晌坐如木偶泥塑及聞老嫗之言又加一層禍色步出庭前、街鼓三傳、星斗交輝冒犯金吾、尾嫗出門、緣屋循墻輕歩至窓西門

猶不閔矣進至中堂明燭危坐念及俄間事端恍如一場夢寐未及見而思益切已之見喜極怨焉散而憂愁之外又有危怖之情身蹈虎穴自犯夜禁思之及此還不覺凛然從此好約便成浮雲強自寬懷置諸忘域而亦不可得也仍出文房四友拈出四韻一首以寓相思之情其

詩曰

相逢密密訴真衷一別快快似斷弦有意欲成連理樹多情難作並頭蓮休言容易棄中約虛負殷勤月下緣怊悵可憐相思處愁人

依舊令嬋娟。

生題畢偃臥床褥之上、掩睫則梅娉輒在眼前、山情海意未酬萬一、猶自口頭咄咄作歎如是挨過數日、一日往問老嫗、老嫗迎謂曰曩日之事危機甚、多幸而不露、俄見梅娉、則願邀相公一面、故、老身正要往拜相公、相公不請自至可謂見機而作也。今小留坐老身當走喎梅娉矣。仍即趍往、生獨倚囱攏延望久之、俄而有曳履之聲、自遠而漸近、臨戶啓笑、軒然進來、身着半新不旧之綠紬小衫、腰繫軟藍裙子、天然資

質一層更媚生眈〻不能相捨仍備述日前危
境梅曰同舍諸人無不見疑以月晦故食糕爲
托善辞彌縫矣今日相見恐不無耳目之煩暫
相會面欲叙曩日驚散之由而一〻致委曲之情
也今月念之一日即主家忌辰那夕當乘隙出
来郎君慎勿相負先来待妾于此也生亦再三
丁寧恋〻相別生辞嫗到家屈指待期及期而
往見酒嫗則酒嫗笑曰甚矣梅女之難也蜀道
之難〻於上青天今者梅女之難〻於上白天
也生驚曰何謂也嫗曰老身今自梅所而来矣

那夫乘醉到家使氣狂揚梅女以目送之今夕
之約又不偕矣亦將奈何生歎息欷歔而返一
日生坐倚欄頭與容對話老嫗㬫過欄前目視
而去生會其意隨即正衣冠直抵嫗家梅女已
在房中待之久矣進前執手歎息謂曰爾是何
搽物也能割盡丈夫之肝腸乎有約不來不如
不相見不相約之爲愈也爾是何搽物何等人
也其將使我去作北邙之魂耶其將使我去作
黃壤飮恨之人乎萬斛塵渴已生膏中千層火
焰已燒心肺除非爾起死回生之術無有更起

折花奇談　十六

爲人之日甭其憐之悲之舜梅動容對曰以妾思郎君之心亦知郎君戀妾之心也妾雖賤流亦有人性非不知郎君眷戀之情而一身之不得自由勢所然也蒲柳之質配茲伹噲雖暫爲歡每切賦命之歎一自見爱郎君之後惟有事齊之誠頓無事楚之心遇事無心見食忘飯一身一念都注於郎君身上每當皓月透户涼風動簾之時銀河耿耿玉宇迢迢譙樓禁鼓一更纔盡二更鼓別院寒砧千搗將歇萬搗起于斯時也斷鴻叫盡思婦情懷孤燈偏照佳人長歎

斷腸相思、流泪相望、歎今生輕薄之娛、期後天中擲之奉心焉、如燉夢且難忌。身焉憔悴、衣帶日後以郎君一日之愛成賤妾終身之憂恩與怨、仇情反爲讐此生此世此恨難洩、但願一死而爲犬爲馬以報郎君委曲之情也。言畢仍掩袂泣下、但見柳葉眉間含着兩恨、雲愁花臉上完帶風情月意、眞所謂嬋娟皓月無定態浪籍弱雲不禁風、其萬種妖娆千般旖旎不可盡記。生悲喜交極、近前慰撫、忽一人自外傳呼曰梅兄安在。舜梅驚起拂手而去、原來那人卽梅

折花奇談 十七

之弟舜德也。舜德問曰兄且胡為乎白地裏做得何件事耶。梅曰因閑無事、偶来講話耳、即與之聯袂而去。生屏息房中、俟去遠、起来悵然出門如有所失。歲色荏苒又當除夕、往見酒媪而告之曰此歲将盡佳期屢違萬端懷思無以寬抑、今有一物相贈者、媪其為我暫使通知也。老媪唧領命而去、那梅即與老媪先後踵到生一見歡喜過望、生即以細红銀粧玉佩與之曰此乃北胡之茅一肆中物也、銀取其潔、玉取其潤日夕衿前玩去玩来、無忘此心、是企企。舜梅接

手玩覧極盡侈巧、以緑藍繭絲、緊結同心両条、梅女藏諸膺前、感謝不已、仍起而辞曰舊歳舊約已成弄影、新歳新情當有定期、即君幸勿傷懷、遂祢百福、飄然辞去、生長歎一聲、茹恨歸来、是日即除之夕也。萬户之桃符換新、千家之爆竹除舊、泥牛撃破彩燕呈祥、乃甲寅新正也。生往問老嫗曰除日相見以上元夜為期者、丁寧矣。嫗其為我更探以来也。老嫗去即還曰望日則當如約云矣。生且信且喜、屈指以待矣。是時 御駕南巡、華城回 鑾、適在上元之日、金

未見塞驛
青衫依々
初逢驛使
故因迢々

吾多嚴士女早定生或慮事不如意及期而往叩老嫗則老嫗曰梅乎梅乎灞橋上臈梅乎庾嶺之春梅乎五月江城落梅乎其宗七号摽梅乎今夕之約又為併差非老身之不力焉也亦將奈何生曰中道改約胡為而然也老嫗曰士女不得擅出擅入且捍夫守傍不難勢也奈何生曰天上月圓人間無事如此良宵不可虛度佳人佳約又不如意其將使我甘作西山之餓鬼乎老嫗慰曰即君慎勿惱焉閏月初六日即禁烟冷節那時鸞蓮兩女前期上墓摺留梅娉

看家那時當當好便伏願相公努力相待也生
悵然歸來只待冷節之回於馬之間節日已届
正所謂清明時節雨紛紛路上行人欲斷魂之
時也生往叩老嫗老嫗卧病有日生動問輕重
老嫗呻吟對曰老身偶感風寒委席屢日間不
得往詢消息相公稍待老身之差病更參後期
也生茫茫慰問悵歎歸來挨過旬有餘日又往
見嫗嫗曰昔疾今愈其間欲一往問梅婢而梅
亦病且卧者有日云相公許以病資相需則老
身當往探以來也生即以如干青銅付之自是

折花奇談 十九

不覺口角生涎

之後生屢往老嫗往輒多違過月餘復往則老嫗十分怒氣咆哮作色曰到今以後相公更勿以海姘之說說到老身也生曰今因何故而嫗之薄情一至於此乎嫗曰姑捨大梅小梅以相公之故老身空然見疑於盜娼鴦蓮之輩以相公頻來老身之家故傳說浪藉五口作說十口喧嘩老身以垂死之年有何大事小事而若是見疑於人乎老身專爲相公勤勤之情而出半臂之力以爲三數之會而亦莫能遂其志則天緣之定不在此亦可知也此後更勿以梅娉等

說〻到老身也說罷辭色甚厲生再三劝解萬無回心之望怊悵徘徊无聊還来是時正三月暮春之望日也緑柳枝頭黃鸎喚友紅杏花上白蝶紛飛處〻脩蘭亭故事人〻追咏帰遺風於是 上命閣臣諸臣賞花翫柳於禁苑玉漏初下夜巡無禁滿城士女無不聳喜觀瞻生與二三諸益乗興帶月賭飲酒樓夢五擕頭月色如畫上林苑上公樂迭奏生對景関情一心難忘即告别諸友徑到家巷轉至老嫗時夜將半四無人跡排門直入老嫗驚問曰相公唐突把

口不啞則章也

夜深更到此、有何緊事耶生曰久不見老嫗思
心益切、今來特一相逢暢飮盃酒、一以慰嫗一
以慰懷志嫗何乃薄情之甚耶老嫗謝曰相公
之今來、為楚非為趙也、何必老身為哉然深夜
到此、敢不鳴謝乎即以盃酒與之相勸生停盃
笑曰老嫗之前後勤意銘心感骨、而忽焉中途
而磊磊落落此絶旣調之絃、而沉未濟之舟也
驥尾之蠅半途失附尺地之蚊竟日無功豈不
可惜乎惟望老嫗更發善心、以濟瀕死之命也
老嫗沉吟對曰老身近得耳聾之症、大語細語

都不聞得相公再次說去也生更得高詳道盡老嫗始得五分省悟曰老身之勤托在於不提道梅之一字而今者郎君果聽老身之戒不曾說去一梅字郎君亦可謂信士也然不提梅字而句〻言〻無非盡出梅也字〻說〻都是不忘梅也郎君可謂滑諧雄辯之士也郎君之誠意宗是可矜今有一件可試之計未知相公其肯許否生曰計將安出老嫗曰今有一計范雎所謂遠交近攻之策也百里所謂假途取虢之計也干鵞之爲人有酒輒醉有言必泄老身當

折花奇談 二十一

致之室而請邀相公、相公先辦美酒佳肴與之
暢飲相歡見之以些少人情彼必阿附於相公
相公外若柔軟善接內實借聽入室則彼必感
恩然後行、吾所願而事或泄漏不至大段深責
未知此計如何生喜曰老嫗可謂智囊意爷也
三寸肚裡能藏這般変幻機關若使老嫗生乎
三國之時、足可爲女謀士、即以孔方多少、付諸
老嫗以爲辦備之需生、辞嫗到家、翌日生拂衣
殫冠濟〻楚〻而至老嫗、老嫗方與干鶯對坐
言笑琅〻、生進前相見、鶯曰相公曾不會飲胡

為乎酒肆来乎生曰余固不善飲酒而與爾賭飲則雖十大碗吾不辞矣老嫗即以肴盘酒壺奉置堂中生呷了一盃以餘瀝傳給鸎婢鸎婢一口飲盡隨即滿斟一盃奉献于生真所謂三盃花作合兩盞色媒人生洗盞更酌以授鸎曰語曰一盃人事二盃合歡爾其飲此為我出一臂之力鸎停盃笑曰妾有全身之奉一臂之說是何言耶老嫗在傍目視生笑曰吾醉甚失言幸勿見訝干鸎只自增嬌含媚生佯醉告辞干鸎亦隨以退去翌日生往見老嫗老嫗曰昨日

鴦婢一心只在相公、相公其先畜之、生怒曰誤
其侄又媒其姨禽獸之所不爲也。嫗笑曰前言
戱耳。昨日果以誕辭誘說于鴦曰、後宅相公一
要娘子云云則初相故意牢拒後乃快許曰吾
非閨裏寡婦何害爲東墻之女乎云。相公此後
若逢鴦婢則必外面粧撰無使鴦知機於中自
有將計就計之道愼勿違誤也。生假意承順自
是之後鴦女無日不會于嫗家、或奉邀殷勤或
路迎諂笑好事場中成一魔障。生厭悶不已。嫗
曰此計反有相妨外掩之計、莫良於此也。豈無

其便、夜宗多暇、老身當圖之矣。相公少勿憂慰。

一日媪告生曰、明日鍾曉梅婢必来餞、约相公以待、鍾鳴而来也。生再三當付而還。是夜生攬衣挑燈、只恨五更之太遲、無半点睡思、乱抽詩秩、朗唫数篇、仍題桂枝香一闋、詞曰

月皃花容、可憐也。應青春不上二句 黒闌闌雨朶烏雲、紅顋之一点朱唇 可惜出世依下品、但使改嫁從良、何似棄舊従新

蛩聲露色驚曉枕、淚濕雙元央、雨濇燈花不成眠、殘更與恨長 不見淩波歩、空想如簧

折花奇談 二十三

語門闌重〻疊〻山遮不斷愁來路

俄而晨鷄催呼街鼓遠撤生攝衣而輕到老嫗老嫗猶自明燭以待生進入問曰梅婢尚爾不来乎老嫗曰丁寧爲期而街鍾纔撤相公少焉留待生倚門延竚查無影響望眼欲穿愁腸欲枯語曰待人難待人難今夜之待人別樣難矣更進一盃聊以寬懷忽聞窓外有叩門之聲暗地裏猶下嬌辭好音生忙步啓戶抱持同入未及坐定一塊倔強且笑且言曰梅乎梅乎何其無信之至斯乎若遲數刻不来吾將發病死矣

天上人間何往何去而今始来到乎梅曰往事言之無益今曉之来只為践約而来無使郎君懸望也同舍諸伴幾乎知機且東方已明屬耳可懼明日必於鷄初鳴當潜身到此郎君亦必先到等待也梅即忙〻辞去生勢無奈何歎息相送曰慎勿如今曉為也梅亦頷可而去是夜生又展轉不寐至夜久方睡了一回驚起視之則東方已白生満心忿恨啓戸現看正所謂非東方即明〻月之光也生出步庭前怡然徘徊不覺逌興之自發即散步直抵嫗家月籠花腮

風動柳眉隣牕閑吠街鼓尚傳生暫憩廡下而已鷄鳴漏盡生前呼老嫗曰睡否老嫗出迎曰相公相公昨夜火事出矣生驚曰是何言耶老嫗笑曰相公小坐老身當詳告矣不知火事有甚緣故且看下文分解

第三回

老李能接早梅

媒鸞還作魔鬼

南華子曰月老赤繩之說載在方冊有曰三生有緣則雖萬里屬絶貴賤懸殊必與

之相合。其说信耶否耶如蕭史之玉簫裴航之雲英相如之文君韓壽之賈女足為風流塲題目而其他矢緣人緣之奇逢异遇不可殫記則風約定緣亦有所由從而然耶然則栥中之期城隅之竢亦云乎天緣人緣乎否乎曰是亦緣也是故有一時之緣有百年之緣聚散離合專在於有緣無緣是故有先遲而後速者有後期而先偕者此亦緣也是亦緣也故曰人之所願天必從之定於天而後菝於事菝於事而

折花奇談 二十五

後成於人定於天成於人者亦莫非天緣之所由定也豈人力之所可強哉

南華子曰嫗之言曰天緣之定不在此可知又曰天緣之定在此可知以一老嫗說是反々非々聞房中之嬌音嫩聲方知梅之己在而及其相見非梅伊鴦是何作者之幻耶生既自絶自絶之後猶且眷恋痛斷之後猶且不忘于懷梅既爽約爽約之後猶且自媒過時之後猶且踐言生之不信固其宜也梅之必来固未真也嫗之所

傳未可為信則生之不信亦云宜矣倚欄相望有先假後真以生而待梅々至而生則知之以梅而訪生梅則不知生之已在房中以嫗而邀生呼梅不知生之已知而不見不知梅之已來而不知有知々不知知來々不來々之意々趣無窮情緒備悉覽之者徒知事之巧生之豪梅之美而不知文之巧意之詳言之細情之篤也以嫗則有媒鸖之許以鸖則有陷嫗之責嫗之媒固虛也鸖之責亦虛也則前之虛後之

實遂〻相綴鴦之真心相待生之假心相待以真待假以假言真有真〻假〻相錯之理甚矣作者之巧也

且說老嫗且笑且言曰昨日之火非別火也乃回祿之災也昨夜廚中失火延燒渾室幸以一洞相救才已捎滅梅亦来救進去多時矣去必困且宿焉必不更来相公盍往歸焉生歎曰一會之緣何其崎嶇之若此耶嫗曰更為相公理會矣生曰兩曉相訪一不遂約送盡許多良辰更待何時乎老嫗曰一宵聚會亦有定緣非人

力之所可爲也伏願相公稍待後期也生歎息
回来過數日又訪至老嫗房中暗聞嬌聲嫩語
生暗々稱喜梅必先我到此忙步進裡婢娟佳
人含笑相迎非梅女而乃是干鶯也鶯起迎曰
役事多繁一未拜邀相公恕諒焉生亦笑且殷
勤以數盃相酬其醜態令人可發一笑生假意
說去仍即辞還鶯亦快々而退矣三春已盡長
夏初届乃是四月之初也海棠枝上鸎梭飛急
綠竹陰中燕語頻繁正所謂柳色乍翻新樣綠
花容不減舊時紅者也生身飄白葛輕衫腰繫

玉絲縧帶手執南平連矢之箑足穿彩雲八角之履搖〻擺〻進訪老嫗相與寒暄罷生曰近日思想去益難強嫗之無信一何至斯老嫗曰梅女今當至矣相公造次坐待也生依言暫待俄而那梅忙步入来相與欣然握臂生曰前日爽約何也面約心會丁〻寧〻而及其中道二三其德是可忍為而獨不念我之情境乎梅女笑曰非妾之故實回祿之所致妾安敢食言失期乎生曰然則好期定在何日耶梅曰明曉當踐前約郎君慎勿違誤也生曰今則信知汝無

信人也今既相逢無意捨過雖有目下之禍色不猶愈於死乎寧且死於裙裳之下實無相捨之心爾勿過推也梅曰郎君之思妾雖切及不如妾之眷戀當食而忘飯臨睡而不寐一身心頭只想着相公面上妾非木石安敢孤負相公之勤意乎今日上直于媽々每於鷄曉出来當乗便直到則庶不為他人覺得曉必偷来相公少勿憂疑来此企待也生聞言將信將疑夕飯罷直抵嫗家依囪端坐老嫗以盃酒頻々勸慰以為排悶消愁之資洞房寂々殘灯熠々隣雞

折花奇談　二十八

三報街鼓五傳杳無音響生命老嫗去他門外偵之半晌報曰門内頻聞謦咳之聲必知鴛蓮之輩恐其倉卒出門故顛倒回来門庭若是喧閙則梅之来得便可知矣生猶且倚門企待俄而曙星催上東方漸白生長歎一聲憤然拂起曰大丈夫寧以一女子眷眷為哉今以後吾誓不言梅之一字而可歎可恨者老嫗之晝宵勤意竟帰虛也老嫗亦慚無一言生怒氣難禁仍大歩帰来猶自忿憤不已過數日之後老嫗来訪生怒目瞪視曰嫗之来此果縁何事耶老嫗

對曰相公之厭待老身、可謂怒甲移乙、鬪室色市老身之前後勤勤、爲楚之誠、實不淺淺、相公及不致敬起謝老身特來相訪懊悔頗深也、生曰吾之移怒於老嫗、一遑思之、則老嫗亦且矜憐然、今來亦有再會之期、而有何好消息耶、嫗其爲我細傳、老嫗曰俄逢梅女、則十分怒色怨望相公者多矣、想必相公潛與梅女相期而不使老身知之者、不過外待老身、老身不勝忿寃、今欲面訴衷情而來矣、生驚問曰梅女之怨謗晩生實是意慮之外、一自嫗家相別之後、面也

聲也都不一接今者外待之說宲是情外之談也。頃天足地晩生豈可隱諱老嫗乎老嫗回怒含笑曰前言戲耳試看相公之如何耳。俄逢梅女謂以向夕之違期勢緣不得已之故而逢山咫尺如屬萬重孤負郎君之苦心勤意者猶屬餘件事也渠欲一訢衷情以洩此生之恨當以今日之夕逕到貴府云云伏望相公臨軒待之無負兒女之至情也生乃聞此語不覺回嗔作喜拜且謝曰是果真耶嫗其弄我試可之說也一期二期三呼四喚竟莫能遂其意則今之直

走䰟都是果真耶梦耶嫗其明言以觧此泄〻之心也老嫗戲曰宜乎相公之不信也語曰其則不遠相公第焉待之生即以一盃慰賀老嫗曰待此踐約之後當啣珠仰報矣老嫗仍辞去生回來書室有郭老在焉郭老原來同舍止宿者也生欲虛榻待之而郭老無計移處尋思未得便之際郭老忽謂曰今日即吾亡叔母忌日也吾今忝祀而去子能無寂寥之嫌乎生笑曰幸以餕餘相餉也郭老唯〻即發生暗〻稱奇幸其天借其便於是洒掃書室潔淨簟席明燭

坐待時將初更纖月方吐生竚立門闌延頸遠望月下花邊依〻一美人輕〻作步來生暗〻心喜曰此必是梅女也乃倉黃近前欣然動問即隣家女之過閭者也生悵然無聊趦趄退步回倚門屛半信將疑忽有曳履之聲自遠漸近月下睇視果是意中之人也生滿心欢喜執手相迎曰爾且至矣予今生矣雙眼欲穿寸心已灰爾之爲物能化何樣物而能使丈夫寸斷肝腸乎即携手轉入書室瑤篝銀燭極盡洞房之美以幾日相思儼然團聚情不可終喜不可極

仍展衾鋪枕、解衣同抱、正如鴛鴦戲水、鸞鳳穿花、連理枝頭、別採春色、同心帶上一般幽興、枕邊堆一朶息、雲衾中露兩尖金蓮、誓海盟山、鶯聲依々、羞雲惻雨、鶯語頻々、楊柳腰脉々春濃、櫻桃口微々氣喘、星眼朦朧、酥胸蕩漾、萬種妖嬈、千般旖旎、不可盡述。正所謂宋玉偷神女君瑞遇鶯鶯娘也。生即於枕上題滿庭芳一闋以記之詞曰

鴉翎鬢新月眉、杏子眼、櫻桃口。銀盆臉、花朶身白纖々葱枝手。動人春色堪人愛翠紗

袖泥金帶、喜孜孜寶髻乍歪月裡嫦娥下世
笑千金也難買
是夜相得之樂不可盡記、那悔於桃上啼噓歎
曰妾賦命奇險、所天無良、名雖夫婦、情宲吳越
言必矛盾、動輒訾謷、非不知恩義之為重、情愛
之必篤而適於此時郎君又送以畐之、使一端
在世之心全然消磨、雖欲奮飛而不可得也。妾
之二三其行、郎君亦必唾罵之不暇、然既往難
追、覆水難再寔是郎君之故、郎君亦豈無俯憐
之情乎、今欲斷恩割情、棄舊從新而廉防有守

垣墻有耳、真所謂寸心之難馭者也。生曰爾之情曲亦甚可矜、自古才子佳人之改適其行者、不可殫記、金屋之貯、不敢望也。吾當貯汝以茅屋、未知汝意如何。梅曰情實不忘、義固難負、此生薄命亦云已矣。重泉之下、得遂餘願則是妾之望也。生曰語云駿馬却馱、痴漢去、美人常伴拙夫眠、是故蛾眉自古招殃、紅顏原來薄命、今雖恨歎、已無可及。吾與汝乘間偷樂、亦不美哉。仍以温言柔語度了深更、只恨夏宵之苦短也而已。隣鷄屢呼、東囱微明、梅女捽々結帶悄然

告別生執手殷勤更問後期梅曰不可預定當
[illegible]畱之依〻兩情不忍相捨生出門相送梅
亦五步一回三步再顧生怊悵無聊靜依書几
題兩律以寓懷詩曰
傾城傾國莫相疑玉水巫雲夢亦痴紅粉情
多銷駿骨金蘭誼切惜蛾眉溫柔鄉裡芳魂
絕窈窕風前月態奇相送不知春寂〻詞人
此夕故遲躕
眼意心期未卽休不堪怊悵正依樓春回笑
臉花含媚黛蹙蛾眉柳帶愁皓月明星思伉

佰殢雨尤雲憶綢繆長卿千載情還薄、空使

文君咏白頭

是日即夏四月初八日也萬户燈火齊明千村水缶争鳴、王孫白馬黃昏邊隊隊遊戲、士女青衫紫陌頭翩翩來會正所謂君樂臣樂永樂萬年月明燈明天地同明者也、生呼朋嘍友聽鍾觀燈徘徊逍遥忽思梅女逕尋老嫗而來則嫗正在房中見生謂曰俄間梅婢来到老身不能勸留意者相公遊戲不回若知趁今來訪恨不留待也梅女亦知相公之不復来、故渠亦告退

今夜則必無更来之理也生悵甚辞嫗而還挑燈独坐念及那梅睡思頓覺一心難忘仍展紙把筆題一律以暢愁懷詩曰

筆展緗紋浪欲生幽懷自感夢難成依欄剩覺添風味閉户羞将待月明擬倩蜂媒傳密意難回螢火照離情遥憐織女佳期在時看銀河九曲横

過旬後生復往老嫗曰一别仙容蓬山隔遠萬重懷思無由更展嫗其爲我再畱一期也老嫗曰老身今當請邀矣相公暫此遅待也於是老

嫗使生入處室中鎖下金魚飄然出門而去俄而那梅自外而入見其房闥之緊鎖不知生之已在房内生亦料知梅之入門而只冀老嫗之放鑰屏伏以竢久之漠無動靜忽見老嫗開户入来曰梅且至矣今安在哉生曰吾審其入門而更不知何徃意謂老嫗同也不知其誰先誰後也嫗復出門周訪數遍杳無踪響老嫗還曰相公何不先使通知有此空失好機耶生亦咄歎不已原来晝語鳥聽夜語鼠聞千奇適到是家潛身中門細悉動靜梅女之走避亦且見機

而去也那干鳶十分怒色近前責嫗曰是嫗是
嫗白頭寡婦何敢賣口弄手誘我女侄吾之見
幾者屢矣吾當陷嫗於法矣因厲聲向生言曰
朴公乃明德君子胡為乎作此不義之事乎生
曰是何言是何言耶爾且不知其一二也吾之
親乎梅者歲已屢矣向日之同盃相酬適欲使
汝為滅口掩目之計而汝反不知是東是西是
真是假今乃責之而不當責之地誠甚可笑劃
是計者即老嫗也瞞過爾者亦老嫗也一則老
嫗之罪二則老嫗之罪也於汝亦有何與哉自

令之後吾當不讓為甬之婬婚到處周章為我
乗便則何幸幸仍將一大碗奉酒壓驚干鸖聞
言滿心慚恧有口無言如何肯飲固辭不飲快
快告退那鸖婢自是之後嚴防梅女不得頃刻
出門一日老嫗来見曰俄逢梅女鸖婢之窺伺
日以益甚雖有三目四口兩身八翼無一刻难
泠之暇從今以往百年佳約已成浮雲流水萬
望相公珍重云矣生亦無計可施乃題一篇以
文之遣之情而且寓永絕之意畧曰
歎賦命之崎嶇配伹噲之下材金井之逢一

面如舊銀佩之緣而遭多情其若身材不肥不瘦月面而炟描態度難減難增粉粧而玉琢面眉如初春柳葉常含雨恨雲愁瘦臉如三月乖花每帶風情月意行〻過處花香細生坐〻起時百媚俱生儀容若是嬌美体態况復軽盈語若轉日流鸎腰似弄風楊柳不是綺羅隊裏生来却厭豪華氣像除非珠翠叢中長大那堪雅淡梳粧軽移蓮步有蕋珠仙子之風流款蹙湘裙似水月觀音之態度落花流水幾切有情無情之歎微月残燈不

盡相逢卽別之恨蓬山遙隔尺地如遠弱水
相望寸腸屢灰西廂之花影暗動一犬唁唁
陽臺之春夢初回長月團團恨春宵之苦短
山盟海誓感此生之不久柳信花約月無情
而下西鷄無端而催曉儘相思之難忘悵後
會之無緣夫何蹉跎之一期乃成儵然之長
辭鏡何時而再合絃何日而復續嗚呼好事
多魔明月已缺如見崔嵬鏡裡之容難回殷
湖夢中之䰟酌彼酒而聊以寬懷咏此詩而
適足寓心只則羞花雖一日而未忘才子咏

折花奇談 三十六

深則万言而難違嗟呼後期難再撫孤桃而个々先天已屬望尼雲之悠々痛自絶而永訣歎料々之無極天荒地老此恨難消日居月諸此情未泯畧伸素裹聊表丹心言有窮矣情不可終也云々

追序

稗說蓋尚華非華勝東人情固然輒以未聞睹為快好古非今樂遠厭近非東之病乃天下同病東人著說必用夏必曰東無觀焉蓋今說東且今則東無觀今左何論然事甚切

至與西廂說相表裏雖美且賤不過衣䄂而
頭蓬不施膏不染粉玩好無見稱巾裳絶烜
然所謂工雖巧朽不雕朽不琢也然意極而
情篤若是可觀焉若身錦頭翠金鏤玉成則
豈特西子無光玉妃失顔然則富辞酾文必
倍蓰於此矣是故塩梅方調五味梗楠必遇
良匠馬奔長楸車順通衢以膚見序俚語雖
班馬亦不遑平々其若空中氣勢紙上波瀾
淂以也俗且俚旣詳且盡吾子文章大且
至矣夫

折花奇談　三十七

南華散人追序于帶存堂書室

嘉慶十四年己巳端陽後一日

石泉主人追書于薰陶坊精舍

折花奇談終

비ᄎᆞ리젼지이
옥경이ᄭᅮᆷ이션ᄃᆞᆺᄒᆞ야왈네말이ᄀᆞ장ᄉᆡᆼ각ᄒᆞ다ᄂᆡ야
너ᄂᆞᆫ몬ᄂᆡ어이알리오네ᄃᆡ러커든ᄭᅩᆺᄎᆞᆯ알니잘나ᄒᆞ고
관계라ᄎᆞᆯ알니라왼간ᄂᆡ며ᄎᆞᆷ을리ᄒᆡ알니너기ᄂᆞ라ᄒᆞ고
마옥낭의듕양ᄒᆞ고며ᄎᆞᆷ보나가이런줄ᄂᆞᆫ만현란이
ᄇᆞ어시되내이며ᄎᆞᆷ을수이ᄀᆞᆺ다가되다ᄒᆞᆫᄂᆞᆫ첩부칼ᄇᆞᆫ
로쥐뎌ᄇᆞᆫᄒᆞ여내여보ᄂᆡᄂᆞᆫ이로ᄃᆞᆫ낭청신브터좌긔ᄒᆞ여일
년이나쳑되ᄒᆞ올ᄒᆞᆫ수ᄀᆞᆷᄒᆞᆫ일ᄒᆞ올ᄒᆞᆫ은쥬시다결단ᄒᆞ
ᄂᆞᆫ횡횡작ᄃᆡᄒᆞ던랑리ᄒᆞᆫᄀᆞᆫ사획ᄒᆞ여듕랑을ᄃᆞ
ᄌᆞ니다숭복ᄒᆞ거ᄉᆞᆯ다ᄃᆞᆼ힐히티ᄒᆞ여ᄂᆡ치ᄂᆞᆫ오뎐의ᄒᆞ
둥시엽셔라리ᄒᆞᆯ라ᄒᆞ여계ᄒᆞᆫ이셰히너기며그저ᄃᆞᆫᄒᆞᆫ
한복ᄒᆞᄂᆞᆫ왼언이언ᄒᆞᆫ오운[illegible]ᄒᆞ[illegible]잇ᄂᆞᆫ[illegible]진[illegible]

본부의ᄃᆞ려가부ᄌᆞ쳐ᄉᆞᆯ오뤼ᄢᅳ긔의병이이져리현
ᄒᆞ기ᄅᆞᆯ잘못ᄒᆞ니벼ᄉᆞᆯ을ᄀᆞᆯᄃᆞ집을ᄌᆞ차갈ᄉᆞ니나ᄅᆞ
회계날ᄒᆞᆫᄃᆞ날ᄅᆞᆯ혈갈을오계ᄒᆞ나ᄒᆞᆫᄃᆞ일을몽ᄒᆞ야
걸ᄃᆞ나ᄋᆞᆺ니장ᄂᆡ의좌가ᄃᆞᆼ입ᄇᆞᆯᄒᆞᆯ사ᄅᆞᆷ이매부ᄌᆞᆯ
ᄉᆞᆯ히너겨갓히말ᄅᆞᄌᆞ리못ᄒᆞᆫ더라온경이ᄌᆞ시힝장
을ᄉᆞᆨ습ᄒᆞ야별경을ᄌᆞ리ᄃᆞ졀강을올셔벽졍을
히ᄉᆞᆯ외박회ᄅᆞᆯ잡ᄃᆞ길ᄒᆞᆯ박아ᄒᆞ니마ᄅᆞ쇼셔밀재
ᄉᆞᄉᆞᄅᆞᆯ앗니못ᄒᆞᆯ리나온경이조ᄒᆞᆫ말ᄅᆞᆯ외ᄅᆞᆯᄒᆞ야별
내ᄃᆞ길나집을ᄌᆞ차ᄋᆞᆺ니부ᄯᅴ반겨ᄒᆞ서ᄃᆞ올시도리주
나하지니갓거ᄒᆞ며별경이인ᄃᆞ러와之상셔와부인쎄빅
ᄋᆞᆺ니갓거앙니ᄒᆞᆫᄃᆞ보ᄅᆞᆯ만ᄒᆞ니별경이부ᄅᆞᆯᄒᆞ야ᄒᆞᆫ더라
울ᄉᆞᆫ져ᄃᆞ리식을화평히ᄒᆞᆫᄃᆞ말ᄉᆞᆷ을올숭히ᄒᆞ어

날오귀ᄯᅢ본셩이영민티못ᄒᆞ야낭군ᄭᅴ걷줄밧글
기ᄅᆞᆯ보ᄌᆞᆸ더니못ᄒᆞ올너니네ᄭᅴ셔잘셤길거시니기ᄉᆞᆸᄂᆞ니
니녈경이조하ᄒᆞ더라녈경이올제너비ᄒᆞ나ᄒᆞᆯ주
려오니나ᄒᆞᆫ이십세오일ᄒᆞᆫ은여외다얼굴은곱더
못ᄒᆞ나심ᄉᆞᆯ이어앙ᄒᆞ며근검ᄒᆞ고ᄉᆞᆯ거오나숙히간
로ᄒᆞ야ᄉᆞᆯ겸젼ᄒᆞ여시ᄯᅢ말ᄋᆞᆯ온슌히ᄒᆞ야사ᄅᆞᆷ갈
캐기ᄅᆞᆯ잘ᄒᆞᄂᆞ니보ᄂᆞ니ᄉᆞ앙혹ᄒᆞ야칙다ᄒᆞ리업ᄉᆞᆯ
경다일실이되여온경셩기기ᄅᆞᆯ지정울ᄒᆞ니세양
드ᄅᆞᆼ비다일곳고상셔부인ᄭᅴ도녈경이드아의알쥐
ᄭᅴ셔서날적이업시빅갈ᄋᆞᆯ아옥ᄒᆞ며버ᄉᆞᆯ모ᄅᆞᆯ
나바다임의허ᄒᆞ티ᄒᆞ고여의동궁조ᄅᆞᆯ조치녈경의브족
ᄒᆞᆯ곳ᄃᆞᆯ조오ᄂᆞ니부인이졈졈ᄉᆞ랑ᄒᆞ야상셔ᄭᅴ셔양기

려왈온경이 어뎌가 이별리록ᄒᆞᆯ뎝을 어더나가 날을 뎐케 봉양ᄒᆞ 노ᄅᆞᄒᆞ며 가수ᄅᆞᆯ 나맛니나 마초져 울초져 노ᄅᆞᆯ혀 초ᄌᆞ리 되엿ᄂᆞ 봉에 초져 삼형뎨 주ᄅᆞᆯ ᄂᆞ친ᄒᆞ 라온면 여셔 날ᄆᆞᆨ 노니라 별경이 ᄆᆞᆰ을 글ᄒᆞ고 말ᄉᆞᆷ 울ᄋᆞ 슈을 희ᄒᆞ여 뎌졉ᄒᆞ 기ᄅᆞᆯ 죡 진히ᄒᆞ며 운굴희잉국 졍ᄒᆞᆯ 폐ᄒᆞ니 세초져 도구 장도희 너져 ᄆᆞᆨ ᄆᆞᆫ의 ᄃᆞ끼 양챵 찬ᄒᆞ 더다 이젹의 ᄇᆞᆷ상 쇄나타 젼세ᄅᆞᆯ 잡아 너ᄆᆞᆫ ᄆᆞ긔 ᄅᆞᆯ 람ᄒᆞ고 방주ᄒᆞ여 조심을 ᄋᆞᆫ니ᄒᆞ 라가 듕범의 걸 키여 죡을 번ᄒᆞ여 져옥면 수ᄒᆞ니 가셔 뎐칙을 나젹 불ᄒᆞ고셔 ᄎᆞᆨ 말키와 ᄲᅢ리 향보내니 흉경이 시방한 캄ᄒᆞᆫ 수ᄅᆞᆯ 셔찰ᄒᆞᆫ ᄒᆞ 아ᄀᆞ밖부마 조족을 더브러 ᄃᆞᆼ 심ᄒᆞ여곡 녁 신구ᄒᆞ 뎌홍시구 티못ᄒᆞ여 아조리ᄅᆞᆯ

풍즁ᄒᆞ여 슈 변 안ᄒᆞ리로ᄃᆞ ᄒᆞ니 ᄒᆞ올 일이 업서 숩숩히 올
경의게 괴별ᄒᆞᆫ ᄒᆞ 연ᄂᆞᆫ 괴ᄅᆞ온 경이 ᄃᆞᆫ지 ᄅᆞᆯ 보ᄂᆞᆫ 경황
ᄒᆞ여 ᄂᆞ려와 울시 ᄃᆞ려 니ᄅᆞᄃᆡ 울시 노ᄂᆞᆫ 리 오ᄂᆞᆯ 며 왈ᄒᆞ
홀이 어이 이런ᄒᆞᆨ 화ᄅᆞᆯ 넘게 ᄒᆞ 신ᄂᆞᆫ 만니 졀역의 ᄂᆞ못
ᄒᆞ나 ᄒᆞ로 업시 횡낭을 어이 ᄎᆞᆷ혀 즉 길ᄉᆞ 실ᄂᆞᆫ ᄒᆞ올
며 박명ᄒᆞᆫ 이 몸이 조상부모ᄒᆞ고 의지ᄒᆞᆯ ᄃᆡ 업ᄉᆞ가 가양
부모의 망극ᄒᆞ 신 은덕을 닙어 잔명이 살아 ᄂᆡ 쳥ᄒᆞᆫ
며 셩ᄌᆞᄒᆞ미 ᄃᆞᆯ 쳥ᄒᆞ옥 ᄒᆞ 진은 졍이 하ᄂᆞᆯ 깃ᄐᆞ여 지극ᄒᆞ보
츌ᄒᆞ니 일아의 감츅ᄒᆞ며 친부 뫼 나 날로 나아 가게 미
더니 몸을 의탁ᄒᆞ며 빅년 을 봉ᄒᆞ여 만 일이나
ᄒᆞᆫ 은혜 를 갑ᄒᆞ려 ᄒᆞ 더니 에 ᄂᆡ 박 명 ᄒᆞ라 시 ᄅᆞ 다 ᄒᆞ고
하오니 부모ᄂᆞᆫ 살ᄅᆞᆯ 이 하오니 오ᄂᆞᆯ 키 압ᄂᆞᆫ 상처와 부인 ᄂᆞᆫ 님을 상

이너겨ᄂᆞᆫ블니ᄅᆞᆯᄒᆞᆫ말ᄅᆞᆯ위ᄅᆞᆯᄒᆞ사쥐오직념ᄅᆞᆯ경ᄋᆞᆫ거
즛ᄇᆞᆺ글ᄅᆞᆯ참혹ᄒᆞ여ᄒᆞ노혜ᄒᆞ나안ᄒᆞᆫ글ᄅᆞᆯ조화ᄒᆞ며다ᄅᆞᆯ
시죽시념상쳐집ᄋᆞᆯ와부인다서극보즈ᄅᆞᆯ르브수ᄒᆡᄅᆞᆼ
죽ᄒᆞ며다념생쇄경쳥ᄋᆞᆯ쳐와오ᄯᅢ며ᄂᆡ못ᄒᆞ아ᄇᆞ
인ᄋᆞᆯ주ᄂᆡ르쳐죽ᄋᆞᆯᄅᆞᆯ러가쳐ᄒᆞᆯ시겨산ᄂᆞᆫ복ᄋᆞᆯ나남ᄃᆡ
희아이ᄅᆞ죽순만ᄅᆞᆯᄅᆞᆯ잇노라ᄋᆞᆫ경이참혹히너겨비
복다힝니ᄅᆞᆯ다출혀보내ᄅᆞ소상져부인ᄅᆞᆯ울ᄉᆞᆯ져
ᄅᆞᆯ보와짐경ᄒᆞᆯ보화ᄅᆞᆯ복ᄅᆞᆫᄒᆞᄅᆞ봉애삼ᄉᆞᆯ져로각각
힝장ᄋᆞᆯ줌다념상쇄발힝ᄒᆞᆯ셰ᄋᆞᆯ며ᄇᆞᆯ오니남
게아만니외예서국여희니셩질의ᄅᆞᆯ다시나ᄅᆞᆯ길히업ᄉᆞ
니오ᄅᆞᆯ니별ᄅᆞᆯ이인간병별아ᄅᆞᆯ다ᄒᆞᄅᆞᄋᆞᆯ지ᄅᆞᆯ가숨ᄋᆞᆯ
즉주니ᄅᆞ날오쥐중셩친쳑도엄ᄅᆞ혈혈잔셩이ᄂᆞᆯ

울의지ᄒᆡ잇ᄂᆞᆫᄒᆞᆫ쥬쳐로보ᄌᆞ로ᄂᆞᆫ하오ᄃᆡ상ᄉᆞ난집ᄌᆞᄃᆡ
카온경은ᄒᆞᆫ굿길ᄒᆞᆫ줄쳘아와ᄒᆞᆫ국밖을ᄒᆞᆯ쥐쳐ᄃᆡ
ᄂᆡᆯ셔길희옹녀말ᄂᆞᆫ평안이즉길ᄒᆞᆫ츄셔ᄂᆡ만일
현은울니버슨시ᄒᆞᆫ노벼츌울ᄒᆞᆫ면수변ᄒᆞᆫ아수이
도다오시게ᄒᆞ되다ᄒᆞᆫ고각각길ᄒᆞᆫ줄노화니며ᄒᆞᆫ줄셰츄
마쳐나ᄃᆡ못ᄒᆞᆫ여ᄒᆞᆫ더다오나ᄃᆡ안셔울보인이쏘아츌
울나ᄒᆞᆫᄃᆡ옹띠리도ᄒᆞᆫ며리질이희상ᄒᆞᆫ아뵈ᄃᆡ울
졍이ᄋᆡ장수랑ᄒᆞᆫ고보띠깃거ᄒᆞᄃᆡ별경이실ᄂᆞᆫ중의구장
물평ᄒᆞᆫ여ᄒᆞᆫ더다즉어즐ᄒᆞᆫ의한킴이근친ᄒᆞᆫ다집
의도다오ᄃᆡ모띠반기며년당이마조나와절ᄒᆞᆫ여뵈ᄃᆡ
시년이십쇠라옹띠옹외ᄒᆞᆫ고장ᄃᆡᄒᆞᆫ미십오ᄂᆞᆫ즉쇠아
희ᄀᆞᆺ즉엿ᄂᆞ니다한킴이츈울잡아슐상의울켜안

치ᄅᆞ머리ᄅᆞᆯ받나ᄌᆞ며글을바ᄌᆞ니ᄉᆞ셔오경을갈ᄅᆞᆯᄒᆞ
노니다십ᄌᆞᆼ의ᄉᆞ랑ᄒᆞᄂᆞᆫ깃브ᄌᆞ수식의나타내니아ᄂᆞᄒᆞ
ᄅᆞ마초져갈ᄅᆞᆯ주연정이졈졈중ᄒᆞ더다온경다형ᄋᆡ셔
국만나반기며너ᄅᆞᆯ경이나와뵈니한킹이블일이ᄂᆞᆯ너
나이잇ᄅᆞᆫ온경일ᄅᆞᆯ초쳡너ᄅᆞᆯ경이다ᄒᆞᆯ대한킹이블ᄅᆞᆯ만ᄒᆞ
니너ᄅᆞᆯ경이니더ᄌᆞᆼ여가더다한킹을ᄒᆞᆯ번보매아나보ᄅᆞ
싱각ᄒᆞ쥐이ᄅᆞᆯ오블이다가ᄌᆞᆼ이길ᄅᆞᆯ연평안티못ᄒᆞ
키ᄅᆞᆫ다ᄒᆞᄅᆞ수식의ᄅᆞᆯ나타내니아니ᄒᆞ더다ᄒᆞᄂᆞᆫ굴ᄅᆞᆯ아히
ᄃᆞᆯ이ᄌᆞᆺ리상기ᄅᆞᆯ자바나가ᄂᆞᆯ며보채니거의ᄌᆞᆨ게되
앗거ᄅᆞᆯ울시보ᄅᆞ신ᄅᆞᆯ옳의어닐ᄌᆞ식인ᄅᆞᆯ놂의게자리
여시면안니블상ᄒᆞᆫ다ᄒᆞᄂᆞᆫ아희ᄅᆞᆯ을꼭지ᄉᆞᆯ아사라가
ᄌᆞᆼ산의ᄂᆞᆷᄌᆞ니리니못ᄒᆞ 거ᄅᆞᆯᄌᆞᆯᄅᆞᆯ가져나가당조키의

낭ᄌᆞ 머글 거ᄉᆞᆯ 주ᄅᆞ주어 ᄆᆞᆷ이 셩ᄒᆞᄂᆞᆫ 낙이 아니 거ᄉᆞᆯ 친
히ᄒᆞ 왼ᄉᆞ 조ᄅᆞᆯ 가온ᄃᆡ 노흐ᄂᆞ 쉬면 ᄌᆞ나 보ᄂᆞ 가더니 ᄋᆞᆯ
보인이 안주ᄒᆞ 미이더ᄅᆞᆺᄒᆞ다 셩질이 ᄂᆞᆷ의게 아ᄋᆞᆺᄒᆞ
고 빗치 업ᄂᆞᆫ 말ᄉᆞᆷᄋᆞᆯ 화ᄉᆞᆯ 히ᄒᆞ다 간ᄃᆡᆯ이 아니ᄒᆞᄂᆞ
듕심은 온듕ᄒᆞ다 밧글 보기ᄅᆞᆯ 업시ᄒᆞᄂᆞ 쇠브 ᄆᆞᆫ니
ᄃᆞ시ᄉᆞᆨ ᄒᆞᆯ ᄯᆡ 범ᄋᆞᆯ 다ᄒᆞ여 봉양ᄒᆞ다 밧글 ᄌᆞᆯ 하ᄃᆞᆯ
시니 ᄀᆞᆫ 말 아니ᄒᆞᄂᆞ 보모 지간이 다ᄅᆞ 즁뒤ᄒᆞ 기ᄅᆞᆯ ᄉᆞᆯ
희여ᄒᆞ며 졍이 ᄃᆞᆼᄒᆞ다 ᄭᅴ외ᄒᆞᄂᆞ ᄌᆞᄂᆞ 상쥐ᄒᆞ야 간ᄃᆡ
ᄅᆞᆯ이 온ᄋᆞᆷ 옷기ᄅᆞᆯ 아니ᄒᆞ며 바ᄅᆞᆨ ᄉᆞᆯ졉ᄋᆞᆯ 어더 나사즁
낙ᄒᆞ다 일졀 쉬니ᄅᆞᆯ ᄯᅩ 옴이 업ᄂᆞᆫ 셜경ᄋᆞᆯ ᄎᆞᆷᄂᆞᆫᄋᆞ니
ᄅᆞᆯ 쥐졉ᄒᆞ다 보 비다 ᄃᆞ 브ᄅᆞᄂᆞᆫ ᄉᆞᆯ져ᄅᆞᆯ 다 별 경ᄋᆞᆯ 겹니
러 방ᄃᆞᆼ의 셔 남ᄉᆞᆯᄒᆞ며 희학ᄒᆞ다가 ᄃᆞᆼᄋᆞᆯ ᄉᆞᆯ져 ᄌᆞᄅᆞ니

려오면각각간ᄃᆡ로이ᄆᆡᆼ을알아ᄒᆞᆫ은을ᄉᆞ저로ᄒᆞᆯᄆᆞᆯ
만에범ᄃᆡ로알외ᄋᆞᆸ성으로라주셰ᄆᆞᆯ블감ᄒᆞ오안
자시니좌ᄌᆞᆼ이셕셕ᄒᆞ며감ᄉᆞ으주약히못ᄒᆞ다가울
ᄉᆞ졔나가면마치ᄉᆞᆼ잡물어ᄉᆞ로ᄅᆞᆯ만나나가여희니굿
ᄒᆞ여감ᄉᆞ희ᄒᆞᆨᄒᆞᆫ길ᄅᆞᆯᄌᆞᆯ새로이ᄒᆞᆫ온경은졍
되블러허당ᄒᆞᆫ여희ᄒᆞᆨ을죠히너기나울ᄉᆞ저와상뒤
ᄒᆞᆫ면마치시ᄉᆞ녀을병ᄒᆞᆨ만나ᄒᆞ여비록블감은
블ᄒᆞᆫ이ᄒᆞ나희감은ᄒᆞᆯ졔로ᄅᆞᆯ못ᄒᆞᆫ이되ᄒᆞᆫ날양을
ᄉᆞᆯ히너기나ᄉᆞ옷의졍구라와아니ᄒᆞᆫ날니라녀ᄂᆞᆫ경이울
ᄉᆞ저향ᄒᆞᆫ여ᄒᆞᆨ진ᄉᆞᆯ폐ᄒᆞ나이런놀셰로ᄅᆞᆯ나ᄉᆞᆯ리ᄅᆞᆫ여
의ᄉᆞᆯ주리ᄅᆞᆫ일ᄋᆡ의ᄋᆞᆫ시회방ᄒᆞᆯ일을ᄒᆞᆨ미더라ᄉᆞ져
의시비녈ᄂᆞᆫ애이ᄂᆞᆫ쳐로ᄅᆞᆯ알ᄅᆞᆫ구만니간ᄒᆞᆫ뒤쳡이ᄅᆞᆫ즈즈오

니네승샹이대셩이시니 츌쳑 념슈의 간곳마다 옹남
리못ᄒᆞ시다 ᄒᆞᄃᆞᄃᆞᆯ 저 소인의게 잡혀 ᄉᆞ기니 만호
니소졔 너희 ᄉᆞ리ᄅᆞᆯ 보와 겨시니 엇디 소되리오 아니ᄒᆞ시
ᄂᆞᆫ 소졔 왈 날을 엇디ᄒᆞ라 ᄒᆞᄂᆞ다 ᄂᆞ라내 부녀의 졍도
ᄅᆞᆯ 보니 ᄃᆞ소인의 횡실라 챵기의 쳐ᄅᆞᆯ 못ᄒᆞ리로다
념슬에 왈 네 ᄂᆞ쳐져 년ᄅᆞᆯ ᄉᆞᆯᄒᆞ고 의ᄂᆞ 부부ᄅᆞᆯ 벗겨 ᄀᆞᄋᆞᆯ
울 위엄ᄅᆞᆯ 케ᄒᆞ노라 쳐의ᄅᆞᆯ 남ᄃᆞ안 졍의 어딘 아희 뢰야
졸혼ᄃᆞ올 갓오 희ᄅᆞᆯ 라ᄒᆞ야 부부ᄅᆞᆯ 주ᄅᆞᆯ 져ᄒᆞ시거
ᄒᆞ엿노리다 지슈의 귀다 칭셜ᄒᆞ노 소져도 부보ᄭᅴ
우화희 옹ᄋᆞ실 말ᄉᆞᆷ이다 주ᄅᆞᆯ ᄒᆞ시ᄃᆞ 중셩 ᄃᆞ중의 ᄃᆞ셔
국희학이다 ᄒᆞ시면 대최ᄅᆞᆯ 하ᄒᆞ시이다 오ᄉᆞ이 ᄇᆞᆫ오ᄃᆞ
소졔 더옥 셕셕 넝냠ᄒᆞ시더ᄂᆞ다 소져ᄅᆞᆯ 만나면 져

올날얼골을우희안ᄒᆞ니ᄀᆞᆺ득여ᄒᆞ니조곰도더온ᄯᅳᆺ업
이업ᄉᆞᄒᆞ며상승도별경다ᄂᆞᆫ온갓길흉다ᄒᆞ며줄기
나ᄎᆞᆷ젼골ᄎᆔᄒᆞ면별일이쵹상의비뢰구ᄌᆞᆨ여젹
졍서의ᄒᆞ여가부부운졍인줄어둬셔나당잇ᄂᆞᆫ낙
기셔ᄂᆞᆫᄒᆞ의야잡ᄂᆞᆫ꼴이ᄭᅵ잇다ᄒᆞ니이ᄃᆞᆷ에간연이
ᄃᆞᆯ면엇디버서지와ᄃᆡᆺ골셜이니잇ᄂᆞᆫ볼월의ᄀᆡ환
이이실가ᄃᆞ키ᄂᆞ이다ᄎᆞᆷᄌᆡ왈내졍조만ᄀᆞᆨ희여힝션
ᄒᆞ면사물벗졉이다졔날울어이ᄒᆞ리오내ᄌᆞᆨ어
ᄃᆞ별경의ᄎᆔ조ᄒᆞ련못ᄒᆞ리로다ᄒᆞ니별애간다가ᄭᅩᆺ
ᄒᆞ야ᄂᆞᆫ물머ᄂᆞᆫ나오다월ᄎᆔ볼경이옷ᄎᆔ골ᄒᆞᆼ
ᄒᆞ여졍이ᄃᆞᆼᄒᆞ나하셰ᄉᆡᆨ이ᄀᆞᆯ매ᄒᆞᆯ골난간을지
혀란왈어이날을ᄀᆞᆯ희ᄉᆞᆯ희여ᄒᆞᆫ날별경이서ᄎᆔ

안자나가ᄉᆞ왈 쳡은아니이다 올경왈 엇디아ᄂᆞᆯ나죄
젼일말ᄉᆞᆷ졔ᄎᆞ조오니상중쇠아ᄂᆞᆫ온ᄇᆡ나갓가이
ᄒᆞ면맛나못ᄒᆞ아민망ᄒᆞ예라ᄒᆞ더이다올경이면
셕왈ᄲᅥ게ᄭᅳᆷᄉᆡ나리오ᄂᆞ이ᄒᆞᆯ말이로다ᄒᆞᄂᆞ이ᄒᆞ노
노희여십여일을ᄋᆞᆫ시방의아니가니녈경이다ᄒᆡᆼ이
너져쫀ᄒᆞᆯᄯᅳ계교ᄅᆞᆯ싱각ᄒᆞ야여의ᄀᆞᆯ블러ᄂᆞᆯᄃᆞ려ᄂᆡ
비밀히옹녁ᄀᆞ즈너ᄌᆞᄀᆞᄅᆞᆯ조보와어ᄃᆞᆯᄉᆞ나여의왈
외엽ᄉᆞ오링잇가쳡의ᄉᆞ혼아이사ᄒᆞᆯ기ᄑᆞᆫ힐살오ᄆᆡ
년이삼십여셰노ᄒᆞᄃᆡ일홈은비애라혜ᄲᅴᄀᆞ리장대리
앙ᄒᆞ나졀글ᄀᆞᆯ이오ᄋᆞᆼᄀᆡᆼ이능히ᄂᆞᆷᄌᆞ시ᄂᆞᆷᄒᆞᆫ장옷
라ᄃᆞᆯ넘쳑ᄂᆞ이나녈경이과희왈이ᄃᆞᆫ신ᄀᆞᆷ엇기ᄅᆞᆫ짐
ᄒᆞ더니ᄲᅢ졔리일ᄏᆞᄅᆞ다여외ᄃᆞ이히너져왈이너ᄌᆞᄀᆞᆯ

무어셰 뽑여 ᄒᆞ시ᄂᆞ뇨 노ᄅᆞᆯ경 완ᄅᆞᆯ ᄯᆡ롭은 ᄌᆞ연 알ᄅᆞᆯ 거시니
너ᄅᆞᆯ 비 밀ᄒᆞ히 황ᄒᆞᆫ 후의 아ᄆᆞ조 ᄆᆞᄅᆞ게 ᄒᆞ여ᄃᆞ여 오다 집
노복이 알면 내 계ᄎᆡ 이니 못ᄒᆞᆯ 거시니 쳔만 조심ᄒᆞ여
잘ᄒᆞ라 ᄒᆞ니 여의 ᄒᆞᆫ 말ᄀᆞ 가셔 오늘 일ᄅᆞᆯ 만의 ᄒᆞ여ᄃᆞ여 와
건ᄅᆞᆯᄀᆞ 망니 ᄒᆞ고 장 벽장의 녀코ᄉᆞ 니ᄌᆞᄉᆞᄅᆞᆯ 여의ᄅᆞᆯ 남북
울시 장의 가ᄀᆞ 초사 장만ᄒᆞ라 ᄒᆞ고 은경 나간 밧긔 홀
로 안ᄒᆞᆫ ᄅᆞ 녀ᄌᆞᄅᆞᆯ 불러 내여 황금 십냥을 주며 날오
네 이거시 적거니와 가지고 ᄲᅡ계ᄅᆞᆯ 행ᄒᆞᆯ ᄂᆞᆫ 나 ᄒᆞ니 비
애 황ᄒᆞᆯ ᄒᆞ여 일ᄅᆞᆯ ᄆᆞᄉᆞ 일ᄋᆞᆯ 시기여 이ᄂᆞᆫ 말ᄋᆞᆯ 만
히 주시ᄂᆞ니 잇ᄂᆞᆫ가 다 지이다 노ᄅᆞᆯ경이 ᄂᆞ리 메나ᄒᆡ 날오ᄃᆡ
이리 이리 ᄒᆞ면 너ᄅᆞᆯ ᄒᆞ로 밧긔 ᄂᆞᆫ 못 잘ᄉᆡᆼ 여 오ᄉᆞᆸ ᄂᆞᄅᆞ 곰
니 알ᄒᆞ 키다 ᄂᆞᆫ만 잡히인 매티면 너조ᄎᆞ 기ᄅᆞᆯ 면티

못ᄒᆞᄂᆞ 내 계ᄌᆞ로 ᄒᆡᆼ티 못ᄒᆞᄂᆞ 내 계ᄌᆞ환이 이실거시니
그ᄢᅢ예 강ᄒᆞ야 욕여 ᄶᅥᆯ리고 ᄌᆞᆺ다 날ᄂᆞ나 비애ᄉᆞ왈 ᄀᆞ
희쉬온 일이 굴ᄉᆞ이나 날을 ᄐᆞᆯ삭을 신ᄒᆞ여 ᄂᆞᆫ주
카나기 어ᄯᅧ오ᄯᅧ 나와 보ᄌᆞ 볼만ᄒᆞ여 ᄂᆞᆫ 쳘리고 감ᄂᆞ
며ᄌᆞᆺ다 나기여 반장이 다부 어지어ᄯᅧ오ᄯᅧ오ᄒᆞᄂᆞ 멀경
이내희ᄒᆞ야 ᄂᆞᆷ을 주어 보내며 날오려 밝ᄌᆞᆯ 거야여
의가 블ᄌᆞᆨ 거든 나가 내계ᄌᆞ굴 ᄒᆡᆼᄒᆞ 카ᄒᆞ고 조굴 잇던
쥐녀킈여의ᄒᆞ야 ᄂᆞᆷ식을 ᄀᆞ 마ᄂᆞ ᄌᆞᆺ다ᄒᆞᄂᆞ 아브ᄌᆞ 브ᄌᆞᆯ
려다 이ᄅᆞᆫ 날 밝의 온 경이 지라오 거ᄌᆞᆯ ᄂᆞ 치ᄂᆞ을 정졔
히ᄒᆞ야 려히 자게ᄒᆞ고 ᄌᆞᆫ을 비ᄉᆞ 보ᄂᆞ 숙 ᄂᆞᆺ ᄂᆞᆫ 태ᄒᆞ고 화ᄌᆞᆨ
울 보려 히고 옹굴 ᄀᆞᆫ 안자 숙굴 ᄒᆞ러 니 여의ᄀᆞ 마ᄂᆞ ᄂᆞᆫ 오려
을 ᄌᆞᆫ졔 이졔 이ᄅᆞ 브을 ᄒᆞᆯ 쥐 ᄎᆡᆺᄒᆞ 엿ᄉᆞ다ᄒᆞ 거ᄌᆞᆯ ᄇᆞᆯ 날

오ᄅᆡ 죵을 기리ᄌᆞᆯ ᄆᆞᆯ 되다 ᄒᆞ더니 여의 ᄠᅳᆺ이 우ᄅᆞ와
뎡ᄒᆞ려 이제야 ᄎᆞᆺ 죵을 기리ᄃᆞ려 져시다 ᄒᆞᆫ 거ᄉᆞᆯ 그제야
여의ᄃᆞ려 비에 ᄆᆞᆯ ᄃᆞ리ᄅᆞ 올 ᄎᆞᆷ 져의 방듕의 와ᄀ 만ᄂᆞᄃᆞ
혀보내ᄅᆞ 너ᄅᆞᆯ 죽시 회복ᄒᆞ라 ᄒᆞ더니 ᄎᆞ시 아심ᄒᆞ매 인젹
이젹연ᄒᆞᄅᆞ 한ᄆᆞᆯ 이ᄒᆞᆫ 동국 ᄒᆞᆯ리라 비에 안ᄒᆞᆯ 견ᄆᆞᆯ을
ᄉᆞ래 업시여 보져 죄ᄂᆞᆼ ᄒᆞᆯ 니릭 만이 업ᄂᆞᆫ ᄃᆞᆯ 거ᄉᆞᆯ 여의
죽시 ᄃᆞ와 와 ᄂᆞᆷ은 대 날 져ᄉ 이올 졍의 ᄆᆞᆷ을 ᄒᆞᄂᆞᆫ ᄃᆞ려
쳐오니 쳐야 니러 안 거ᄉᆞᆯ 오ᄉᆞᆯ 니러며 ᄂᆞᆷ보려 맛가ᄃᆞᄅᆞᆯ
울ᄒᆞᆫ 져 방듕의ᄀ 업ᄉᆞᄅᆞ 이ᄒᆞᆫ 병이 잇라 ᄒᆞ니 급히ᄉᆞ
ᄅᆡ 말ᄅᆞ 신발 자최 업시 가 보ᄉᆞ려 ᄒᆞ니 올 경이 ᄌᆞᆼ을
롯쳐 여이 말ᄉᆞ올 ᄃᆞᆺᄅᆞ 봄ᄉᆞᆯ 흔ᄉᆞᆯ 따 말을 여어인 말ᄅᆞ 너ᄅᆞᆯ
경 말을 ᄉᆞ래 말ᄅᆞ 어셔 자 보ᄉᆞ려 ᄒᆞ니 올 경을 나리 젹

을웃셩이라가기ᄀᆞᆯ을서머서머ᄒᆞ야놉흔을보ᄅᆞ려ᄒᆞ
거ᄂᆞᆯ뎔졍이ᄌᆞᄅᆞᆯ혀세리ᄯᅢᄅᆞᆯᄒᆞᆯ가ᄌᆞ려ᄂᆞᆯ오쥐이일
운ᄂᆞᆫ알릐니못ᄒᆞᆯ거시니ᄯᅢ피셔가리이다ᄒᆞ고ᄌᆞᆯ히
나와울ᄉᆞ려방의ᄂᆞ러려운졍이방의ᄌᆞ녀가더니크게
ᄒᆞ쥐ᄒᆞ여ᄒᆞᆯᄂᆞᆺᄌᆞ굴을자바ᄂᆡ여와ᄉᆞ지ᄅᆞᆯ쳘며아ᄒᆞ니
ᄒᆞᆯᄌᆞᆯ몰라ᄒᆞᆯ수이예비애쳘리ᄂᆞ누ᄌᆞ지ᄂᆞᆼ굴너며
ᄌᆞ라낫더온졍이졍을ᄎᆞ리못ᄒᆞ야방ᄌᆞᆼ을ᄌᆞ녀가
려ᄒᆞ거ᄂᆞᆯ뎔졍이거ᄌᆞᆺ경황ᄒᆞ고ᄯᅢᄒᆞ며온졍을
말려왈이일이ᄎᆞ블ᄂᆡ니못ᄒᆞᆯᄌᆞᆯ을어이ᄉᆡᆼ각니못
ᄒᆞ시ᄂᆞᆫ고블졍의ᄂᆞᆫ덕이깁ᄉᆞᆸ거ᄂᆞᆯ가ᄒᆞᄂᆞ이다ᄒᆞ니온경
이셔ᄌᆞ라졍을ᄎᆞ리고뎔졍의방을와리온ᄌᆞᆯᄂᆞ뎡ᄒᆞ
더라이윽뎔졍이비애ᄅᆞᆯ그결ᄒᆞ야울시방ᄌᆞᆼ의ᄌᆞ녀

가만이 누어시다 ᄒᆞ고 온경모ᄂᆞᆫ대 낡저고엿던줄만
알게 ᄒᆞᆯ계 되다 온 경이ᄂᆞᆫ 왈 이런 변이 업다 어이 쳐리
ᄒᆞᆯ고 닐경왈 이 일은 우리와 여의만 알고 아모도
ᄅᆞᆺ니 보ᄂᆞᆫ 쇠로 알외니 말고 잘 쳐리ᄒᆞ소셔 이 형상이 누
설ᄒᆞ면 ᄂᆞᆫ경울 더녀 이일 쎨이 안니다 ᄂᆞᆫ아 젼 경다주 아기
ᄅᆞᆯ 변니녀 ᄒᆞ시ᄂᆞᆫ니잇가 ᄒᆞ니 온경이 ᄒᆞᆫ 왈 네 말이 장
우리ᄒᆞ다 닐경왈 상공의 일을 아니 못ᄒᆞᆯ소이다
ᄂᆞᆫ아 쇠ᄂᆞᆫ 슈내 나리잇고 말ᄉᆡ 양아니 ᄒᆞ고 온 씨ᄂᆞ니 갓가이 ᄒᆞ
기 민망ᄒᆞ야 ᄒᆞ더니 이런 일이 잇서 ᄌᆞᄂᆞ니 알니 ᄒᆞ 킹잇가 을
경이 더욱 고리ᄃᆞ러 ᄂᆞ리 더 ᄇᆞᆯ로ᄒᆞ야 새ᄃᆞᄃᆞᆨ 뎐뎐ᄒᆞ
아 ᄌᆞᆷ을 일우지 못ᄒᆞ더라 닐애 협방의셔 자다가 놀
라 ᄭᆡ져 방울 우니 ᄭᆡ 소리로 못ᄒᆞ고 가ᄉᆞᆷ만 ᄌᆞᆨᄌᆞᆨ니ᄅᆞᆫ

암자거ᄅᆞᆯ 날에 경황분ᄆᆞᆯ이 어빈 일을 이니 잇ᄂᆞᆫ 소제왈
주ᄉᆞᆯ 밧기ᄂᆞᆫ ᄎᆞᆷ 말을ᄒᆞ 키오 어ᄃᆞ셔 온 조젹 ᄎᆞᆷ이
니ᄉᆡᆼ의 ᄃᆞ엿던 ᄂᆞᆯ에 왈 ᄂᆞ애 조젹은 죽을 줄 알면
브ᄅᆞᄂᆞᆫ 복을 불러 잡으라 ᄒᆞ실 일이 어ᄅᆞᆯ 친히 ᄒᆞ올
자오시미ᄅᆞ 이ᄒᆞ이다 소제왈 어이 ᄒᆞ올 자오시리오 ᄂᆞᆯ경
이ᄒᆞᆷ쳐와 밧기 셧ᄂᆞᆫ 가시브더다 ᄂᆞᆯ에 발을 굴러 날
오뢰 이일 잘 연히 ᄂᆞᆯ 경의 간계ᄅᆞᆯ 다 조젹을 ᄂᆞ오ᄒᆞ야
그 만이 ᄃᆞ녀 보내ᄂᆞᄂᆞ야 ᄅᆞᆯᄅᆞᆯ 보ᄎᆞᆨᄒᆞ야 ᄆᆡ시ᄂᆞᆫ 왓다 ᄒᆞ오이다
소제왈 나조 ᄃᆞ려 알을 건 말을 어ᄃᆡ 가 변정ᄒᆞ며 발명ᄒᆞ
키 니ᄆᆞᆷ이 어져 죽ᄂᆞᆫ 거시 올타 ᄒᆞ고 깁슉 견을 ᄃᆞ로ᄃᆞ
줄 보오ᄒᆞᆯ 향ᄒᆞ 여ᄌᆞ 졀ᄒᆞ 편ᄒᆞ 거ᄅᆞᆯ ᄂᆞᆯ에 ᄀᆞᆸ히ᄉᆞ
ᄒᆞ야 ᄉᆞᆯ 오뢰 어이 ᄀᆞᄃᆡ 일을 ᄉᆡᆼ각 ᄃᆞ 아니ᄒᆞ 시ᄂᆞ니 잇ᄂᆞᆫ이

제ᄉᆞ 졀ᄒᆞ시면 현만 허ᄉᆞᄅᆞᆯ 실ᄉᆞ로 아니 아녀니 잇ᄂᆞ 아직
사자쳐ᄃᆞ여 가ᄂᆞᆯ 상ᄋᆞᆯ 보사 이다 ᄒᆞᆯ되 ᄇᆞ자 싫히 아니시니ᄌᆞ
염ᄆᆞᆯ 평ᄉᆡᆼ올 일이 아니 이지랑잇가 ᄒᆞ니 초제 망극ᄒᆞ야
새ᄌᆞ국 ᄂᆞᆫᄇᆞᆯ 만ᄒᆞᆯ 커더라 이를 날을 경이 블져보
ᄇᆞᆫ긔ᄂᆞᆫ ᄒᆞ 뎌 현 쳐ᄋᆞᆯ 시형 실이라 약ᄒᆞ야 졀연히 집의
못ᄌᆞᆨ 올거시니 이 되내리ᄃᆞ 이다 ᄇᆞᆺ믜ᄀᆡ 경ᄒᆞ여 왈을
시ᄃᆞ 장현 뵈어 ᄅᆞᆯ ᄇᆞᆫ ᄎᆞᆺ 허ᄇᆞᆯ 골 ᄇᆞᆫ퇴 ᄒᆞ 노라 ᄋᆞᆫ 경왈
날ᄒᆡᆫ여 그허 ᄇᆞᆯ ᄋᆞᆯ 아ᄅᆞ 시ᄃᆞᆼ 이다 ᄒᆞᄂᆞ나 ᄋᆞᆫ니 ᄇᆞᆫᄇᆞ로
올 경의 긔셕이 싫히 줄 젼ᄒᆞ 블 보ᄂᆞ다 시 말키니
못ᄒᆞ 더다 올 졍이 나와 시뷔ᄅᆞᆯ 을 ᄎᆞ져긔 보내여 날로
뎌내 다시 엇ᄌᆞᆯ 올 아니블 거시니 ᄆᆞᆺ ᄇᆞᆫ긔ᄃᆞ 하 ᄀᆞᆨ홀
새ᄌᆞᄅᆞᆯ 말ᄂᆞ 아ᄇᆞ 잡 말ᄌᆞ 말ᄂᆞ 이제ᄅᆞᆯ 쳐ᄌᆞ ᄌᆞ식 ᄌᆞᄃᆞᆯᄂᆞ

방의 술져 발을 나가라 ᄒᆞᆫᄃᆡ 시비 여다ᄉᆞᆺ을 녈낙ᄒᆞ야 보
내여 쳥화ᄀᆡ 뎌 졸ᄒᆞ니 울ᄉᆞ 졔ᄂᆞᆫ 블을 만비오 듯ᄒᆞ올리
ᄂᆞ아 ᄀᆞᆺ 말을 도 ᄀᆞᆺᄒᆞᆫ ᄂᆞᆫ ᄀᆞᆺ 주식ᄋᆡ 갈 날 얼굴 맛니며 걸ᄋᆡ
라ᄒᆞᆫ ᄃᆞ 어린 주식을 친히 안ᄂᆞᆫ 뒷블을 나 올 셔 쓰ᄂᆞᆫ 사
룹ᄂᆞᆫ 줄 히 혀ᄀᆡ의 ᄡᅳ라 져로 날 오되 이런 어린 ᄋᆞᄒᆡ 졔 여러 휘ᄒᆞᆯ
ᄣᅢ셔 지나오되 게 조롤 조해 론 온 일이 업더니 모ᄉᆞ 일로
줍ᄂᆡ리 진ᄂᆞᆫ 쇄상의 참혹ᄒᆞᆫ 일을 조보와 나ᄒᆞᆫᄃᆡ ᄂᆞᆫ블
울음ᄒᆞ리 ᄀᆞᆺᄒᆞᆫ 여ᄒᆞᆫ 더타 날 경을 ᄒᆞᆫ 영ᄒᆞᆫ 날 ᄉᆞ 쇠만
안ᄒᆞᆫ 아 온 경ᄃᆡ 려 날 오뎌 어린 ᄌᆞ식이 아므 ᄉᆞ되이
시외로 ᄒᆞᆫ 블을 ᄯᅥ ᄂᆞ야 ᄢᅬ라 ᄀᆞᆯ아기 엄ᄂᆞ 나갈 ᄭᅬ면 ᄀᆞᆯ며 ᄌᆞ
굴거시니 ᄂᆞ ᄋᆡᄒᆞᆫ 셜ᄃᆞᆯ 앙ᄃᆡ 싱각ᄒᆞᆫ 지덩 엿가 ᄒᆞᆫᄃᆡ 졔 삶
졀ᄒᆞ 여ᄃᆞ 아기 랄 아자 ᄃᆞ 호쳐ᄒᆞ니 이을 간조ᄒᆞᆯ 쓰뎌 울

시ᄅᆞᆯ반ᄃᆞ시길ᄒᆡ셔ᄌᆞ식와ᄌᆞ아희노하거ᄅᆞᆨᄒᆞᄂᆞ니아
ᄢᅵ나어더길러내면제게후환이이실가념녀ᄒᆞ미오
집의아자ᄅᆞ라ᄒᆞ길장녀제ᄉᆞᆯ의ᄌᆞᆯ라ᄌᆞ여후환
ᄋᆞᆯ영졀ᄒᆞ켜ᄒᆞ미라ᄋᆞᆯ경이이ᄡᅳᄃᆞᆯ어이ᄋᆞᆯ리오아
사ᄅᆞᄃᆞᆨᄆᆞᆯ만ᄋᆞᆯ희어져ᄌᆞᆨ시시녀ᄀᆞᆯ내여보니여왈
너희ᄅᆞᄌᆞ식ᄋᆞᆯ란아사오라ᄒᆞᄂᆞ니울시울며왈어ᄃᆡᄌᆞ
식ᄃᆞ차어이아ᄉᆞ켜ᄒᆞᄂᆞ노ᄒᆞᄃᆞᆫ아희ᄡᅳᄃᆞᆫ칠제오ᄅᆞᆯ
잴ᄉᆞ쇄라이놀치ᄀᆞᆯᄋᆞᆯᄃᆞᄉᆞᆯ져의오ᄉᆞᆯ브ᄌᆞᆯᄃᆞ노릐
앙ᄒᆞᄂᆞ니시비ᄃᆞᆯ희ᄒᆞᆯ체엽셔ᄃᆞᄀᆞᆫᄃᆞ실가이ᄡᅳᄃᆞᆯᄃᆞᄒᆞᆯ
대ᄋᆞᆯ경이더ᄋᆞᆨ노ᄌᆞᆯ왈제어이앙ᄂᆞ니ᄌᆞᆯᄃᆞ녈경ᄌᆞ더
날오뎌지비ᄃᆞᆯᄌᆞ려ᄃᆞ네가아사오라ᄒᆞᄂᆞ니녈경이나와
ᄋᆞᆯ촐져ᄀᆞᆯ뎌ᄒᆞ아날오뎌노애지빵대ᄀᆞᆫᄒᆞ사날ᄌᆞ

며느아희를아사오라ᄒᆞ니셔어셔갈라ᄒᆞ고ᄂᆞ리ᄂᆞ라
울흥져의가솟을밀티고어린아희를ᄲᅢ셔안고시비를
ᄒᆞ고나ᄂᆞ되ᄂᆞ아희를프어가니울흥져ᄂᆞᆫ가솟을ᄂᆞ
ᄂᆞ되고ᄂᆞ아ᄌᆞᆯ의일흥솟을보ᄂᆞ며ᄂᆞ아희ᄂᆞᆫ어미보ᄂᆞ
놀소ᄅᆡᄉᆞ리아니ᄒᆞ고하오니보놀사롬이털쳑간ᄯᅡᆼ이
라즈ᄂᆞᆫ빗을ᄒᆞ길키고아니찰혹ᄒᆞ여ᄒᆞ키어업더라울
흥졔와희ᄉᆞ을며오다가라올이막혀리젼ᄒᆞ니날에
흥자셔슥졸을쥐보ᄂᆞ며아보리ᄒᆞᆯ주을보ᄂᆞ러
니그것쥐눌근한미와보다가잔잉희너겨흥져를ᄉᆞ
왈ᄒᆞ여겨우쳐건를위로ᄒᆞ아날오뒤이ᄂᆞ대셔아보리
셜워오러도ᄒᆞᆯ일이업ᄉᆞ니ᄂᆡ집을가자이다ᄒᆞ
ᄀᆞ날에와ᄌᆞᆯ희흥져를보ᄂᆞᆫ돌ᄂᆞ졔집을ᄃᆞ려가니

올ᄋᆞᆯ 긴 뎡ᄒᆞᆫ 긔ᄒᆞᆫ ᄂᆞᆯ오ᄃᆞᆯ ᄉᆞᆯ뫼 이 재어ᄃᆞ려 가시니
오ᄂᆡ ᄂᆞᆯ그니 ᄒᆞᆯ자 잇ᄂᆞᆯ 집이니 아직에 ᄯᅥ나 ᄆᆡᄇᆞᆯ면 나흐
편 말ᄉᆞᆯ 노애 아ᄅᆞ시면 나조차 에 ᄯᅥᄭᅩᆺ 살게 ᄒᆞᆯ 거시니ᄉᆞᆯ
쳐의 힝셕이 ᄎᆞᆷ혹ᄒᆞᆫ 다ᄉᆞᆯ 돼오ᄅᆞᆯ며 일ᄅᆞᆯ 할미 이되ᄒᆞ
니 갑ᄭᅧᆨᄒᆞᆫ 거니와 어이 이되 갓가 올ᄃᆞ ᄯᅢ셔 며ᄇᆞᆯ킈 오날
ᄀᆞ촐 박명이 어려이시되오 어ᄯᅥ셔 보ᄭᅮᆯᄀᆞᆯ 며희ᄃᆞ ᄂᆡᄭᅮᆷ
이ᄌᆞᆨ 게되엿ᄂᆞᆫ 거ᄉᆞᆯ 양보ᄭᅴ ᄃᆞ려 다가 살라 ᄂᆡ여이 집
의이 녕ᄋᆞᆯ 지어ᄌᆞ ᄌᆞ식ᄋᆞᆯ 나ᄀᆞᆫ 잔명ᄋᆞᆯ 의탁ᄒᆞ엿ᄉ
더니 편만의외에 양보ᄭᅴ 나라되ᄀᆞᆯ 납어 만킈외에셔
향가시ᄃᆞ ᄂᆡ보뎌 중셩ᄃᆞ 친혁ᄃᆞ 업ᄉᆞᆯ 긔되 ᄉᆞᆨ이ᄅᆞᆯ의
당ᄒᆞᆫ 며지아비 보되ᄃᆞ ᄌᆞᄌᆞ식ᄋᆞᆯ 나ᄆᆡᆯᄒᆞᆫᄃᆞ 혈혈ᄒᆞᆯ
ᄃᆞ진이 어려가ᄂᆞᆯᄋᆞᆯ 의탁ᄒᆞ되오 양보ᄂᆞᆫ 가신ᄃᆞ ᄯᅢ ᄌᆞ

자가셔ᄒᆞ여ᄃᆞ만리셔ᄎᆞᄌᆞ와ᄒᆞᆯ녀ᄌᆞ의ᄭᅮᆷ이ᄂᆞᆼ히ᄃᆞᄅᆞ갈
ᄒᆞᆯ제업ᄂᆞ니사던ᄭᅪᄒᆡ가몃ᄌᆞᆼ이니ᄎᆞ자보ᄂᆞᆫ보건ᄭᅩᆺ
젼의나아가ᄃᆞ아ᄒᆞ로ᄃᆞᄒᆞ다가인ᄒᆞ여ᄆᆡᆼ이진ᄒᆞ건ᄂᆞᆫ
ᄒᆡ슐이니보ᄂᆞᆫ것ᄎᆔᄌᆞ리셔ᄒᆞ건마ᄅᆞᆯ녀ᄌᆞ의ᄭᅮᆷ을ᄂᆞᆫ
별에만ᄌᆞ리ᄂᆞᆫ가나가ᄒᆡᆼ노의ᄉᆞᆨ된일ᄂᆞᆫ이이실건ᄂᆡ쥬ᄅᆞᆯ
ᄒᆞ리이곳의셔ᄌᆞ어ᄉᆞ가의ᄯᅳᆺ오ᄅᆞᆷ글싀ᄒᆞᆫ월긔ᄒᆞ리라ᄒᆞ
ᄂᆞᆫ하오니ᄂᆞᆫ의리나ᄂᆞᆫ그할미와별에ᄉᆞ마보니못ᄒᆞ야
ᄭᅮᆷ이ᄯᅢ여말을못ᄒᆞ더니울ᄉᆞᆷ제일ᄌᆞᄌᆞ식이ᄀᆞ리
날을보ᄌᆞᆯᄂᆞᆫ오ᄂᆞᆯ거슐오깁질글아자가니이제날
을보ᄌᆞ지ᄌᆞ며ᄌᆞ히오ᄅᆞᆯ라이성의ᄅᆞᆯ나시어더볼길
ᄒᆡ업ᄉᆞ니아직갓가이이실제ᄌᆞᄌᆞ식의얼굴이나ᄉᆞᆯ간
보ᄂᆞᆫ지ᄂᆞᆫ젼일가ᄃᆞᆼ아히ᄅᆞᆯ아롯리ᄉᆞᆺ기ᄅᆞᆯ자바다가거

의ᄌᆞ긔 되엿거ᄂᆞᆯ 내 참혹히 너겨 아사 나가 ᄭᅵ히노라 ᄒᆞ시
더니 일댱 제 어미ᄅᆞᆯ ᄎᆞ자 가시ᄃᆡ 이제 뉘라셔 내주시
을노 화본 내여 어미ᄅᆞᆯ 보게 ᄒᆞᆯ고 ᄒᆞ고 아희 일홈
을 부ᄅᆞ지져 밤나ᄌᆞᄅᆞᆯ 우나가 ᄆᆞᆷ이 쇠진ᄒᆞ여 ᄌᆞᆷ간
ᄌᆞᆷ을 드니 ᄒᆞᆯ 엄부 친을 지당이와 울며 남북을
가져다가 친히 닙히며 날오ᄃᆡ 뎌 ᄌᆞ식 아이ᄅᆞᄅᆞᆯ 추이
쳐오라 ᄒᆞᆫ 거ᄉᆞᆯ 놀라 ᄭᆡᄃᆞ니 ᄒᆞᆫ ᄭᅮᆷ이라 더옥 셜워 울
며 날ᄋᆞᆯ 애주 켜왈ᄋᆞᆯ 이러ᄐᆞᆺ ᄒᆞ니 부ᄌᆞᆨ 일ᄋᆞᆯ 이이 실ᄅᆞ ᄒᆞ나
니 그ᄅᆞᆨ 치신 ᄌᆡ물을 거시라 ᄒᆞ고 죽지 남북을 사다가
남고 할ᄭᅴ 게벽 번인ᄉᆞ ᄒᆞ고 게ᄅᆞᆯ 쳐 낫더니라 연ᄂᆞᆯ
경이고 젹 ᄂᆞᆰ을 감출 만히 주고 밝의 ᄃᆞ러주이라
ᄒᆞ니 고젹이 밝고 중의 ᄃᆞ러을 출져 만 너겨고 할미라

춍ᄒᆞ나ᄒᆞᆯ일시의쥭이ᄂᆞ을지랑의신령ᄒᆞ미고
륙ᄒᆞ고ᄂᆡ경의간악ᄒᆞ미가긔롤심ᄒᆞ고ᄂᆞ고의비명
의쥭으미참혹ᄒᆞᆫ더라쳐엇의울ᄎᆞ졔나올졔옷
ᄒᆞ나로봇가져온고로직가빅야온보ᄂᆡ롤울ᄌᆞᆯ히ᄌᆞᆷ어
와시더니ᄒᆞᆯ가지식시생의가ᄌᆞ라횡낭을니ᄂᆞ다국즁
부녜어이왼고횡역을잘ᄒᆞ니오천신만고ᄒᆞ여ᄎᆞᆯ
ᄎᆞᆫ뎐진ᄒᆞ여여너ᄌᆞᆯ만의계옥고향의ᄃᆞᆯ살ᄒᆞ아녜
집을ᄎᆞᄌᆞ가니집이다ᄇᆞᆫ허더ᄇᆞᆨ바리뢰엿고녯종이
ᄒᆞ나도업고ᄯᅩ울집도업ᄉᆞ회쳐ᄌᆞ세집은나마시나다
녜아던자ᄅᆞᆯ이양ᄂᆞ어ᄃᆞᆯ그자롤ᄌᆞᆯ즈려보ᄅᆞ니녀왈이
그니ᄉᆞ연젼의병화롤ᄂᆡᆸ어리민이쥭으며ᄅᆡ로ᄒᆞ여
가매ᄒᆞ나로나ᄂᆡᆫ더업ᄉᆞ니오뢰날굿와ᄂᆞ라소졔더옥망

국ᄒᆞ여왈어이가리록이ᄅᆞᆯ마나찰ᄉᆞᆨᄒᆞᄂᆞᆫ하ᄂᆞᆯ히ᄀᆞ
ᄀᆞᆺ티오리ᄅᆞᆯ셜워ᄌᆞᆨ게ᄒᆞ시ᄂᆞᆫ도다ᄒᆞᄂᆞᆫ부모분상을
ᄎᆞ자가ᄂᆞᆫ도ᄅᆞᆯ이오북ᄒᆞᆫ엿더라계우조ᄅᆞᆯ을헤집ᄂᆞᆫ보
뎐의ᄃᆞ려가부무ᄅᆞᆯ보록지져와ᄉᆞᆼᄋᆞᆯ도록ᄃᆞ니ᄂᆞᆫ부ᄉᆞᆨ히
오니텬니아ᄌᆞᆨᄒᆞᆯᄌᆞᆺᄒᆞᄂᆞᆫ일왈이부당ᄒᆞᆫ어다념애ᄌᆞ
려왈이졔ᄂᆞᆫ보ᄅᆞᆯ일이업ᄉᆞᆫ니ᄢᆞ졀의셔ᄌᆞᆨ거ᄃᆞᆫᄢᅢ
신톄ᄀᆞᆯᄒᆞᆯ이나덥ᄂᆞᆫ아ᄇᆞᆫ집의나가조히자라가니하의
가셔ᄅᆞᆨ만나보자ᄒᆞᆫ니념ᄅᆞᆯ애오ᄅᆞᆯ며일ᄅᆞᆯᄎᆞᄌᆡᆨᄌᆞᆨ으시면ᄢᅥ
어이홀자살리잇ᄂᆞᆫ아ᄇᆞᆫ거나뎌집의ᄂᆞ려가ᄇᆞᆼᄅᆞᆯ니ᄂᆡᄂᆞᆫ
녀일ᄅᆞᆯ오사이다ᄒᆞᄂᆞᆫᄎᆞ저ᄀᆞᆯᄋᆞᆯ잇ᄀᆞᆯᄂᆞᆫᄂᆞ려오니그집살ᄅᆞᆷ
이오ᄂᆞᆫ생ᄋᆞᆯᄇᆞᆫᄇᆞᆫᄀᆞᆯ생히너져방ᄒᆞᆯ간ᄋᆞᆯ비ᄅᆞᆯ리거
ᄂᆞᆯᄌᆞᆯ히밝ᄋᆞᆯ나ᄂᆡ더니ᄒᆞᆯ연ᄇᆞᆫ부인이와나ᄂᆞᆫ오ᄌᆡ

더아가하셜외와마라네온쉬이러ᄒᆞ니ᄃᆞ횡울이되것가
니와ᄉᆞ오년휘면졈졈조ᄒᆞᆫ온울만나되라ᄂᆞᆺ기너
굴ᄉᆞ졔ᄒᆞ야길ᄒᆞᆫ굴구국될거시니쏠와가라ᄒᆞ시거
ᄂᆞᆯ반갑기한ᄂᆞᆯ구국여보ᄂᆞᆫ굴ᄃᆞ오다가쉬리니ᄒᆞᆯ적의니
라니더안자녀ᄃᆞᆯ애굴쳐와날오쾌내꿈의ᄇᆞᆫ보ᄂᆞᆫ인이뵈
시ᄃᆞ이되이되니국시니부보신형조브실터아니사오되
굴굴국치지니아보커ᄂᆞ주국리말ᄃᆞ리내여보자ᄒᆞᄃᆞ시옵
울ᄉᆞ리먹ᄃᆞ밝은ᄋᆞᆯ계웃거내여이ᄅᆞᆫ날뙤보ᄉᆞ의울나
가오더니ᄒᆞᆯ연ᄂᆞᆺ기ᄒᆞ나히라실ᄋᆞᆯ부러다가ᄂᆞ키굴
여ᄉᆡ번울ᄒᆞ거ᄋᆞᆯᄉᆞ시보니젼일살와노ᄒᆞᆫᄂᆞᆺ기형상
이어조ᄋᆞᆯ리국이너겨그라실ᄋᆞᆯ먹어보니인간의어업ᄂᆞᆫ거
시어ᄋᆞᆯᄒᆞᆯ번먹으매졍신이쇄쇄ᄒᆞᄃᆞ벤보구더라녈

애ᄌᆞ 혀왈 이앙니ᄅᆞᆨ ᄒᆞᆫ 나 즘생 이라 조 보은 ᄒᆞᆫ ᄂᆞ라 이셔
컨ᄭᅳᆯ 별 경을 엇니ᄂᆞᆫ 대ᄌᆞᆨ 간악ᄒᆞᆫ 넌ᄂᆞᆫ ᄒᆞ며 서ᄅᆞᆨ 말
ᄒᆞᆯ ᄉᆞ 이 ᄀᆞᄅᆞᆺ 기 ᄌᆞᆼ 나 히ᄅᆞᆯ 가며 ᄌᆞᄅᆞᆯ ᄌᆞ라 보 거ᄂᆞᆯ 초졔 왈
며 형 상 이 오 ᄏᆡ ᄅᆞᆯ 인 ᄌᆞ ᄒᆞᆫ ᄂᆞ니 ᄀᆞᄅᆞᆺ 아 ᄂᆞᆫ 거니 ᄭᅩᆯ 와 보자
ᄒᆞᄃᆞ 니러나 ᄀᆞᄅᆞᆺ 기 가ᄂᆞᆫ 길ᄅᆞᆯ 가니 졈졈 가며 조 감ᄌᆞ 담보
ᄃᆞ 갈 형 상 이ᄃᆞ 이 ᄒᆞ 며 사ᄅᆞᆷ 이 멀ᄏᆡ 쳐어 뎌시 면 서ᄅᆞ 길ᄅᆞᆨ
ᄏᆡ주 시 ᄒᆞᄃᆞ 갓가 이가 면 밧비 ᄌᆞ라 여어 산ᄌᆞᆨ 다ᄂᆞᆫ ᄌᆞᆯ 중 ᄀᆞᆯ 니
나 ᄒᆞᆯ ᄌᆞᆼ 을 조 차 ᄃᆞ 러 가니 민 개 오 십 가 ᄒᆞ 나 잇ᄃᆞ 빗츨
혀 ᄀᆞᆫ 집 울 ᄌᆞ 옥 이 짓ᄃᆞ 업ᄉᆞᆯ ᄀᆞᆯ 대브ᄂᆞᆫ 알 ᄐᆡ ᄂᆞᆨ ᄂᆞᆨ 쳥 ᄉᆞᆼ
이 길 ᄒᆞᆯ 덥 헛ᄃᆞ 벽 조 ᄒᆞᆼ 황 이 라 오 외 난 만 ᄒᆞ 여 시 니
셜 졍 ᄀᆞᆺ 더 라 ᄀᆞᄅᆞᆺ 기 그 ᄇᆞᆫ ᄋᆞᆯ ᄃᆞ 려 가 거ᄂᆞᆯ ᄭᅩᆯ 와 ᄃᆞ 려 가 니
ᄒᆞᆫ 만 ᄒᆞ 아 아 ᄇᆡ 간 ᄌᆞᆯ 불ᄅᆞᆨ ᄃᆞ 안 ᄒᆞᆯ ᄉᆡ ᄒᆞᆯ ᄂᆞ 보ᄅᆞᆨ 이 나 오

거ᄉᆞᆯ 설애 낫ᄐᆞ나ᄆᆞᆫ 왈 이 뎍이 귀지니 잇ᄂᆞᆫ 노복 왈 면
귀셔 왓노가 어이 이리 ᄋᆞᆺ 명ᄒᆞᆯ 집을 ᄆᆞᆫ득 지나노이 잡은
낭즁셔 뎍이라 ᄒᆞ 거ᄉᆞᆯ 설애 ᄀᆞᆫ 노복을 보니 장인ᄒᆞ
ᄒᆞ여 ᄃᆡ 거ᄉᆞᆯ 말ᄉᆞᆷ을 나ᄉᆞ이 ᄒᆞ여 조용히 ᄇᆞᆫ 왈 이ᄌᆡᆨ
이 어이 ᄋᆞᆺ 명ᄒᆞ시ᄂᆞᆫ고 왈 우리 노애 즁셔 벼슬 ᄒᆞ시다
가 퇴조ᄒᆞ사 여긔 오션 니오 ᄭᆡᆫ 니다 ᄇᆞᆯ 힝ᄒᆞ야 ᄉᆞᆯ 녀ᄌᆞ
밧근 낡지 업ᄉᆞ니 이 셩의 조ᄒᆞᆫ 일이니 만히 ᄒᆞ 려ᄒᆞ시ᄂᆞ
년 년의 만여 복ᄉᆞ 식다 텬여 리ᄅᆞᆯ 쳐 갈을 셜 키 진 샤ᄅᆞᆷ
라 근 ᄉᆞᆼᄒᆞᆯ 인싱을 수 ᄌᆡᄒᆞ 시니 사ᄅᆞᆷ 신 샤ᄅᆞᆷ이 ᄆᆞᆫ리기
쉬라 일ᄅᆞᆯ 오ᄉᆞᆺ 명ᄒᆞ시 거ᄃᆞᆫ 어이 ᄆᆞᆫ득 노라 ᄒᆞ 거ᄉᆞᆯ 다 힝
히 어거 쳥ᄒᆞ여 왈 오 키 와 노ᄌᆞᆯ을 노아 ᄉᆡ 왈 의미 엇더
ᄒᆞ노복이 ᄃᆡᄀᆡ 구ᄅᆞᆯ ᄌᆞᆺ ᄃᆞᄃᆞ려 가 ᄃᆡ니 죽지 나 와 날오 뎍 노애

시방안자겨시니드러가뵈다ᄒᆞᆫ 거ᄉᆞᆯ깃거ᄒᆞ져ᄉᆞᆯ압셔ᄂᆞᆫ
녈애ᄭᅩᆺ와드러가보니년이오십은ᄒᆞᆫ그의걸ᄋᆞᆯᄒᆞᄂᆞᆫ
히ᄒᆞᆫ그얼골이복덕이ᄀᆞ자뵈ᄂᆞᆫ춘풍화긔만면ᄒᆞ
더라호제올라텽상의뵌대부인을엇더ᄒᆞᆫ소년이뇨
호제뒤일을보니낭의ᄌᆞ식ᄋᆞᆯ조상모ᄃᆞᆫᄒᆞ그ᄂᆞᆺ다승
ᄂᆞᆫᄒᆞᆫ여ᄌᆞ나옵더니드ᄌᆞ오니재인이ᄂᆞᆺ글살쇄을
ᄀᆞ졔ᄒᆞᆫ신라ᄒᆞ오매이리와뵈ᄂᆞ이다드ᄃᆞᆼ쇄일을그뒤보라
ᄂᆞᆫ호왼이므ᄉᆞ이ᄅᆞᆫ드뒤일을ᄉᆞᆼ근호ᄅᆞᆯᄇᆞᆯ음을의탁ᄒᆞᆫᄒᆞᄂᆞᆫ뒤
업ᄉᆞ니의탁ᄒᆞᆫ혀ᄒᆞᄂᆞ이다드ᄃᆞᆼ쇄일을어ᄂᆞ와히셔자던
엇던사ᄅᆞᆷ인가호제뒤일을본현재ᄇᆞᆫ호ᄉᆞ의져사던시
캉ᄋᆞᆯᄀᆞ녀ᄅᆞᆷ의ᄌᆞ식ᄋᆞᆯ아비즈ᄀᆞ은호ᄂᆞ의동셔ᄂᆞᆺ리ᄒᆞ
야졸나라가드향ᄋᆞᆯᄎᆞ자오니네ᄀᆞ비가새다어ᄇᆡ져시매

조ᄎᆞ갈고리 업서이다 ᄃᆞᆼ쳬 왈 이 어인 말고 괴올 ᄎᆞᆯ이
에셔 오십여 ᄂᆡ을 ᄒᆞ니 상게지쳑이오 내 젼일 ᄋᆞᆷ상셔
와 국진ᄒᆞ던 거시니 ᄌᆞ셔히 알거라 오직 일녀만 잇ᄉᆞ
원부ᄌᆞᄒᆞ거든 엇던 ᄌᆞ식이 ᄋᆞᆯ과ᄒᆞ 노ᄅᆞᄒᆞ고 안ᄒᆞ를
ᄃᆞ녀 갓ᄂᆞ ᄎᆞ졔 말ᄌᆞ 갑ᄃᆞᆺᄒᆞᆫ 조ᄎᆞ울 주랴ᄒᆞ고 머믈
어 방황ᄒᆞ더니 ᄃᆞᆼ쳬 ᄃᆞ녀 가보인다 의논 왈 반긔온
ᄎᆞ년이 올시랑의 아ᄌᆞᆯ을 알니어니와 그 인물을 몰ᄂᆞ
국히 ᄌᆞᆯ매ᄒᆞ고 어엿브ᄃᆡ 내게 남ᄌᆞ 곳 이시면 ᄒᆞᆯ가지를
굴이니 ᄒᆞ리 ᄃᆞ 혓말을 낡ᄌᆞ 업ᄉᆞ니 ᄒᆞᆯ 일이 업고 이사
굸이 녀저면 내 ᄌᆞ식이라 ᄒᆞ올 뒤ᄃᆞ고 양녀를 뒤졉ᄒᆞ 편마
노아 부뎌 졔ᄉᆞ랑ᄒᆞ오나 거ᄌᆞᆺ 거실ᄅᆞ가 부인 왈 하리ᄃᆞ국
다ᄒᆞ니 나ᄃᆞ 보사이다 ᄒᆞ고 말ᄃᆞᆫ ᄋᆞ굴 며어 보시고 ᄎᆞ 왈 녀

련졀셕의낙셔이시며그거동이녀져시랑연ᄒᆞ니다시
부쳐보ᄋᆞ셔동쳬로로나와부활에녀져면내쫄라
ᄒᆞᆯ쳐로그져시ᄇᆞ다말네녀셔아니거즛거시로다ᄒᆞᆯ졔
셩각ᄒᆞ쳐보본졍녕이이집ᄋᆞᆯ지지ᄒᆞ야본너신배
니역시인연인가십ᄇᆞ그이자록이극히간ᄒᆞ인가ᄒᆞ
야빈니바로알의며로ᄒᆞᆯ로라ᄒᆞ고졔야발로ᄯᅢ로
로ᄒᆞ쳐쳡이보쳐올상셔의녀ᄌᆞ로셔화ᄒᆞᆫ올만나길
로바장니ᄯᅢᄇᆞ로ᄒᆞ이ᄒᆞ며낙보ᄋᆞᆯᄒᆞ엿ᄂᆞ이다로궁쇄ᄯᅢ
ᄒᆞᆯᄒᆞ고보인의명찰ᄒᆞ쯧ᄒᆞᆯ고록이너기며보인이발
안회셔로즈즉시시년ᄅᆞᆯ내여보내여로ᄒᆞ셔오다ᄒᆞ연ᄒᆞᆯ
ᄒᆞ졔시녀ᄅᆞᆯ쫄와ᄃᆞ려가니보인이친히ᄒᆞᆫ부ᄋᆞᆯ잡ᄒᆞ
텽상의올리며왈내간밤ᄭᅮᆷ로ᄅᆞᆯ와녀ᄌᆞ로ᄅᆞᆯ나ᄒᆞᆼ니얼

술이 과ᄅᆞᄒᆞᆫ 더니 너ᄅᆞᆯ 보ᄂᆡ 옹쎄ᄒᆞ읍소ᄒᆞᄂᆡ 이젼 지내
녀ᄌᆞᄅᆞᆯ 다ᄒᆞ고 ᄃᆞᆼ셔ᄌᆞ 대회ᄒᆞ야 진주보믈 어ᄃᆞᄂᆞ
ᄅᆞ여ᄒᆞ 더라 부인이 ᄌᆞ시뎌 머셔 남편의 상ᄋᆞᆯ ᄅᆞᆯ회
여ᄇᆞᆺ난 거ᄉᆞᆯ 넘히고 간장ᄋᆞᆯ 잡ᄒᆞ 노시비ᄅᆞᆯ 명ᄒᆞ
야 ᄉᆞ체ᄒᆞ 이ᄃᆞᆼ을 환ᄋᆞᆯ 구ᄅᆞᄌᆞ구 치ᄒᆞ고 아미ᄅᆞᆯ 구ᄒᆞ고
녀장ᄋᆞᆯ 고이ᄒᆞ니 노상의 여너ᄅᆞᆯ ᄀᆞᄌᆞ키며 ᄌᆞᆼ길ᄃᆞᆼ
의 모ᄌᆞᄒᆞ 던옹 ᄭᅴᄀᆞ 되야 하고ᄅᆞᄒᆞ니 상하인이 청
찬ᄇᆞᆯ이ᄒᆞ고 ᄃᆞᆼ셔의 ᄉᆞᆯ메나 ᄂᆡ 시연이 찰ᄅᆞᆯ 체ᄒᆞ
고 엇ᄉᆞᆯ이 비상ᄒᆞ여 뵈더라 ᄃᆞᆼ쳐 보뫼 낡ᄌᆞ 업시 ᄋᆞᆯ
ᄭᅩᆺᄋᆞᆯ 늣게야 어더 ᄉᆞ랑ᄒᆞ미 비길ᄃᆡ 업고 일ᄒᆞᄌᆞᄋᆞᆫ
혜랑이 다ᄋᆞᆯ 소져ᄭᅴ 니ᄅᆞᆯ오ᄃᆡ 낭녀ᄅᆞᆯ ᄒᆞ고 혜
랑ᄋᆞᆫ 베친대ᄅᆞᆯ ᄒᆞ야 ᄀᆞᄌᆞ야 ᄒᆞᄅᆞᆯᄃᆡ셔 힝실라 녀ᄌᆞᆼ의 일ᄋᆞᆯ

굴치타ᄒᆞ니 소제 감격ᄒᆞ야 ᄀᆡ왈 의지 업시 죽어가
ᄂᆞᆫ 인생을 더러이 아냐 너기사 ᄌᆞ식이라 칭ᄒᆞ시고 은혜
주조조ᄒᆞᆯ 뵈엽을 맛나시니 이 은덕이 호텬망극이올
소이다 쳡이 비록 용누ᄒᆞ오나 소져라 ᄒᆞᆫ 쳐샹외ᄒᆞ
며친 형뎨 되ᄒᆞ 킹이라 ᄒᆞ고 운소제 ᄯᅩ지 죄 영민ᄒᆞ
여ᄌᆞ울 잘ᄒᆞᄂᆞᆫ니라 해광이 흥 실다 블저 낭군나
우마이지니 등쇄 무뷔 러옥 깃거ᄒᆞ더라 운소제 나올
호군 넘ᄂᆞᆫ 경이 족 강ᄒᆞ며 울 경을 챙기며 조취 아
옥ᄒᆞ 기골 빈 간운ᄒᆞ야 운경을 ᄒᆞᆫ 미ᄌᆞ 흑ᄒᆞ게
ᄒᆞ며 부모 녕기 길ᄉᆞᆯ 더옥 지셩을 ᄉᆞᆫ ᄂᆞᆫ톄ᄒᆞ니 부ᄆᆞ
ᄃᆞ 장해 ᄂᆞᆫ리라 넘ᄂᆞᆫ 경이 졉졉 ᄌᆞ리ᄂᆞᆯ 내여 마소져와
봉애 삼 소져 구ᄉᆞᆯ 귀 졉어 ᄀᆡ 졀 편만 ᄇᆞᆺᄎᆞ 여낭 ᄠᅢᄅᆞᆯ ᄉᆞ

노괴셕이만ᄒᆞᄃᆡ 뎌라 ᄆᆞᆺ강리 이ᄃᆡ 최너기 취ᄇᆞ ᄭᆞᆫᄭᆞᆯᄅᆞᆯ
밧ᄀᆞ올 경을 보와 박졀히 못ᄒᆞᄂᆞ 을ᄀᆞ ᄒᆞᆯ 졍은 업
더라 시비ᄃᆞ를 ᄌᆞᆫ ᄂᆞᆫ 경이 졔 ᄂᆞᆫ 충지ᄇᆞᆫᄒᆞ야 ᄌᆞᆫ즁라 ᄉᆞᆯ이
이지면 온경의 게 ᄌᆞᆺ금 ᄒᆡ라 ᄒᆞ중 ᄌᆞᆫ 글ᄂᆞᆫ 넙히고 ᄌᆡ라ᄃᆞ 줄
쳑ᄒᆞ 긔 ᄀᆞᆯ을 방주히 ᄒᆞᄃᆡ 시비ᄃᆞ를 히 젼ᄌᆡ 더 못ᄒᆞ여 셔ᄅᆞᆨ
날오뤼ᄉᆞ년 어딘ᄌᆞᆯ 젹당 일군이 션ᄉᆞᆯ을 보ᄂᆡ 아ᄂᆡ 셜ᄋᆞᆯ
라ᄒᆞ며 ᄭᅩᆺ의 셜ᄋᆞᆯ 온 일을 ᄒᆞ며 지ᄂᆡ 잘ᄂᆞᆫ 염앙ᄒᆡ 이지나
라 엇더 오ᄂᆞᆫ 리ᄒᆞ고 셔ᄅᆞᆨ의 눈ᄒᆞ여 그허ᄀᆡ를 을ᄂᆞᆯ 쇠 찰ᄒᆞ
야 엿발 ᄀᆞᆫ져ᄒᆞ고 숙종ᄒᆞ 노ᄭᅩᆺ 옷이 좃ᄒᆞ로 업더라
별경이 거ᄌᆞᆺ 옹ᄂᆞᆫ 시낭ᄌᆞ 규를 진히 나ᄒᆞᆫ ᄌᆞ식 ᄀᆞ리어 엿ᄇᆡ
너 긘ᄌᆡ ᄒᆞᄂᆡ 도ᄅᆞᆯ 재 아희ᄂᆞᆫ 최 어딘 거시라 리를 ᄌᆞᆯ을 ᄌᆞᆯ
히 너외 ᄭᅩᆺ와 ᄌᆞᆯ니고 앙으라 보채여 별경이 만ᄒᆞᄃᆞ며 의

졍이부ᄉᆞᆼᄒᆞᆯ ᄌᆞᆺᄒᆞᄂᆞᆫ곳이 아ᄅᆞᆷ을 ᄇᆞᆯ러 ᄂᆞ가니 아니ᄒᆞᄂᆞ
음식을 주어도 먹지 아니코 말ᄉᆞᆷ 부터도 과히 ᄌᆡ 답ᄒᆞᆯ
아니ᄒᆞᄂᆞᆫ가 ᄉᆞᆯ펴 ᄉᆡᆨᄉᆡᆨ이 ᄀᆞ디 알 경이 잇다가 ᄀᆞᆷ노 ᄉᆡᆨ주어
이 아희 ᄀᆞ디 부 졍ᄒᆞᆯ다 ᄯᅢ친 ᄌᆞ식 ᄃᆡ졉ᄒᆞ 어엿비 너기다 조
ᄎᆞᆷ도 날 향ᄒᆞ여 졍이 업ᄉᆞ니 네 ᄆᆞ시의 셩질을 ᄀᆞᆯ
맛조 다ᄒᆞ ᄌᆡ도ᄅᆞᆯ 만ᄒᆞᄂᆞᆫ ᄌᆡ ᄎᆡᆨ도 아니ᄒᆞ니 올 경이 넘ᄂᆞ
경의 죽ᄒᆞᆯ 계ᄂᆞᆫ ᄀᆞᆯᄭᅡᆯ ᄂᆞᄂᆞᆫ 게 양 칭찬ᄒᆞ여 왈 ᄌᆡ ᄌᆞ식
아ᄅᆞᆫ거 ᄉᆞᆯ지 아뢰ᄂᆞᆫ 욕이라ᄒᆞ 아지 셩을 ᄉᆞ랑ᄒᆞ니 셩
실ᄒᆞᆫ 어ᄅᆞᆫ 그지ᄒᆞᆫ 일 이ᄅᆞ다 ᄒᆞᄂᆞᆫ 곳 아ᄅᆞᆷ 주어 나ᄋᆞ오
ᄌᆡ 네 어미 ᄀᆞ디 ᄉᆞ랑ᄒᆞ 가ᄅᆞ쳐 넉넉 아이 졍 업시 ᄉᆞᆫ다 이제
ᄏᆞᆯ ᄀᆞ디 말ᄂᆞᆫ 어ᄊᆡ 저 ᄏᆡᆺ셔지 조ᄉᆞ여 지식이라도 됴ᄒᆞᆯ라ᄒᆞ 여
먹ᄂᆞᆫ 족 졍이 ᄉᆞᆯ라 ᄒᆞ ᄌᆡ 그 아희 부ᄋᆞᆯ 만ᄒᆞᄂᆞᆫ ᄌᆡ 감 아니

ᄒᆞ더라 은경이 셰양복ᄲᅮᆫ 간절의 중샹ᄒᆞᆯ ᄲᅮᆫ ᄃᆞᆯ 쥐녈
경을 기리 ᄃᆡ 쇠상 거 ᄌᆞᆸ내 슈록 귀ᄒᆞᆫ 날ᄯᆞ 울이 잇거마
날녈 경은 조금도 ᄀᆞᄅᆞ치 아니ᄒᆞ여 낭ᄌᆞ를 칠나ᄒᆞᆫ ᄌᆞ
식 쾌ᄒᆞᆫ지 ᄉᆞ슈 칭ᄒᆞᄂᆞ니 아니ᄒᆞ여 갈ᄃᆞ리ᄒᆞᄂᆞ니 잇가 ᄇᆞᆨ 비월
사ᄅᆞᆷ이 슈더키 쉽ᄉᆞ오리잇가 ᄒᆞ니 ᄒᆞ더라 ᄒᆞ 쥐 ᄲᅮᆫ은 ᄎᆞ져 ᄃᆞᆯ ᄒᆞᆫ
녈 경의 ᄃᆞ만ᄒᆞ ᄲᅮᆯ 띄이너 거 쥐 납앙니ᄒᆞ 더라 ᄒᆞᆫ 골
녈 경이 여의 ᄀᆞᆯ시 ᄯᅢ 비밀 히 ᄌᆞᆨ 쥭 ᄀᆞᆯ 날 히 걸 나
골 지 비 ᄃᆞᆯ 히 알 ᄀᆞ 싱각 ᄒᆞ 쥐 놀 울 먹 여 ᄒᆞ ᄂᆞ 브
쥐 ᄉᆞᆯ 릴 거 지 라 ᄒᆞ ᄀᆞ ᄲᅮᆫ 다 옥 의 ᄒᆞ 엄ᄉᆞ 더 니 이 날 황혼
의 어 런 아 기 ᄅᆞᆯ 안 ᄃᆞ 훌 ᄂᆞᆫ 울 ᄀᆞ ᄌᆞᆨ ᄌᆞᆨ ᄀᆞᆯ ᄀᆞᆫ ᄀᆞᆨ 셰 ᄀᆞ
ᄌᆞᆨ 보 어 ᄃᆞᆯ ᄀᆞ 인 쪽 엽 ᄉᆞᆯ 쥐 ᄒᆞ ᄀᆞᆫ 가 건 ᄌᆞᆯ ᄲᅮᆫ ᄃᆞᆫ 지 비 그 ᄂᆞᆯ
치 ᄅᆞᆯ 알 ᄀᆞ 숨 히 그 아 기 기 ᄅᆞᆨ 절 ᄋᆞᆨ ᄲᅮ ᄅᆞᆯ ᄌᆞᆨ 쇠 ᄀᆞ 여 어 ᄇᆞᆫ 니

여의졍히ᄌᆞ손을ᄃᆞᆯ로ᄃᆞ하가아가ᄶᆞᆯᄲᆞᆯ먹어라ᄒᆞᄂᆞ
ᄀᆞ아히ᄃᆞ손을붓ᄃᆞ러입의나히녀ᄒᆞ건ᄉᆞᆯ보라ᄒᆞᆸ
히ᄭᆡᄃᆞ라ᄀᆞ슬ᄀᆞ록ᄉᆞᆯ아자낫오뒤이거시어인일ᄃᆞᄒᆞ
니여의ᄉᆞᆯ망국ᄒᆞ여ᄇᆞᆫ을ᄡᆞᆯᄃᆞ아ᄭᆞᆺ말ᄃᆞ못ᄒᆞ더라
ᄇᆞ라의ᄂᆞᆫ알ᄉᆞᆯ이ᄅᆞᆯ어이ᄒᆡ리ᄒᆞᆯᄃᆞᄒᆞ며ᄒᆞᆨᄂᆞᄋᆞᄫᅦ알
외자ᄒᆞ며ᄒᆞᆨ낫오뎌리리이ᄯᅧᆫ이녀히ᄌᆞᆨ기희ᄋᆞᆸ니
라ᄒᆞᄃᆞ서ᄅᆞᆨ슈글ᄌᆞ칼ᄉᆞ이ᄢᅵ못아히리ᄂᆞ가ᄂᆞ가ᄇᆞᆯ왈
어ᄒᆡ어이이녀ᄀᆞᄂᆞᆯ라ᄀᆞᄋᆞᆨᄇᆡᄒᆞᆫ다가ᄇᆞᆫᄉᆞ여고졍상을
일일히ᄂᆞᆯᄭᆡᄀᆞ아히ᄃᆞᆺ기ᄅᆞᆯ라ᄒᆞᄃᆞᆯᄒᆞᆫᄃᆞ경ᄒᆞᆫ
리안ᄂᆞ큰날호여알ᄀᆞᄉᆞᆯ이잇ᄂᆞᆫ올ᄉᆞᄅᆞᆺ재잇ᄂᆞ니라
아기ᄂᆞᆯ오뎌일뎡ᄅᆞᆨ졀ᄌᆞᆯ어이알리오ᄒᆞᄃᆞ가져오
라ᄒᆞ여시비ᄅᆞᆯᄒᆞ변ᄒᆞᆯᄀᆞᄉᆞᆯ와ᄯᆡ시리라ᄒᆞ니ᄒᆞᆯ염ᄌᆞ

골블을 이니러나 거ᄌᆞᆺ 쏠 시비ᄅᆞᆯ ᄒᆞ여 ᄒᆞᆫ게 샹ᄒᆞᆫ가 ᄀᆞᆯ고 소ᄅᆞᆯ
울어 ᄭᅥ 먹이니 죽ᄉᆞᆸᄂᆞ니 그 아기ᄂᆞᆫ 시비ᄂᆞᆫ ᄒᆞᆯ ᄒᆞᆯ 강보
ᄒᆞ야 여의 ᄌᆞ로 화 보내고 ᄆᆞᆯᄅᆞ ᄉᆞᆯ로 업시 ᄒᆞ리 ᄆᆞᆯᄅᆞ 이ᄅᆞ
대 너희 부다 이시다 ᄒᆞ고 보친 ᄯᆡᄅᆞᆯ ᄃᆡ러오니 ᄎᆞ시의 ᄒᆞᆫ 킹
이낫다 희경수 ᄒᆞᆫ 그ᄅᆞᆯ 친ᄒᆞᆫ 캬 왓더니 형뎨 즁과 ᄒᆞ엿
거ᄌᆞᆺ고 알을 죽가 술리오ᄃᆡ 오ᄂᆞᆯ 경왈 네 어이 오ᄂᆞᆫ냐 ᄂᆞᆫ고
ᄭᅩᆨ지셔 ᄃᆡ 되왈 오리 형뎨 여러 잇다 가ᄂᆞᆫ 반죽 시죽을
거시니 나가라 ᄒᆞ시면 쟝간 죽으ᄆᆞᆯ 리고져 ᄒᆞᄂᆞ이다 궁
경왈 아희ᄅᆞ 이 ᄒᆞᆯ 말 마다 ᄇᆞ리셔 어ᄅᆞᆯ 죽이려 ᄒᆞ시 방
여의 죽ᄌᆞᆨᄅᆞᆯ 아오ᄅᆞᆯ 먹이려 ᄒᆞ다가 아직 이 ᄉᆞᆯ 쐐다ᄅᆞᆯ 겨
나ᄂᆞ이다 오ᄂᆞᆯ 경 형뎨 ᄃᆡ경 왈 이어 인 말ᄅᆞᆯ ᄒᆞᄅᆞᆯ 겁ᄒᆡ가
즁을 명ᄒᆞ여 잡아오라 ᄒᆞ니 ᄇᆞᆯᄅᆞᆯ 시비ᄅᆞᆯ ᄒᆡ야 기 ᄒᆞᆫ

나죽ᄌᆞᆨ글것들거나여의ᄆᆞᄋᆞᆷ앏세고안젼의오나ᄂᆞᆯ을
경이ᄇᆞ져ᄇᆞ고시비ᄒᆞ셔ᄇᆞᄅᆞᆯ재앗ᄇᆞ고ᄒᆞᆫᄯᅢᄇᆞ고시비ᄅᆞᆯ
히ᄒᆞᆯ가질ᄅᆞᆯ쥐감ᄒᆞᆫ쥐여의아기ᄅᆞᆯ이ᄎᆞᆯᄋᆞᆯ밀ᄅᆞᆯ쉬
카ᄒᆞ고망먹이셔ᄒᆞᆫ거ᄅᆞᆯᄇᆞ다알고자밧누이다ᄋᆞᆫ경
이ᄅᆞᆯ여의ᄌᆞ셔ᄇᆞᄅᆞᆯ재쥐일ᄅᆞᆯᄇᆞ다ᄎᆞᆯ텹ᄋᆞᆯ끠외저희이
컨일ᄋᆞᆯᄒᆞ고ᄯᅢ게미누이다ᄋᆞᆫ경이재ᄅᆞᆯ알ᄅᆞᆯ에반ᄌᆞ시
ᄇᆞ든사ᄅᆞᆷ의게ᄃᆞᆯᄒᆞ실거시니엇디감히ᄇᆞᆯ명ᄒᆞᆯ다
ᄒᆞ고ᄌᆞᆼ강ᄋᆞᆯᄌᆞ져ᄌᆞ나여의ᄂᆞᆷ쇼의악질ᄅᆞᆯ어이ᄌᆞᆫ쉬
킈오개개히갈고일ᄅᆞᆯᄎᆞᆯ텹의죄아니라나ᄇᆞᆯ경약ᄒᆞ고치
ᄇᆞᆯ시비ᄅᆞᆯ져거역니못ᄒᆞ여져ᄅᆞᆫ아기ᄅᆞᆯᄌᆞ이셔ᄒᆞᆯ
시올희여라ᄒᆞ니온경이재ᄅᆞᆯᄒᆞ여어셔내여라가ᄌᆞ
이라ᄒᆞ거ᄅᆞᆯ못아희ᄇᆞ찬안젼의셔복ᄇᆞᄋᆞᆯᄯᅢᄉᆞᆯ오쉬

이제야 부친의 산원ᄒᆞᆫ 사이다 강호의 부친을 이럿홀
일흘 잠아 내리게 ᄒᆞᆫ 조다 이년와 간계다오 제그러ᄒᆞᆯ블
명히 알이다 이년을 몰죄ᄒᆞ시면 부친의 혼만이게
ᄒᆞᆯ 줄을 아ᄅᆞ시리이다 흉졍 일을 형낭이오 쳡의
게ᄒᆞᆺᄒᆞ여 어딘 부인을 블측ᄒᆞᆫᄂᆞᆫ 덕을 기리 내니
시니 내게 양차 탄ᄒᆞᆫ 쥬발 셜ᄌᆞ뤼 못ᄒᆞ엿ᄂᆞ이다 그 못아
히ᄭᅮᆷ속 오ᄅᆡ 싱각건대 어딘 즁성의 셩ᄉᆞ 노경 ᄒᆞᄂᆞ니
일을 쥬히 즁ᄒᆞ나잇가 이 일을 만일 명ᄇᆡᆨ히 ᄃᆞᆯ발
티 못ᄒᆞ면 가부의ᄂᆞᆫ 덕 다 부친의 더러온 형실을 ᄉᆞ시
ᄒᆞ리잇ᄂᆞᆫ 졍이부 일을 네 어이 강호의ᄌᆞ셔히 아ᄂᆞᆫ다 뤼
왈 이제 ᄂᆞ로ᄅᆞᆯ 힝ᄒᆞ여 부친을 잡아ᄒᆞ올 제 쳘만 계
밀ᄒᆞ니 가즁 상궁은아 ᄭᆞᄌᆞ 부ᄌᆞ 위ᄌᆞᄂᆞᆫ 어린 거시니

ᄭᅳᆺ일ᄋᆞᆯ 알리ᄒᆞᆫ그 방ᄌᆞ히 ᄒᆞᆫ ᄯᅢ 그ᄂᆞᆫ 쳐ᄀᆞᆯ 아ᄂᆞ이다ᄉᆞᆯ
ᄂᆡᄌᆞᄀᆞᆯ 어더라가 남복ᄋᆞᆯ 닙혀보거ᄂᆞᆯ 오지 작간보
왓더니 ᄉᆞ일ᄋᆞᆯ ᄒᆞᆫ 부친히 브친방ᄃᆞᆼ의 ᄃᆞ려와 살ᄒᆞᆷᄋᆞᆯ
자바ᄂᆡ 실제오 져브친 겨려셔 자라가ᄭᅦ ᄒᆞ 사창ᄃᆞᆷᄋᆞᆯ 여
어본니 그녀져려 이나 온경 왈 궁련ᄒᆞᆫ 먼 그제 어이 아니니
국던라ᄋᆞ 져 왈 그ᄭᅫ에 족히 브친의 위씬ᄒᆞᆯ 정상을 볌
명코져ᄒᆞᆫ 리잇가 말ᄋᆞᆯ 부친의 없외 ᄀᆞᆯ졍노ᄒᆞᆫ 신ᄭᅫ에 어
ᄲᅵ넉셔 ᄀᆞᆯ 헛말ᄒᆞᆯ 라ᄒᆞᆫ 서변 랑낭이 ᄋᆞᆺ 홰부인 ᄒᆞᆯ셔
지니되ᄋᆞᆫ 본ᄇᆞᆯᄒᆞᆷ ᄃᆞ잇라가 이던 ᄃᆞᆷᄋᆞᆯ 마ᄋᆞ 알외려ᄒᆞ더
니이다 ᄃᆞᆼ졍이 ᄒᆞᆫᄃᆞᆼᄋᆞᆯ ᄃᆞᆫ 자ᄒᆞᆫ ᄒᆞᆯ 어던 찬ᄒᆞᆯ 아히
논ᄃᆞᆷ의 ᄃᆞᆺ니 못ᄒᆞᆫ 엇ᄂᆞ이다 이일이가 불ᄭᅢ셔 오장상
ᄃᆡ변ᄋᆞᆯ 자바시니 어셔져ᄃᆞ여, ᄲᅥᄒᆞᆫ셔 온경이 섬각ᄒᆞᆫ 져

그져니ᄋᆞᆫ시방ᄃᆞᆼ의ᄉᆞᆯᄒᆞᆷᄃᆞᄒᆞ엿나ᄒᆞᆫᄃᆡ블러ᄉᆞᆯᄂᆡ노복
ᄃᆞᆯ을브ᄅᆞ려ᄒᆞ니말라ᄒᆞ고날마가보라ᄒᆞ믄노복
의게잡히이면간사ᄒᆞᆫ계ᄎᆡᄂᆞ뎔ᄒᆞᆯ가ᄒᆞ미ᄃᆞᆺ다ᄒᆞ
ᄃᆞ여의ᄃᆞᆯ다시뎌ᄌᆞ니주초지종이ᄒᆞ던일을낫치
다ᄃᆞᄒᆞ거ᄌᆞᆯ뽄브ᄋᆡᆯ그져집을엇던것ᄉᆞ여의ᄋᆡᆯ쳡
의ᄉᆞ초이다옹녀이ᄇᆡ셩ᄒᆞ고ᄂᆞ다나ᄒᆞᆷ을넘ᄂᆞᆫᄃᆞᆯ쳡
이어ᄃᆞᆫᄃᆞ엿던니이다온졍이ᄃᆞᆼ졍다장의ᄋᆡᆯ쉐녀ᄌᆞᄅᆞᆯ
나라희ᄃᆞᄒᆞ여ᄉᆞ법을ᄌᆞᆯ쥬엿ᄉᆞᄒᆞᆯ일이ᄅᆞᆯ져원ᄂᆞᆫ
의뎐라ᄒᆞ미브어시조ᄒᆞ괴ᄒᆞᄃᆞ가법을ᄅᆞᆯᄃᆞᆼ리ᄒᆞ자
ᄒᆞ더라별경을쉐방ᄃᆞᆼ의셔ᄋᆞᆯ떠가ᄎᆞᆺᄋᆞᆯ허괴니
밧이ᄃᆞᆼᄀᆞᄅᆞ다쉬리셔ᄃᆞ니미니보니오ᄋᆞᆫ졍이노복ᄃᆞᆯ을
명ᄒᆞ여여의ᄅᆞᆯᄂᆡ여다가엽시ᄒᆞ라ᄒᆞ고ᄇᆞᆯ졍ᄋᆞᄀᆞ랑

방듕의 가ᄃᆞ와 ᄌᆞᄅᆞ 제 아비ᄅᆞᆯ 블러 이ᄉᆞ연을 다 니ᄅᆞ
ᄅᆞ이 ᄎᆡ 죽엿ᄃᆞ ᄒᆞᆫ뒤 ᄎᆞ마 죽이디 못ᄒᆞ여 ᄂᆞᆯ ᄂᆡ여ᄆᆞᆺ
긔ᄂᆞ니 죽이거나 살오거나 임의로 쳐티ᄒᆞ쇼ᄒᆞᄅᆞ온 경이
나시 어ᄅᆞᆫ을 보니 안ᄂᆞ ᄒᆞᄅᆞ 제 아비ᄅᆞᆯ 맛너 보내다 ᄉᆞᆼ
셔와 보ᄂᆞ 인도ᄀᆞ 아희ᄅᆞᆯ 칭찬 왈 이 아희 어려 커ᄂᆞᆯ 널경향
ᄒᆞ야 ᄀᆞ니 식식이 아니 ᄀᆞᆯ라 ᄎᆞᆯᄀᆞ씨 이ᄂᆞᆫ 옷의 ᄭᅴ쳣나
가ᄀᆞ 싫칭ᄒᆞᆯ 게래 쳔ᄀᆞ의 빵업ᄉᆞ라 ᄒᆞᆯ다 ᄒᆞᄀᆞ 날쟝은
옷키ᄉᆞᆯ 하의 봉양ᄒᆞ 거ᄂᆞᆯ 죽ᄒᆞᆯ 어남 거ᄉᆞ 코아 캇더니
이리 간악ᄒᆞᆫ 죠ᄅᆞᆯ 어이 알리오 ᄋᆞ라ᄂᆞ 가시너 온경
의 ᄒᆞᄂᆞ ᄒᆞ블 어이 칙ᄒᆞ리오 ᄒᆞᄂᆞ니 인현 덕의 녀ᄌᆞ ᄅᆞ지
종ᄒᆞᆯ노 덕을 땅빡히 신원ᄒᆞ여 지다 이제 여지 가사
칷노 가 죽엇노 가 어엇브ᄅᆞᆯ ᄉᆡ조ᄒᆞ 히 셜웨ᄒᆞ야 시타ᄅᆞᆼ

경왈 아ᄉᆞ미ᄂᆞᆫ 덕ᄒᆡᆼ이 그ᄃᆡ의 비ᄒᆞᆯ 리 업ᄉᆞᆫ 보ᄇᆡ인이어ᄂᆞᆯ
일월 명랑ᄋᆞᆯ 더러온 운애 잠간 ᄀᆞ리오나 엇지 죵시
히비ᄎᆞᆯ 업게 ᄒᆞ리잇ᄀᆞ ᄒᆞ믈며 현뎨 부ᄉᆞᆯ리 아니시니
아ᄭᅴ가 ᄌᆞ믁ᄋᆞᆯ 잘 보ᄂᆞᆫ 젼ᄒᆞ리이다 ᄒᆞ며 온경ᄌᆞ지ᄅᆞᆯ
호회ᄒᆞ여 심광ᄋᆞᆯ 칼ᄅᆞ 버히ᄌᆞ시 졀엿ᄌᆞ며 ᄒᆡᆼ혀
길ᄒᆡ셔 바자니다가 ᄌᆞ적ᄋᆞᆯ 만나 졀ᄉᆞᄒᆞ엿ᄂᆞ가 ᄒᆞ리ᄒᆞᆫ을
이러니 못ᄒᆞ여 악질ᄋᆞᆯ 보ᄂᆡᆺᄂᆞᆫ가 ᄂᆡ어이 오ᄅᆞᆯ 의괴ᄒᆞ옵
ᄒᆞ여셔 ᄌᆞᆺ니 못ᄒᆞᄂᆞᆫ화 ᄌᆞ뵈올 쳑의 ᄂᆞᆫ믈 길 적이 만코
낭ᄌᆞᄅᆞᆯ 더옥 즁위ᄒᆞ여 ᄌᆞ아ᄅᆞᆯ 거ᄅᆞ 쳣날 적이 업고
못ᄌᆞ식을 더옥 ᄀᆞ로아 니져 일ᄒᆞᄂᆞᆫ을 ᄀᆞᄂᆞᆫ 회ᄒᆞ
그아올 ᄉᆞᄂᆞᆫ 해라ᄒᆞ다 ᄂᆡ경의 아비ᄂᆞᆫ 제 ᄶᆞᆯ의 ᄉᆞᄒᆡᆼ을
ᄌᆞ시 히ᄂᆞᆫ 즈ᄅᆞ 업시 너겨 아못 말ᄂᆞᆫ 못ᄒᆞᄂᆞᆫ ᄃᆡᄂᆞ 나와 ᄆᆞᆯ

의나ᄌᆞ야며허죽이려ᄒᆞ다가ᄎᆞ마못ᄒᆞ야가더니깁흔
산즁의니르러쳔잉이나ᄒᆞᆯ낭의나주야밀혀죽이려
ᄒᆞ다가못ᄒᆞ여보니ᄅᆞᆫ가니널경아배ᄡᆞ르며녀날굴
머시니리신을올히니못ᄒᆞ여아비ᄅᆞᆯ쫄와가ᄅᆞᆯ못
ᄒᆞ고길거리의안자더니니나가ᄂᆞᆯ사ᄅᆞᆷ이보고주셕을
ᄉᆞ랑ᄒᆞ여ᄌᆞ려나가쳡을사맛더니그실체ᄒᆞᆯ여하
보채니견ᄃᆡ지못ᄒᆞ여결항ᄒᆞ여죽으니라수삼년니
난ᄒᆞᆫ의올경이굴잘ᄒᆞ니길ᄀᆞᆯ버ᄉᆞᆯ이졈졈놉하간의
태오ᄅᆞᆯ슈ᄒᆞ고즁경을어수태오의조ᄎᆞ니영회거ᄅᆞᆯᄒᆞ
ᄃᆞᆯ녕이죽ᄌᆞᆯᄒᆞ여다죽회리시ᄅᆞᆯ이간즁줄매ᄒᆞ고ᄆᆞᆯ
장ᄒᆞᆷ엄이대진ᄒᆞ니조보ᄅᆞᆯ며간의더옥ᄉᆞ랑ᄒᆞ더니년
이십삼세예니ᄅᆞ러본친셕각이오ᄐᆡᄅᆞᆯ겻ᄐᆡ흘니다가

져ᄌᆞ의셩ᄉᆞ를아니못ᄒᆞ여어ᄃᆡ로삭을셔ᄒᆞ되여ᄌᆞ
ᄃᆞᆺ고양미어이인ᄌᆞ의ᄌᆞ되ᄀᆞ온ᄯᅢ이졔ᄂᆞᆯ이망이다되여
지니원혐한ᄅᆞᆯ다ᄌᆞ라도브친을ᄎᆞ자보리라ᄒᆞᄂᆞᆫᄒᆞᆷ
의ᄉᆞ니영ᄒᆞ엿더니부친이나라희명ᄉᆞᄒᆞ고군친ᄒᆞ라
ᄌᆞ라오셔를ᄌᆞ회간의ᄭᅴᄂᆞᆯ오ᄃᆡ브친ᄌᆞᄌᆞ라가셔ᄒᆞ뎌
부친ᄭᅴ하직을못ᄒᆞ여못가ᄂᆞᆸ더니오ᄂᆞᆯ이힝니ᄎᆞᆯ혀
가셔ᄒᆞᄂᆞ니라간의왈이어인말ᄂᆞ아ᄂᆞ뎌간ᄌᆞᆯᄂᆞ모ᄅᆞ
ᄂᆞ어뎌가ᄉᆞᄅᆞᆷᄂᆞᄒᆞᆷ을며십삼셰아히원노발셥을어
이랑ᄒᆞ되오ᄂᆞᆯ졍니ᄂᆞᆯ올거니와셩각도말라ᄒᆞ니ᄌᆞ회
부인ᄒᆞ여브ᄅᆞᆯ러낫더니지여이ᄅᆞᆯᄒᆞ간의경셩을ᄌᆞ라
가던ᄅᆞᆯᄌᆞ회셩각ᄒᆞ고부친ᄭᅴᄂᆞᆯᄌᆞ만알외여지니ᄀᆞ마
니가라ᄒᆞᄂᆞᆫᄆᆞᄅᆞᆷᄌᆞᆺ통곡이어지되오ᄒᆞᄂᆞ길나길ᄅᆞᆯ떠날갈ᄒᆞ여

일변 말ᄂᆡ여 횡장을 ᄎᆞᆯ히여 홀자 가려 못ᄒᆞ여 울무인
이념상셔 집을 ᄎᆞᄌᆞ셔 온가 중이 이시되 일ᄒᆞᆫ을 종
종이라 나히 삼십여셰 ᄂᆞᆫ ᄒᆞ고 ᄯᅩ 온거이 ᄅᆞ 종 정리 ᄅᆞᆯ 걸
ᄒᆞ고 ᄉᆞ쳐 나가신 ᄒᆞ뫼ᄅᆞᆯ 비앙 셜외ᄒᆞ ᄂᆞᆫ 앙을 그ᄒᆞ이
너기더니 회가셔ᄒᆞ ᄂᆞᆫ ᄌᆞᆯ을 알고 제ᄌᆞ 원ᄒᆞ여 ᄭᅬ겨
가지라 ᄒᆞ매 ᄌᆞ셔 가게 ᄒᆞ니 ᄌᆞᆷ ᄂᆞᆯ며 ᄌᆞᆯ셔ᄒᆞ 이ᄃᆞᆯ 잘
뎐하ᄒᆞ아 ᄎᆞᆺ ᄌᆞᆯᄌᆞᆨᄌᆞᆨ ᄀᆞᆯ울너 ᄉᆞᆯᄒᆞ매 원을 너ᄒᆞ울 뎡
되 못ᄒᆞ여 경ᄒᆞᆫ 보셔 ᄌᆞᆯ울 만하 가지ᄅᆞᆯ 부ᄭᅬᄅᆞ 허가
한ᄂᆞᆨᄒᆞ여 ᄂᆞᆯ라 말리시 [illegible] 니 일이 ᄅᆞᆯ ᄂᆞᆯ새
ᄀᆞ 말ᄂᆡ 발힝ᄒᆞ니 가ᄃᆞᆼ셔 ᄀᆞᆺ이 알리 [illegible] 날마다
ᄎᆞᄌᆞ져ᄒᆞ호와 ᄃᆞᆼ죵이 간ᄉᆞ이 업ᄉᆞᆫᄒᆞ 의ᄒᆞ부 이 벌ᄅᆞᆯ
ᄉᆞ 알고 걱졍 만히 ᄒᆞ시ᄂᆞᆫ 간의게 경셩을 [illegible] 자

니ᄅᆞ이 업시 너기ᄂᆞ 어ᄃᆞ러 간ᄌᆞᆯ 알리오 ᄉᆡᆼ각ᄒᆞᆫ즉 이ᄀᆞ
식이 비범ᄒᆞ나 아직 가ᄅᆞ치기ᄅᆞᆯ 아니ᄒᆞ리라 ᄒᆞ고 부
ᄭᅴ로 ᄂᆞᆷ 텰ᄂᆞᆯ 이ᄯᅳᆫ ᄃᆞᆯ ᄒᆞ여 ᄀᆡᆫ회ᄒᆞ시고 하 녀녀 말ᄅᆞ
ᄎᆞ셔ᄒᆞ 너와 이 ᄌᆞ식의 ᄋᆞᆯ 남ᄌᆞ 희도 ᄌᆞᆨ이 니너ᄂᆞ 십 만 ᄒᆡᆼ
이ᄂᆞ 거ᄉᆞ리ᄀᆞ 상ᄃᆞᆼ의 용거ᄒᆞ야 ᄋᆞᆫ 형울 ᄉᆞᆯ벗ᄂᆞ ᄒᆞ며 창
ᄉᆞᆨ식ᄀᆞ 노ᄅᆞᆨᄒᆞ야 ᄀᆞ랑을 젹ᄎᆔᄒᆞ며 벽셩을 ᄂᆞ로
ᄉᆞ히ᄒᆞ녀 ᄀᆞᆯᄉᆞ ᄀᆞᆯ ᄇᆡᆫ ᄌᆞᄅᆞᆯ 도 웃고 장ᄉᆞᆨ 보ᄋᆞᆯ ᄒᆡᆺ 보죵
병관을 ᄉᆞᆯ혀 올ᄒᆞᆯ ᄌᆞ 조젹을 죽이고 반ᄒᆞᆯ ᄌᆡ화 일ᄒᆞᆫ
울ᄒᆞ로 ᄀᆡᆨ이 오ᄌᆞ 보옹 걸을 이니 신장이 십척이오 허리
열아ᄅᆞᆷ이나 ᄒᆞ고 용ᄆᆡᆨ이 졀뉸ᄒᆞ여 만부ᄇᆡ당키 못
ᄒᆞ고 창법이 신묘ᄒᆞ여 산ᄋᆞᆯ ᄲᆡ혀 ᄌᆞ이기ᄅᆞᆯ 조ᄅᆞᆯ ᄲᆡᆺ ᄃᆞᆺᄒᆞ
니 ᄂᆞᆼ히 ᄃᆡ젹ᄒᆞ리 업ᄂᆞᆫ 세 대진ᄒᆞ며 쥐ᄀᆞᆯ을 엇ᄉᆞᆸᄒᆞ

떠로쳐의 함ᄭᅴ ᄒᆞ니 각관이 ᄎᆞᄎᆞ 조뎡의 셩부ᄒᆞ기ᄅᆞᆯ
쳥화ᄀᆞ티 ᄒᆞ노니라 황뎨 ᄯᅢ 경ᄒᆞ샤 슌신을 변화키
녁ᄒᆞᆯ 일을 의논ᄒᆞ실ᄉᆡ 군신이 모다 ᄒᆞᆯ 사ᄅᆞᆷ을 쳔
거ᄒᆞ니 이날 쳐ᄎᆞᆨ 삭ᄅᆞᆷ을 셔좌수마 벼슬ᄒᆞ고 이심니 셩은
장이오 명은 영이오 ᄌᆞ는 ᄌᆞ회라 용병이 비경ᄒᆞ여 변
만군 중의 머리 버히기ᄅᆞᆯ 낭중의 것 가지듯ᄒᆞ매 일
즉 도젹을 만히 평뎡ᄒᆞ고 리ᄅᆞᆯ 숑ᄒᆞ고 움 여러 번 일
윗노니라 브라 말 외 뎍이 사ᄅᆞᆷ이 능히 뎍쳑ᄒᆞ리 이라
황뎨 ᄯᅢ 며ᄅᆞᆯ ᄒᆞ샤 오만 대군을 거ᄂᆞ려 가라 ᄒᆞ시니 장
영이 황명을 밧ᄌᆞ와 샹장군 인을 ᄎᆞ고 ᄂᆞᆼᄒᆞᆫ 졀을
의쇠ᄒᆞᆷ 갑을 님고 ᄅᆞᆷᄭᅴ고 벋 노 말ᄅᆞᆯ ᄐᆞ고 ᄃᆞᆼ
창을 ᄀᆞ로 대군을 녕ᄒᆞ여 뎐장ᄒᆞᆯᄉᆡ 위궁이 ᄂᆞᆯᄂᆞᆫ

ᄒᆞᄂᆞᆫ 셩이 ᄭᅢ진 ᄒᆞᆫ 뒤라 을낭채 혀 나ᄌᆞ라 덕글을
만나랑아 둥의 상죄ᄒᆞ여 길리ᄂᆞᆫ 장영이 십여둥장
을 걷ᄌᆞ리ᄂᆞᆫ 물ᄀᆞ 아ᄭᅢ 나와 셩나 호부덕이 쳔ᄒᆞᆯ 간절
의 ᄂᆡᄌᆞ라 셕나 장별ᄒᆞᆯ 외롱이 뎐장이 ᄂᆞ려오니 ᄀᆞᆺ더라
장영이 버슬 장수ᄂᆞᆫ 각을 ᄉᆞ여 술 분쳐 나ᄲᅡ ᄒᆞ라
ᄒᆞ니 각이 ᄭᅩᆯᄌᆞᆯ 허 던젼의 ᄂᆡᄌᆞᄒᆞ니 호부덕이 친히
ᄭᅩᆯ게 ᄶᅱ여 ᄂᆡᄌᆞ라 ᄂᆞ각을 마자ᄲᅡ 화ᄉᆞ 살함이 ᄭᅩᆺᄒᆞ
여셔 호부덕이 ᄂᆞ각을 길ᄂᆞᆯ 허분아 ᄭᅢᄂᆞ리니 쳔 가ᄅᆞᆯ
장수 나ᄉᆞᆼ 롱이 졍의 여 ᄂᆡᄌᆞ라 호부덕을 ᄐᆞᆫ ᄃᆡ 부덕
이 일 힘이 ᄭᅩᆺᄒᆞ 여셔 나ᄉᆞᆼ 롱을 챵을 잡고 허ᄌᆞ
이니 장영이 ᄃᆞ 장수 ᄌᆞᄂᆞᆫ 양을 보ᄂᆞᆫ ᄭᅢᄅᆞᆯ ᄒᆞ 아 ᄃᆞᆼ창
울빗기ᄂᆞᆯᄂᆞᆫ 벽롱 말ᄅᆞᆯ ᄌᆞᆯ 허 ᄂᆡᄌᆞ라 부덕라 어오

러여ᄡᅡ호던니 심합이 못ᄒᆞ여 젹호ᄆᆡ 뎍이 창을 디ᄅᆞ
니ᄭᅮᆯ아ᄅᆡ 노혀디니 간군이 ᄯᅢ되ᄒᆞ야 항복ᄒᆞ 날근셰ᄂᆞ
수ᄒᆞᄅᆞ ᄃᆡ반이나 죽엇ᄂᆞ라 장영이 죽ᄅᆞ ᄯᅢ되ᄒᆞᆯ기ᄲᅧᆯ이
경셩의 강ᄂᆞ 황뎨 ᄃᆡ경ᄒᆞ시ᄅᆞ 군신이 충ᄅᆞᄒᆞ여 왈 장
영의 영웅을 ᄃᆞ뎍 ᄒᆞ리 못ᄒᆞ여 주어시니 이ᄅᆞ 젹
울너 능히 ᄃᆡ뎍ᄒᆞᆯᄅᆞᄒᆞ던니 예하의 ᄒᆞᆯ장쉬 ᄲᅢ죽라
여ᄉᆞᆺ 오ᄅᆞ 신이 가이ᄅᆞ 젹의 머리를 버혀다가 ᄃᆞ리당이
다ᄒᆞ니 이를 시방으로 ᄌᆞ죽 ᄌᆞ졀을 이니 죽시 녕을 ᄒᆞ
야보ᄂᆡ니 도ᄅᆞᆯ수이 ᄆᆞᆯᄡᅡ호라 가호ᄆᆡ 젹이 삼합이 못
ᄒᆞ여셔 ᄯᅩᄅᆞ 데ᄅᆞᆯ수을 ᄂᆞᆯ러주 이ᄂᆞ라 황뎨 이ᄅᆞ시ᄅᆞ
크게 군질ᄭᅥᄒᆞ 쟈 군신을 ᄲᅵ호시ᄅᆞ 볼이ᄅᆞ 젹이 이니
어셔오니 어이 잠을ᄅᆞ 군신이 경황ᄒᆞ여 서로 ᄇᆞᆫᄅᆞ 능히

뒤덕ᄒᆞ되엄어니부반ᄌᆞᆼ의ᄒᆞᆫ대장이되ᄌᆞ시ᄉᆞ귀길
러왈이ᄌᆞ적은뇌쩔ᄂᆞ퇴라브어시아뢰오되오신이가
사룩잡아다가ᄃᆞ되팅이다ᄒᆞ거ᄅᆞᆯ브다부인신당이ᄂᆞ
혁이오노치부칠ᄃᆞ눈이ᄃᆞᆼ잔ᄌᆞᄉᆞ귀ᄅᆞᆯ부ᄉᆞ귀ᄌᆞ나
ᄒᆞᆫ세우십세ᄅᆞᆯᄒᆞᆫ니이ᄅᆞ자ᄅᆞᄌᆞᆼ낭장ᄉᆞ명ᄋᆞᆯ인ᄂᆞ간
의태우ᄉᆞᄌᆞᆼ경의아ᄌᆞᆯ이오상ᄌᆞ주마세룽의외손
이라오ᄯᅧᆼ은년당이ᄂᆞ십오세브터ᄌᆞᆯᄌᆞᆯ니기ᄅᆞᆯᄌᆞ
히너기ᄃᆞ활ᄡᅩ기와창ᄡᅩ기ᄅᆞᆯ신ᄭᅩ히ᄒᆞᆫ니부인미다칭
찬왈이ᄅᆞᆯ히ᄅᆞᆯ이내진실로이라뉘뒤덕ᄒᆞ되이시뢰
ᄒᆞ어니이ᄒᆞ우의황데친히ᄒᆞ우원의가부장ᄋᆞᆯ브ᄌᆞ와
온갓부저ᄅᆞᆯ바ᄃᆞ실셔년당이시녕이십ᄉᆞ세라어졀
의ᄃᆞ뎌가부저ᄅᆞᆯ걸오뎌ᄒᆞ거ᄅᆞᆯ그ᄌᆞ부브와간의ᄅᆞᆯᄂᆞ

니말리뎌마ᄎᆞ뎌ᄌᆞ식의셔조ᄅᆞᆯ알니라날오뎌녈
낭의무례ᄅᆞᆯ텬하의뎌뎍ᄒᆞ리업ᄉᆞ리라ᄒᆞ더라년낭
이장슉을빗내ᄒᆞᆫ고혹왼의ᄃᆞ러가어뎐무지ᄅᆞᆯ결
울셔ᄲᆞᆯᄃᆞᆯ나기와활ᄲᆞ기와창ᄲᆞ기긔록ᄒᆞ야즁
장듕의뎨일이되니황뎨ᄭᅴ셔열ᄂᆞᆯᄒᆞ샤즉시좌군즁
낭장을ᄒᆞ이시고일홈을흥국이라지어주어져
시더니이날의당ᄒᆞ여나라희장슉ᄅᆞᆯ못어더군싦ᄒᆞ
물보고붐왈ᄒᆞ야내ᄃᆞ라ᄌᆞ왈ᄒᆞ니라황뎨즈셔ᄃᆡ장
슌좌조록벼ᄉᆞᆯ을주시고훈ᄌᆞᆯ을갑다어ᄉᆞ의셧ᄂᆞᆯ
비룡말ᄅᆞᆯ상ᄉᆞᄒᆞ시니일시의은툥다영홰극ᄒᆞ려
소상셔와간의크게군싦ᄒᆞ여왈ᄃᆞ록ᄒᆞ니이도젹이빙녈
웅장ᄒᆞ여뎌뎍ᄒᆞ리업ᄉᆞ매군ᄉᆞ을명ᄒᆞᆯᄃᆡ장이

줄다리라 갓나가 죽어 ᄯᅥ거든 제부예부 어시착ᄒᆞ여 곳
즁란 아희 능히 져ᄃᆡᆨᄒᆞ리오 만일 ᄯᅢ 슌ᄒᆞ면 절ᄅᆞ ᄭᆡ와
오리다 연좌ᄅᆞᆯ 닙을 거시니 이 ᄌᆞ식을 어이 나하 ᄋᆞᆼ
녀ᄒᆞ노ᄅᆞ ᄒᆞᄂᆞᆫ 칠식을 펼치 못ᄒᆞ여 ᄒᆞ져 마조 죽은
조ᄎᆞ 조ᄂᆞᆫ 싱아니ᄒᆞ더라 마초 ᄭᅫ비ᄅᆞᆯ 부인이 나ᄌᆞ초ᄅᆞ
능히 브예ᄅᆞᆯ 년ᄉᆞ셥ᄒᆞ여 ᄉᆞᄂᆞᆫ ᄋᆞᆼ녁이 네 ᄯᅧᆼ장이라도
당ᄒᆞ리 못ᄒᆞᆯ 즐ᄋᆞᆯ 놈은 ᄆᆞᄅᆞᆨ더니 ᄉᆡᆼ각ᄒᆞ 져이 ᄌᆞ식을
ᄒᆞᆫ자 뎐랑의 보내ᄂᆞᆫ ᄯᅢ 어ᄉᆞ니 집의 평안이 안자셔 녕녀
만ᄒᆞ리오 ᄲᅢ ᄎᆞᆯ하리 낫장ᄒᆞᄂᆞᆫ ᄌᆞ식을 ᄯᅩᆯ아 가져 ᄒᆞᆯ솔
힘을 ᄅᆞ오리나 ᄒᆞᄂᆞᆫ ᄒᆞᆯ 녀ᄇᆡᄅᆞᆯ 블ᄅᆞᆯ러 버ᄅᆞ 날로 차가리
라 ᄒᆞ니 이ᄂᆞᆫ 젼ᄒᆞᆯ 톄ᄭᅴ 장ᄒᆞᄂᆞᆫ ᄋᆞᆼ녁이 낫ᄌᆞ의게 다ᄅᆞ니라
라 일ᄒᆞᆫ ᄋᆞᄂᆞᆫ 오ᄅᆞᆫ 향이니 마조 죽지 셥을 ᄅᆞ셔 외ᄂᆞ 나ᄒᆞᄂᆞᆫ 이셥

오쇠라 마ᄎᆞ제이 ᄯᆞᆯ 간의게 ᄃᆞᆼᄒᆞ니 ᄯᅢ ᄎᆞ왈 아ᄆᆞ리 ᄌᆞ식
ᄋᆞᆯ 못니ᄌᆞ나 쳔만불가ᄒᆞᆫ 일ᄋᆞᆯ 어이 ᄉᆡᆼ각ᄒᆞ시ᄂᆞᆫ
ᄃᆞ ᄒᆞ더라 ᄎᆞᄉᆞᆼ국이 군ᄉᆞᄅᆞᆯ 졍졔ᄒᆞ고 ᄐᆡᆨ일ᄒᆞ야 군
ᄉᆞᄅᆞᆯ 거ᄂᆞ려 ᄒᆡᆼ군ᄒᆞᆯᄉᆡ 셔ᄇᆞᆫᄃᆞ 날이 ᄇᆞᆰ지 못ᄒᆞ여셔 ᄇᆞ
부인이 나비ᄋᆞᆫ 향ᄋᆞᆯ 나빗난 낭장ᄋᆞᆯ ᄒᆞ고 낭ᄃᆞᆼ의
ᄃᆞᆼ셔 왓거ᄂᆞᆯ ᄉᆞᆼ국이 ᄯᅢ 경셜셕ᄒᆞ니 장시 졀ᄒᆞ고 의
버셔시니 말ᄋᆞᆯ 못ᄒᆞ고 아직 막하 ᄌᆞᆼᄋᆞᆯ 잇더니 이날
밝의 ᄌᆞ옹히 ᄎᆞᆯ오지 쳔만의외예 어이 이런 일ᄋᆞᆯ ᄒᆞ
시ᄂᆞ 노뇌 일ᄂᆞᆫ 새ᄆᆡᄀᆞ 미ᄒᆞ니 ᄌᆞᄅᆞᆯ ᄃᆞ려 가ᄎᆞ셔 ᄒᆞ니 마ᄎᆞ제 ᄃᆞᆺ
리 알ᄒᆞ고 ᄭᅮᆯ와 가니 번거ᄒᆞ여 말로 못ᄒᆞ고 망국ᄒᆞ야
ᄒᆞ더라 ᄒᆡᆼ군ᄒᆞ여 오ᄂᆞᆫ 날의 ᄂᆞᆨ쳐 ᄃᆡᆨ ᄀᆞᆫᄋᆞᆯ 만나 지진
ᄒᆞ고 ᄲᅡ ᄒᆞ여 ᄒᆞᆯᄉᆡ 셕 ᄒᆞ로 ᄇᆞᆨ ᄃᆡᆨ이 ᄇᆞᆯ ᄇᆞᆯ역 ᄇᆡ ᄃᆞ라 크게 ᄉᆞ귀

ᄒᆞ야 ᄀᆞᆯ오ᄃᆡ 너희 장쉬 연ᄒᆞ여 내 창아ᄅᆡ 죽엇ᄂᆞ니
보아ᄒᆞ니 너ᄂᆞᆫ 아직 입의셔 젓내 날 소ᄋᆡ라 아이의 죠
니 말ᄅᆞᆯ 물려가 얼ᄂᆞᆫ 장수굴 보내라 ᄒᆞ니 소ᄉᆡᆼ극
이 ᄃᆡ소ᄒᆞ여 왈 내 비록 소년이나 너ᄅᆞᆯ 반구노 질을 어
이 도리리오 내 칼흘 시험ᄒᆞ리라 ᄒᆞ고 청홍검을
드ᄅᆞ고 ᄂᆞ다ᄅᆞ니 뎍이 마자ᄡᆞ화 일합의 조이탕으
로 경히 너기다가 오십여 합을 ᄡᆞ호매 ᄒᆞᆼ극의 검법
이 신츌귀몰ᄒᆞ고 용과비승ᄒᆞᄂᆞ니라 호ᄂᆞ니 뎍이 비로
소 두려ᄒᆞ더니 마초 졔갈상의셔 보다가 ᄭᅩᆺ옹이 보오날
못ᄒᆞ야 위지 ᄒᆡᆼ혀 실수ᄒᆞ미 이실가 ᄒᆞ여 ᄌᆞᆷᄂᆞ다가 못
ᄒᆞ여 ᄲᅮᆯ 둘려 내ᄃᆞ라 협격ᄒᆞ니 뎍이 ᄃᆡ뎍지 못ᄒᆞ
여 ᄲᅮᆯ을 도로혀 ᄃᆞ라나다가 잇의 뎌ᄲᅮᆯ매 낭텬이 정히글

울거ᄂᆞ다이날밝의마시날오쥐오ᄅᆞᆯ길상의셔봉ᄒᆞ
호ᄆᆞ뎍이ᄀᆞ장옹졍ᄒᆞ니경뎍니못ᄒᆞᆯ거시니ᄂᆡ일
ᄂᆡ올친ᄀᆞᆯᄂᆡ여이긔ᄀᆞ복명ᄒᆞ여살ᄌᆞ잡자ᄒᆞ니충
숙이올히너겨이ᄐᆞᆫ날충숙을ᄉᆞ쳠병을인ᄒᆞ야
젼산기ᄉᆞᆷ숙조ᄅᆞᆯ가온대셔복ᄒᆞᄀᆞ마시긴젼의나와ᄡᆞ
호자ᄒᆞ니호ᄆᆞ뎍이ᄂᆡᄃᆞ라뫼여날오쥐호연장을ᄂᆡ
다ᄡᆞ호기ᄅᆞᆯ더더이너겨날을보ᄂᆡ여네머리ᄅᆞᆯ버혀
오라ᄒᆞ더라ᄒᆞ니호ᄆᆞ뎍이대로ᄒᆞ야ᄃᆞ라ᄃᆞ러ᄡᆞ홀
셔숙함이못ᄒᆞ여셔마시ᄯᆞᆯ을ᄃᆞᄅᆞᆯ혀ᄃᆞ라나거ᄅᆞᆯ보
뎍이ᄯᆞᆯ와ᄌᆞ가ᄂᆞᆯᄃᆞ려가니ᄆᆞ뎍이쳔ᄌᆞᄅᆞᆯ보ᄅᆞ븐
ᄂᆞᆫᄒᆞ여숩히ᄯᆞᆯ와ᄌᆞ조ᄅᆞᆯ앏히ᄂᆡ셰ᄃᆞᆯ더숩히ᄡᆞ호
려ᄒᆞ니ᄆᆞ뎍이마지ᄅᆞᆯ닐러ᄌᆞᆨ이여ᄌᆞᆨ탹ᄒᆞ야나려

군ᄌᆞ라ᄃᆞᆯᄭᆞ귀ᄯᅢᄒᆞᆼ국이ᄇᆞᆯ의ᄯᅢ내ᄃᆞ라ᄇᆞ댝의ᄃᆞᆯ
밀ᄅᆞᆯ잡아ᄇᆞᆯ아ᄎᆡ오어ᄂᆞ리ᄒᆡᆼ니ᄭᅳᆫᄃᆞ금셔내ᄃᆞ라잡아
ᄭᅴ아ᄭᅩᆯ앏ᄒᆡ쎄외나오니적ᄉᆞᆫ이보라보ᄂᆞᄯᅢ장이잇
의잡혀시매ᄒᆡ반이니헤어니ᄂᆞ그나ᄇᆞ니ᄉᆞ다항복ᄒᆞ
거ᄅᆞᆯᄇᆞ댝ᄋᆞᆯᄒᆞᆰ거의ᄃᆡ허거ᄉᆞ되ᄂᆞ반ᄉᆞᄒᆞ야ᄃᆞ라오
나마진ᄅᆞᆯᄌᆞ시온항ᄋᆞᆯᄌᆞ되ᄂᆞ급ᄀᆞ히길나ᄀᆞ야ᄀᆞ졀
강ᄋᆞᆯ오나ᄎᆔ엿의의마ᄉᆞ져간ᄒᆞᆫ의소상쳐와간의알
ᄃᆞ일ᄃᆡᆼ도적의게ᄌᆞᆨᄋᆞᆯᄀᆞᆯ다ᄒᆞᄂᆞ망국ᄒᆞ야ᄒᆞ더니ᄯᅡ
ᄉᆞ졔ᄂᆞᆰ복ᄋᆞᆯᄭᆞᆯ게ᄂᆞ녀ᄇᆞᆫᄋᆞᆯᄃᆞ녀오니간의마ᄌᆞᆰ
집의와ᄯᅡ가ᄇᆞᆺ비ᄇᆞᆫ왈어이ᄒᆞᆫ노마시리왈오ᄒᆡᆼᄌᆞ
적ᄋᆞᆯ사ᄅᆞᆨ잡아오ᄂᆞᆫ이다ᄒᆞ니소상쳐와간의깃ᄇᆞᆷ미
ᄒᆞᆫᄉᆞᆯᄀᆞ여일가ᄯᅢᄉᆞᆫ인이아니깃거ᄒᆞ되업더라도적

잠은쳡셰숩히경셩의드러오니황뎨크게깃거ᄒᆞ시
든신이황뎨씌ᄃᆡ하ᄒᆞ며마조죽게인ᄉᆞ흘빗치러
라ᄉᆞᄒᆞᆼ국비졀ᄉᆞᆼᄒᆞ야조라올시술하졔장다녹
만졔군이젼장의죽으니업고황군ᄒᆞ매군셔십니
의버셔검국이서리ᄀᆞᄐᆞᆫ편일을구되오ᄃᆞ소킈와ᄒᆞ흘흔
국날니라원군이진동ᄒᆞ며나ᄂᆞᆯ바뻴셩ᄃᆞᆯ히ᄂᆞ니
솟ᄉᆞᆷᄒᆞ며오되이졔아졀히살킈ᄀᆞᆯ라죽ᄂᆞᆫ와오죽ᄀᆞᆯ
가져다가군ᄉᆞᄀᆞᆯ먹이며ᄲᅢᄉᆞᆯ란킈ᄃᆞᆯ히ᄃᆞ오ᄅᆞᆯ마다마ᄂᆞᆫ
나와하례ᄒᆞ며죽찬을부속히ᄃᆞ니더라이젹의울브
인이낭ᄃᆞᆼ셔집의ᄒᆡᆼ녀되여블ᄋᆞᆷ편히아시니낭ᄌᆞᆼᄀᆞᆯ
성각ᄃᆞ죽아쳘외ᄂᆞᆫ블아니흘킐날이업고셩ᄉᆞᄉᆞᆫ
식을알길히업셔ᄒᆞ다니낭ᄌᆞᆼ셔집이큰길히며

니앗흘니라 소장군이 승젼ᄒᆞ여 이긔ᄂᆞᆫ 이긘 줄ᄋᆞᆯ ᄒᆞ여
즉라 오라 ᄒᆞ고 쳬오ᄃᆡ 소장군이 엇던 사ᄅᆞᆷ인고 아ᄂᆞ
거ᄂᆞ 보셔 불거시라 ᄒᆞ고 ᄂᆞᆯ에 즉셔 나가 보라 ᄒᆞ니 급
히 즉라와 보ᄒᆞ되 쳔만 이ᄎᆞᆫ이 ᄒᆞᆯ일이 업더이다 ᄒᆞ매
장군ᄋᆞᆯ 보옵고 녕당시ᄂᆞ이다 ᄒᆞ고 ᄎᆞ제 ᄭᅢ경 왕ᄋᆞᆯ 녕당이
엿ᄌᆞ이 예리ᄒᆞ되 엿ᄌᆞᆸ고 ᄂᆞᆯ에 친 ᄎᆞᆯ오ᄃᆡ 그ᄭᅢ 장이 날ᄋᆞᆯ
알라 보고 잠간 ᄭᅮᆷᄋᆞᆯ 잡고 ᄎᆞ조ᄋᆞᆯ ᄂᆡ여 보ᄂᆡ여 ᄇᆞᆫ 왈 부
인이 어ᄃᆡ 겨시뇨 ᄒᆞ여 ᄎᆞᆷ 쳡이 간시ᄃᆡ 갑 못ᄒᆞᆯ ᄉᆞ이 예그
ᄎᆞ조ᄅᆞᆯ 이 발ᄀᆞᆨ ᄒᆞ며 어셔 ᄉᆞ이 니ᄅᆞ라 ᄒᆞᆫ 매여셔 말 못ᄒᆞ여
라만 ᄎᆞ졔이 ᄭᅡ 낭즁셔 집의 양녀 되여 겨시니이다 니ᄅᆞ니
드ᄅᆞ시고 ᄒᆡᆼ군ᄒᆞ여 가시니이다 ᄋᆞᆯ ᄎᆞ졔 보답ᄒᆞ고 ᄂᆞ셔ᄅᆞᆯ
만ᄒᆞ 군 귀ᄃᆡ라 이 젹의 ᄉᆞᄅᆞᆷ 회ᄅᆞ 중즁이 ᄒᆞ나 만ᄌᆞ 되ᄂᆞᆫ 친

을ᄎᆞᄌᆞ려현하십삼싱의각슈졔현라산아궁ᄎᆞᆷ을
나졸며ᄉᆞᄌᆞᆫ다어이형양을ᄌᆞ굴라오ᄂᆞᆫ이길ᄒᆞᆫ그반
편이비여되니더옥망국ᄒᆞᆫ여ᄒᆞᆫ더니ᄉᆞᆯ연ᄒᆞᆫ종이
둉종마자거되의셔얼어ᄀᆞᆯ브ᄅᆞᆯ홍ᄒᆞᆫ그ᄂᆞᆫ더누어셔
눈물만ᄒᆞᆯ키더라국회현니망국ᄒᆞᆫ여가ᄉᆞᆷ만국
국되그오더니삼일이못ᄒᆞᆫ여명을ᄌᆞᆺ니국회순
조와ᄒᆞᆯ허외그신톄ᄅᆞᆯ요어나가ᄒᆞᆷ을덥허ᄇᆞᄉᆞ날
오쥐내힝혀사라나면가져다가영장ᄒᆞᆫ되라싱각ᄒᆞᆫ
그그ᄅᆞᆯ졸ᄒᆞᆫ그젹막ᄒᆞᆫ산ᄉᆞᆯ의ᄒᆞᆫ자종이ᄅᆞᆯ국
옥나가뜬진ᄌᆞᆷ싱조록닙그벼조ᄅᆞᆯ조매라ᄌᆞᆫ더나
귀조ᄉᆞᆷ저족여보되그ᄉᆞᆯᄉᆞᆯ이거더계오ᄉᆞᆯ기국ᄅᆞᆯ추
자입을다시그밧의집기ᄉᆞᆷ의ᄒᆞᆫ자안자셔새조국

오나가이튼날ᄃᆞᄅᆞ니숑밀ᄃᆞᆯ히진중ᄒᆞ이날오쥐
랴ᄲᅧᆼ이ᄡᅡ홍ᄉᆞᆼᄀᆞᆷ이리여적장을셩ᄉᆞᆺᄒᆞ야앏세ᄅᆞ
니난나ᄒᆞ거ᄉᆞᆯ국회셩각ᄒᆞ뎌이ᄅᆞᆫ서나각쳐의잇놀
ᄅᆞᆫ셩ᄃᆡ횡혀난킈살ᄅᆞᆸ이다만나볼가ᄒᆞ여길ᄉᆞᆺ의
계웃리여나가ᄒᆞᆯᄅᆞᆫ안잣더니ᄃᆡ군이ᄌᆞᆫ지어ᄇᆞ수
히리나뒤아ᄇᆞ리ᄉᆞᆯ려보와ᄌᆞᆫ안ᄀᆞᆯ살ᄅᆞᆸ이업더라ᄌᆞᆼᄅᆞᆯ
의라ᄌᆞ와젹ᄀᆞᆯ왼ᄌᆞᆯ리치더옥셩히빗나ᄅᆞ대장리ᄌᆞᆨ을
앏세ᄅᆞ승젼ᄒᆞᆯᄅᆞᆫ악ᄋᆞᆯ젼ᄒᆞ의진중히ᄒᆞ고ᄌᆞ리히
웅외ᄉᆞᆯ대장이ᄉᆞᆸᄀᆞᆯ을갑의황ᄉᆞᆸᄌᆞᄀᆞᆯᄡᅳᄅᆞᄌᆞᆫ
말ᄅᆞᆯᄌᆞᄅᆞ리ᄃᆡ상ᄯᅢ엿강형ᄀᆞᄌᆞ뒤셩각ᄇᆞᆺ기매ᄀᆞᆯ
살ᄅᆞᆸᄋᆞᆯ알ᄅᆞ잇더니소장을ᄋᆞᆯ국휘ᄅᆞᆯ아라보ᄅᆞᆯ
ᄌᆞᆯ서더ᄒᆞᆼᄀᆞᆯ분보ᄒᆞ여왈ᄀᆞᆯ앗가길ᄀᆞ의안잣던소ᄌᆞᆼ

ᄋᆞᆯ 믈리와 ᄃᆞ리고 ᄉᆞᆨ 채 굴오ᄃᆡ ᄒᆞ ᄃᆞ속 회ᄌᆞᆼ시 안자
보뎌 안ᄂᆞ니 ᄒᆞ 나를 업ᄉᆞ니 눈이 ᄃᆞ의 ᄀᆞ쟝 신이 아ᄃᆞᆨ ᄒᆞ
아 안잣더니 ᄒᆞᆯ연 시너 근 ᄌᆞᆯ이 블ᄋᆞᆯ 가지고 와 어셔 블ᄋᆞᆯ
ᄅᆞ라 ᄒᆞ 거ᄂᆞᆯ 노ᄅᆞᆯ 라 ᄇᆞᆯ 와ᄅᆞᆯ 쉬 ㅂ ᄅᆞᆨ ᄂᆞᆺ ᄂᆞᆯ 근 ᄌᆞᆯ고 ᄌᆞᆯ 히 ᄉᆞ 쉬
니ᄅᆞᆯ 려 져 ᄒᆞᆨ 와ᄅᆞᆯ 근 ᄌᆞᆼ 이 업ᄉᆞᆨ ᄒᆞ니 잡 말ᄅᆞᆯ 못ᄒᆞ ᄂᆞ니 어
셔 블ᄋᆞᆯ ᄅᆞ라 ᄒᆞ 거ᄂᆞᆯ 회ᄋᆞᆯ 신ᄋᆞᆯ 못ᄒᆞ 여 ᄒᆞ니 ᄒᆞᆯ
ᄌᆞᆯ이 안아 나가 블게 연 저 쳐 더 밧비 가 영 ᄌᆞᆼ ᄋᆞᆯ 고 발ᄅᆞᆯ
드려 가 블게 ᄂᆞ리 와 안 아 다 가 당 밧 기 ᄂᆞᆫ 코 ᄉᆞᆨ 하 의 미 진
초쟝이 당 안ᄒᆞᆼ ᄋᆞᆯ 드려 가 압ᄒᆞᆯ 외니 소쟝근이 밧비 쟝밧
리나와 ᄒᆞᆯ 복ᄋᆞᆯ 잇 ᄀᆞᆯ 고 드려 가니 보고 쟝 ᄌᆞᆯ 고 ᄌᆞᆯ 히 서
클 니ᄅᆞᆯ 오 뎌 오 되 보기 ᄂᆞᆯ 거 외 이 아 ᄒᆡ 굴 이 되 던 니 진 지 ᄒᆡ
ᄒᆞᆯ 아기 되 나 ᄒᆞ 더 라 ᄒᆞ 회 소쟝 근 ᄋᆞᆯ 고 ᄒᆡ 아 아 ᄒᆡ 보 고

하반갑ᄃᆞ기ᄉᆞᆸᄂᆞ니 말ᄉᆞᆷ을 못ᄒᆞ고 울을 만ᄒᆞᆫ 걸ᄌᆞᆼ슬
왈하셜외마라 족다 아니 기ᄅᆞᆯ다 형히ᄒᆞ엿다 ᄒᆞ니
부인거신ᄃᆞᆯ 내아랏ᄂᆞ라 ᄒᆞ니 ᄂᆡ회하 깃브ᄃᆞ 놀과와
니셧다 벼ᄅᆡ베시ᄉᆡ ᄒᆞ더라 죽시ᄀᆞᆯ중의 ᄇᆞᆫ부ᄒᆞ 아이
아히신상의 맛게비단 건복을 밧을지오라 ᄒᆞ고 ᄀᆞᆨ
식움식을 쟝히ᄒᆞ 여먹이라 ᄒᆞ 더라 죽회 그재아졍
신을ᄎᆞᆯ혀 ᄃᆞ부보와 부친다 보ᄃᆞ 신쟝부ᄀᆞᆯ 보스ᄃᆞ
쳔부왕을 보친거신것을 어이아ᄅᆞᆨ 시ᄅᆞ니 잇ᄃᆞ 쟝ᄉᆞ 왈
ᄀᆞᆯ셧의 낯을에 쳣거ᄉᆞᆯ ᄉᆞᆯᄀᆞ션부ᄀᆞ라 ᄒᆞ니 낭ᄃᆞᆼ셔
집의양녀되아 령안이 져시다 ᄒᆞ 더라 ᄉᆞ횡ᄋᆞᆯ 오매
주셔히 ᄭᅩᆺ부텻ᄂᆞ라 녀이ᄅᆞᆯ가면 알니보오라 ᄒᆞ고 이ᄅᆞᆯ날
졍히ᄒᆞ셰ᄒᆞ라 ᄒᆞ고 비단ᄉᆡ 건복을 납히고 쳘리즈ᄅᆞᆯ마

글월뉘오ᄂᆞᆫ군즁의군ᄉᆞ상셕ᄌᆞᄂᆞᆫ낭ᄌᆞ황숨ᄇᆡᆨ낭을
ᄌᆞᄂᆞᆫ가신ᄒᆞᆯ군줄나ᄉᆞ슐녕ᄒᆞ여몬부ᄒᆞ뎌계양ᄒᆞ와
낭ᄌᆞ즁셔집을ᄎᆞ자이아길을십분편히뫼셔나가ᄂᆞᆫ
퀴ᄂᆞᆫ예셔샹ᄉᆡ일을녕이어ᄃᆡ와군ᄃᆡ가군져ᄒᆞ여오ᄅᆞᆯ곳져
죽ᄂᆞᆯᄒᆞᄂᆞᆫ녀일을ᄂᆡ게회보ᄒᆞ라ᄒᆞ신ᄃᆡ군졸이불을
ᄂᆞᆯ죽시ᄆᆞ라그날을이쳐져ᄆᆞ더니아여셔낭ᄌᆞ즁셔집을
ᄎᆞ자ᄇᆞᆫ의나ᄌᆞ타불게ᄂᆞ려ᄂᆞ려가더니녈에마ᄌᆞ려ᄇᆡᆺ
긔왓다가보ᄂᆞᆫ즘히ᄂᆞ려가일을와져오ᄃᆡ못ᄒᆞ야기오시더
이다울시상신을국히닙즁ᄒᆞ여빗브ᄂᆞᆫ거ᄅᆞᆷ안ᄋᆞ니ᄒᆞ
더니미쳐신을진니못ᄒᆞᄂᆞᆫ마조ᄂᆡᄌᆞ타조ᄅᆞᆯ히서ᄅᆞ알
화ᄒᆡᄋᆞ울며ᄆᆞᄎᆞ쥐오ᄃᆡ낭ᄌᆞ즁셔ᄇᆞᆨ뷔며상하가인
ᄃᆞᆯ히그ᄉᆞ연을모ᄅᆞ다나ᄂᆞᆯ줄ᄒᆞᆯᄒᆞ더라ᄒᆞᆯᄆᆞᄎᆞ을

잇글그즁낭의그셔오그슬줄그글ᄒᆞᆫ즉시한닥ᄒᆞ그
회당ᄒᆞ나타울ᄒᆞ졔국셔그방그즁의그셔가말ᄒᆞ호시
국회녈졍의일ᄂᆞ라져아오죠희이시며저길희셔신
그ᄒᆞᆯᄉᆞ엿라ᄌᆞ장글만난일을일희알외여호졔
탄식일을ᄒᆞᆫ편되ᄇᆞ심리아니타ᄒᆞ그ᄂᆡ리인ᄒᆞ의녈
애와낡북ᄒᆞ그늑되ᄒᆞ며즐니라가낭즁셔집외앙
녀리엿날ᄉᆞ연을일희니큭더라말을본ᄒᆞ며ᄒᆞᆯ
졔국ᄒᆞᆯ글즉셔다가낭즁셔와부인의뵈오니옹뫼
쥴ᄉᆞᄒᆞ그즁되늙ᄒᆞ블못ᄂᆡ칭찬ᄒᆞ그인ᄒᆞ야
블왈녀년아굵다온주신을보되그어이지셥을쳐
나오노고ᄉᆞ연을블녀실로낭낭ᄒᆞ다그이더말
그실졍을다니글더어다울ᄒᆞ졔그제아셜ᄒᆞᄉᆞ연

다알외ᄃᆡ즉시ᄂᆞᆫ셩경의간약ᄋᆞᆯ못ᄂᆡ외지ᄌᆞ며국
호의리듁ᄒᆞ믈칭찬보믈이ᄒᆞᄂᆞᆫ보인왈이아기얼줄
이비벗ᄒᆞᄂᆞᆫ셜경의죄상을오ᄀᆡᆫ호의나라ᄂᆡ여어
버의원슈ᄅᆞᆯ갑ᄒᆞᄂᆞᆫ긴의어이이셜아희이시되오
ᄒᆞᄂᆞᆫ즁심의공ᄉᆞ이사회사믈ᄯᅳᆺ을조ᄎᆞ엇더라국회
시여일블어주라가길ᄅᆞᆯ보아걸ᄅᆞᆯ힝낙ᄅᆞᆯ츌히
ᄂᆞᆫ낭즁셔집가인주어ᄒᆞᄂᆞᆫ를주어보낼시하닥ᄒᆞᄂᆞᆫ낭
즁셔부뵈음히ᄒᆞ당ᄒᆞ여ᄎᆞ마니멸리못ᄒᆞ여ᄒᆞ더
라ᄒᆞ옹ᄉᆞ이경셩의다ᄌᆞ라대군을탄셩의메며블ᄂᆞᆫ
약간ᄎᆞ쳔병마ᄅᆞᆯ거ᄂᆞ리ᄂᆞᆫ호부뎍을ᄭᅢ아앏세ᄂᆞᆫ뎐
호의젼승ᄒᆞ믈개갈ᄅᆞᆯ진즁케ᄒᆞᄂᆞᆫ셩즁을ᄂᆞᆫ셜오
나ᄉᆞ보되져재거되곳더라상이되신을다ᄭᅴᄒᆞ오시ᄂᆞᆫᄉᆞ

며홍국이모을쇼져와국호의말을알외니부라니
듯이너기ᄂᆞᆫ온경을을쇼져의상과시부ᄅᆞᆯ즈ᄂᆞᆫ갓브믈
한졸구터너기며국회계ᄂᆞᆫ시초자보ᄂᆞᆫ일졸을나홍국
의운덕이라ᄒᆞ고ᄂᆞᆫ못ᄂᆡ상례ᄒᆞ더라마조족이벼슬을
졸ᄂᆞᆫᄂᆞᆫ향을ᄂᆞᆫ라올셔홍국이나라희근친경ᄉᆞᄒᆞ
ᄂᆞᆫ조부ᄂᆞᆫ조차졀강을ᄂᆞᆫ라올셔조부ᄂᆞᆫ씌와ᄂᆞᆫ친
라외조ᄂᆞᆫ씌뵈오니대되깃거날오직근연어셔올조력
올잡아과궁을일오ᄂᆞᆫ벼슬을놉히ᄒᆞ니근연경
셔어려이지되ᄒᆞᄂᆞᆫ못ᄂᆡ인ᄉᆞᄒᆞ더라올경이근친ᄒᆞ여
지이다알외ᄂᆞᆫ향을노셔와ᄂᆞᆫ부인씌뵈옵ᄂᆞᆫ올부
인의말ᄉᆞᆷ을ᄒᆞ올셔ᄂᆞᆫ부인왈홍국의말을ᄂᆞᆫ졸
나울시조졸히갓ᄂᆞᆫ국호ᄂᆞᆫ초자보라ᄒᆞ니이다홍국의

송국을인견ᄒᆞ사닐오사ᄃᆡ경이션조장을ᄀᆞᆫ
조젹을셩금ᄒᆞ야나라ᄒᆞᆯ평안히ᄒᆞᄂᆞᆫ공을일
오니ᄂᆡ이극히아ᄅᆞᆷ다이너기노라금은쳐단을상ᄉᆞ
ᄒᆞ시고ᄉᆞ시예마조죡이퇴조ᄒᆞ야며술구라여ᄋᆡ졔조
ᄇᆞ텨예ᄃᆡ조죡을ᄒᆞ이시고신하등의술잔을이마
시의아ᄃᆞᆯ을ᄇᆞᆯ와가빠ᄉᆞᆰ을조아승젼ᄒᆞᆫ죨을
상달ᄒᆞ온ᄃᆡ상이더옥긔특이너기사칭찬불이ᄒᆞ
시고마시ᄆᆞᆯ안국부부인을봉ᄒᆞ시고온경을벼슬
ᄌᆞ와병부상셔ᄅᆞᆯᄒᆞ이시고총경을좌시랑을
ᄒᆞ이시고호ᄆᆞ뎍을ᄂᆡ여다기머리ᄅᆞᆯ버혀군문의조
고졔슌을각각상ᄉᆞᄒᆞ시고라병ᄒᆞ다송국이ᄇᆞᆯ러
와마조죡다부친형뎨긔뵈오니못내반갑고깃거ᄒᆞ

힘이다기ᄉᆞᆸ브ᄯᅳᆯ어이뎡ᄒᆞ리오ᄒᆞ고ᄉᆞ상셰왈오리네
쳐ᄅᆞᆯᄌᆞ이ᄌᆞ녀다가보고져ᄒᆞ노라온경왈보ᄉᆞ어시어
려오리잇고ᄒᆞᆫ대ᄌᆞ일이못ᄒᆞ야ᄌᆞ회제ᄂᆞᆫ시ᄅᆞᆯ보
고와ᄉᆞ거ᄅᆞᆯ올경이보ᄂᆞᆫ께ᄒᆞᆯ오려이제야ᄌᆞ호ᄅᆞᆯ인
마ᄎᆞᆯ혀ᄌᆞ어가셔제ᄆᆞᆯᄅᆞᆯᄌᆞ녀오라ᄒᆞ사이다ᄒᆞ고집
여일니난후의인마반뎡을일ᄌᆞ히ᄎᆞᆯ혀ᄌᆞ호ᄅᆞᆯ
ᄌᆞᄅᆞᆯ낭듕셔짐을ᄅᆞᆯ보내여ᄂᆞᆫ친을ᄌᆞ녀오라ᄒᆞ니ᄌᆞ
회길나여ᄃᆡ날만의낭듕셔짐의날ᄅᆞ녀고ᄌᆞ녀가을
ᄎᆞ셔와낭듕셔무뢰거ᄅᆞᆨ이반거ᄒᆞ나을ᄎᆞ제왈
날을영졀ᄒᆞ여보녀시니어녀ᄂᆞᄎᆞᄅᆞᆯᄌᆞᄅᆞᆯ가리오ᄒᆞ
고졀ᄅᆞᆫᄒᆞ야갈ᄯᅳᆺ이업ᄉᆞ니ᄌᆞ회올며보채다가못
ᄒᆞ여ᄌᆞ회ᄒᆞᄅᆞᆯ쳬업셔ᄌᆞᄅᆞᆯ졀강을와고ᄇᆞᄂᆞᆫ쐬

와보친쇠알외니소상셔보와온경이날혀여울
ᄒᆞ져오기ᄅᆞᆯ기ᄃᆞᆯ다가셥셥결연ᄒᆞ여ᄒᆞ더니소
상셰왈이사ᄅᆞᆷ이주식만보ᄂᆡ여ᄂᆞᆯᄒᆞᆫ연히울길
히업ᄉᆞ니온경ᄃᆞ려네가친히ᄃᆞ려오라ᄒᆞ셔ᄂᆞᆯ온경
이ᄒᆡᆼ니ᄅᆞᆯᄎᆞᆯ혀발ᄒᆡᆼᄒᆞ여낭ᄌᆞᆼ셔집으로와보
니그ᄅᆞᆯ화각이주옥이ᄀᆞ득ᄒᆞᆫ을년ᄒᆞ여엿ᄌᆞ녹수청
홍이라오졀ᄒᆞ의ᄃᆞᆯ렷ᄌᆞ와히옥벽ᄒᆞ여경ᄎᆡ비
상ᄒᆞ여인간이아닌듯ᄒᆞ더라블의ᄃᆞ러가니외당셔너
간을ᄒᆞ쇄히지엇ᄌᆞ졀ᄒᆞ의벽ᄌᆞ홍힝라고화이쇄
난만ᄒᆞ엿ᄌᆞ오매부키ᄅᆞᆯ일외시며비목ᄉᆞ벽의
니ᄂᆞᆫ변화부리셩ᄒᆞᆯ집이더라가중이ᄃᆞ려가빗니
소상셔와저시다보ᄒᆞ니일ᄀᆡᄂᆞᆯ라이너저낭ᄌᆞᆼ셰족

시의관을 졍졔히 ᄒᆞ고 나오니 종안 벽발이 쳔ᄌᆞᆼ
도ᄅᆞᆯ 굿고 장관ᄒᆞᆫ 대로ᄒᆞᆯ 당재라 ᄉᆞ상셔ᄅᆞᆯ 마자
인ᄒᆞ야 여녀쳥의 올라 셔ᄀᆞᆨ 읍ᄒᆞ고 안ᄌᆞ니 ᄉᆞ상셰의
옹ᄆᆡ국히 단아ᄒᆞ고 과죄ᄂᆞᆫᄒᆞ니 낭즁 셰싊즁의
탄복ᄒᆞ더라 낭즁 셰ᄇᆞᆯ져 날오ᄃᆡ 셩화ᄅᆞᆯ 낙게ᄒᆞ더
시나 셔ᄀᆞᆨ 일ᄌᆞᆨ 만나니 못ᄒᆞ여ᄉᆞ더니 의외예 셩개 졔상의
왕님ᄒᆞ야 싱니 봉킬의 빗치 나ᄂᆞ이다 ᄉᆞ상셰 ᄇᆞᆰ음을 ᄒᆞᆸ
혀 즁경ᄒᆞ야 죄ᄋᆞᆯ 더ᄒᆞᆸ고 옹셜ᄒᆞᆯ ᄇᆞᆰ이 이ᄅᆡ와 ᄇᆡ
옵기만 참괴ᄒᆞ오나 일ᄌᆞᆨ 망극ᄒᆞ온 덕을 ᄇᆞᆰᄉᆞ
와 존ᄌᆞ 칭사ᄒᆞ고 비ᄅᆞᆯ ᄌᆞᆨ 쳔쳡ᄅᆞᆯ ᄎᆞ즈되 외ᄂᆞ이다 즁
셰 겸양ᄋᆞᆯ 니ᄇᆞ며 은덕 기리미 이시되 오상셰ᄋᆞᆯ 졍
질이 ᄇᆞᆯ명ᄒᆞ고 오ᄇᆞᆯ의 ᄒᆞ물ᄒᆞ야 보벽상 나ᄒᆞ여

ᄒᆞᆸ더니 금ᄒᆞᆯ 사ᄅᆞᆷ을 구졔ᄒᆞ야 사라내시ᄂᆞᆫ인ᄒᆞ여
각별ᄒᆞᆫ 양ᄒᆞ 사술하의 평안이 주어져시다 ᄒᆞ니 일
ᄲᅮᆨ글ᄲᅧ의 ᄉᆞᆯᄒᆞ글로 퇴ᄒᆞᆫ이다 엇디 갑사리 아니리오 ᄌᆞᆼ
셰월이 더ᄒᆞ 미나 오리다 연분이 갊ᄒᆞᆫ ᄌᆞᆯ 주연금
ᄒᆞ 던가ᄒᆞ ᄂᆞ니 이왕ᄒᆞ 단ᄌᆞᄂᆞᆫ 괘렴티 말니어다
ᄒᆞᄂᆞᆫ 즉시 날에 ᄂᆞᆯ을 불러 날오ᄃᆡ 네ᄂᆞ야 와져신 ᄌᆞ을 울불
랏ᄂᆞ 나네 초졀ᄅᆞᆯ 어셔 나오라 연ᄒᆞ니 날애 ᄃᆞ려 가나가솔
오ᄃᆡ ᄎᆞ졔 아ᄂᆞᄃᆡ 감ᄒᆞ도 아니시ᄂᆞᆫ 눈믈만 ᄒᆞᆯ리시ᄂᆞᆫ 눈믈만
ᄒᆞᆯ리시ᄂᆞᆫ 방ᄇᆞᆫ을 구디 가ᄅᆞ시ᄅᆞᆷ을 ᄌᆞᆼ티 못ᄒᆞ 게ᄒᆞ
시더이다 ᄌᆞᆼ 세상 셜ᄅᆞᆷ 건네미더 보며 셜ᄂᆞᆨ 우울 ᄭᅩᆺᄭᅩᆺ
이러라 일변 울ᄌᆞᆨ 찬울 각별이 졍히ᄀᆞ 초와 연셕을
긴셜ᄒᆞ 여상 셜ᄅᆞᆷ 국ᄃᆡᄒᆞ ᄂᆞᆫᄌᆞᆼ셔부 인이 날오ᄃᆡ 울

실ᄅᆞᆯ 잃의 ᄌᆞ식을 ᄉᆞᆷ 여시니 ᄂᆞ 상셔 노긋 오되 너 쇄와
이제 너 셔ᄅᆞᆯ 밧고ᄅᆞᆯ 귀졈ᄒᆞ 미 어이가 ᄒᆞ되 오ᄒᆞ ᄂᆞ 부인
이나 안ᄌᆞ시고 상셔ᄅᆞᆯ ᄃᆞ려오ᄂᆞᆫ셔 ᄒᆞ니 상셰 ᄃᆞ려가 ᄆᆡ
ᄒᆞᄂᆞ 머리ᄅᆞᆯ ᄃᆞ되 못ᄒᆞ 더라 부인 왈 쳔킈 원노의 국
ᄒᆞᆯ졍ᄋᆞᆯ 알와 겨실가 오되ᄅᆞᆯ 알 시ᄅᆞᆯ 어ᄃᆞ매 ᄯᅥ 너 되야
운졍이 깁허시니 상셰 오되 향ᄒᆞ 야 어ᄃᆡ 위 말라 ᄒᆞᄂᆞ
낭ᄃᆞᆼ셔 보뷔 ᄉᆞ랑ᄒᆞ오와 ᄒᆞ 놀졍이 부ᄀᆞᆼᄒᆞ 더라 부인
이울ᄒᆞ져 방ᄃᆞᆼ의 ᄃᆞ려가시니 ᄒᆞ졔ᄀᆞᆺ 울부ᄅᆞᆸᄂᆞᆫ
잇다가 부인 ᄂᆞ려ᄅᆞᆯ ᄃᆞᆺᄂᆞ니 안거ᄅᆞᆯ 기우ᄒᆞ 여날오
뒤상셔ᄅᆞᆯ 어이나 보되 앙연ᄒᆞ 놀나 졀일을 ᄋᆡ 비로ᄉᆞ 구ᄅᆞᆨ미
이시나 너져지 아비뎌 졉 놀ᄂᆞ되 구더러 앙연ᄒᆞᄂᆞ ᄒᆞ 불며ᄃᆞ
젹이라 ᄃᆞ 향부ᄒᆞ 면 용사ᄒᆞ 날일이 잇거ᄃᆞᆫ 보보지간

이적나 ᄃᆡ신의 살ᄒᆞᆷ이 브ᄅᆞᆺᄒᆞ야 ᄌᆞ라 가면 네에가 ᄒᆞ랴
상셔ᄅᆞᆯ ᄃᆞ려 보ᄉᆞᆯ거시니 청ᄉᆞᆷ ᄌᆞ브 쾌히 말라 ᄒᆞ시며
킈ᄅᆞᆯ ᄉᆞᆨ이ᄂᆞᆫ 아ᄆᆞᆺ 말도 아니ᄒᆞ더라 이날 밤의 상셔ᄅᆞᆯ
청ᄒᆞ여 ᄃᆞ려 보내니라 상셰 ᄉᆞ양ᄒᆞᆯ 일이 업ᄉᆞ ᄆᆡᄒᆞᆫ
연히 ᄃᆞ려 가보니 방즁이 심ᄇᆞᆫ 정쇄ᄒᆞ고 광다화
병을 ᄃᆞᄅᆞ고 옥상 금침이 빗나며 향긔 어릐엿더라
상셰 ᄃᆞ려 안ᄌᆞ니 울 쵸졔ᄂᆞᆫ 엇기ᄅᆞᆯ 네 조의 브ᄅᆞᆯ 가ᄒᆞ매
가 양ᄒᆞ야 니러 안자 긔운을 식식이 ᄒᆞ고 말ᄉᆞᆷ을
줄 져ᄌᆞᆯ히 ᄒᆞ여 왈 더ᄂᆞᆫ ᄇᆞᆷ을 졀 일의 ᄌᆞᆨ게 ᄂᆡ리
시고 울ᄒᆞᆯ 와 ᄎᆞ자 시ᄇᆞᆫ 엇니 이ᄉᆞᆫ ᄇᆞᆫᄃᆞᆫ ᄌᆞᄉᆞᆷ이 ᄌᆞᆨ 긔ᄆᆞᆺ
ᄒᆞ여 머리ᄅᆞᆯ ᄃᆞ려 이러 뵈옵기 ᄒᆞᆯ ᄒᆞ여 이다 상셰 ᄃᆡ왈
ᄂᆡ 부인은 쳥텬 ᄇᆡᆨ일ᄀᆞ치 ᄃᆡ려 여시니 엇지 ᄎᆞᆷ괴ᄒᆞ미 잇시

킈오ᄆᆡ그젹의ᄒᆞᆫ앏ᄇᆞᆯ명ᄒᆞ며오ᄇᆞᆯ의간ᄭᅨ예ᄉᆞᆷ아
현덕ᄒᆞᆫ신부인을박ᄃᆡᄒᆞᄂᆞ니의부상ᄒᆞᆯ지라진
실로난연ᄒᆞᆫᄇᆞᆯ이ᄀᆡ다못ᄒᆞ며이제아ᄆᆞ리ᄒᆞᆫ회ᄒᆞ
나리난허ᄇᆞᆯ어이시ᄒᆞ리잇ᄀᆞ착ᄒᆞᆫ이졸이라조오ᄇᆞᆯ의
게혹ᄒᆞ여죄ᄉᆞᆨ망신ᄒᆞ니ᄒᆞᆫᄌᆞᆯ쉬앙니부인이ᄉᆞ
길ᄒᆞᆯ너비알고니앙니알ᄂᆞᆫ시랑잇가ᄆᆡ일을하허ᄇᆞᆯ
상니말ᄅᆞ이왕ᄉᆞᄒᆞᆯ가니ᄀᆞᄒᆞ셔ᄒᆞᆫᄃᆞ인ᄒᆞ여밝을ᄒᆞᆯ
가질ᄅᆞ니ᄂᆡ다ᄒᆞ어ᄃᆞᆯ니난ᄒᆞ의상쳬ᄒᆞ라가ᄇᆞᆯ부아
노니라낭ᄌᆞᆼ셔와부인이상져로더브러졀연ᄒᆞ며
ᄌᆞᆯ기며상셔ᄀᆞ녀날오ᄃᆡ오니ᄂᆞᆫᄀᆞ셔ᄒᆞᆫ논말이이시되
어이너기실ᄂᆞᆫ저ᄒᆞᄂᆞ이다쥐왈이ᄌᆡᆫ옹져지간이라
어녀외못ᄒᆞᆫ실말이어이이시랑잇ᄀᆞ낭ᄌᆞᆼ셰왈오리

늙게야미쳔ᄒᆞᆫᄌᆞ식ᄒᆞ나희잇더니울시내집의온후
굴ᄌᆞ되ᄅᆞᄒᆡᆼ실을조조ᄒᆞᄂᆞᆫ니다울시ᄭᅴ잃의룽ᄒᆞ엿
거니와국혼의인물이하거룩ᄒᆞ여ᄉᆞ랑ᄒᆞ오니방
울일오ᄌᆞ셔ᄒᆞᄂᆞ니상셔ᄯᅩ져엇거너기시ᄅᆞ상셰빈
사ᄅᆞᆷ알안부미잃의졔어미ᄅᆞᆯ살와내시ᄅᆞᄯᅩ진ᄌᆞ외조
ᄒᆞ블일오셔ᄒᆞ시니은혁조망극ᄒᆞᄅᆞ죽ᄉᆞᆯ현연으
굴이셔ᄒᆞ킹잇가진실굴보라밧기굴ᄒᆞ이라ᄒᆞ니둥
셔보뵈대희ᄒᆞ더라상셰나와울모인ᄭᅴ의논왈내이
신졔빙미ᄅᆞᆯᄒᆡᆼᄒᆞᄅᆞ내ᄌᆞ다가국혼ᄅᆞᆯ주시보ᄲᅳᆯ거
시니보인이아ᄅᆞ셩ᄒᆞ온ᄒᆞ여ᄌᆞ되ᄅᆞ오ᄒᆞ셔ᄒᆞ더라울시
이ᄯᅩᄅᆞᆯᄅᆞᆼ셔ᄭᅴᄒᆞ오니대희ᄒᆞ여주시길일을튁ᄒᆞ
여빙미ᄅᆞᆯᄒᆡᆼᄒᆞᆯ셔울호져ᄭᅴ셩셰예보뵈오보ᄂᆞᆼ차

일쌍이잇더니ᄀᆞᆯ로빙부ᄅᆞᆯ사마ᄲᅵᄅᆞᆯ힝ᄒᆞᄂᆞ상
쇠이ᄃᆞᆫ날길나절강을ᄌᆞ라와보고ᄭᅴ뵈옵ᄂᆞ이
꼿을알외니기거왈ᄅᆞᆯ니낭ᄃᆞ중쳔ᄂᆞᆯ구히어딘사
ᄅᆞᆷ이다션인ᄒᆞ면아니로ᄒᆞ다ᄒᆞ더라상쇠즉시ᄒᆞᆫ
숙제ᄂᆞᆫᄅᆞᆯ일ᄏᆞ히ᄌᆞᆯ쳐국ᄒᆞ고ᄅᆞᆯᄂᆞ외와보내니국회
길나여러날만의낭ᄃᆞ중쳐집의나ᄅᆞ러ᄃᆞ려가니ᄯᅢ되
반길졍이부ᄌᆞᆫᄒᆞ더라즉시튁일ᄒᆞ야혼례ᄀᆞᄌᆞ
ᄅᆞᆯ리ᄃᆞ록이ᄀᆞ초와셩혼ᄒᆞ니국희ᄂᆞᆫ년이십오세
오ᄂᆞᆯ쳐ᄂᆞᆫ십ᄉᆞ세라옹부와ᄂᆞ롱쳐리ᄃᆞᆺᄒᆞ니ᄂᆞᆫ니친쳑
다ᄒᆞ여다빙리이다칭찬왈인간사ᄅᆞᆷ이아녀션녀와현
션이ᄂᆞ려왓다ᄒᆞ더라국희오ᄂᆞᆯ이일거난후의ᄌᆞᆯ오려
부친이셩혼ᄒᆞ온의즉시오라ᄒᆞ여ᄭᅥ지니갈ᄂᆞᆫ이다

ᄒᆞᄃᆡ 힝ᄒᆞ여 ᄯᅳᆫ친라 낭ᄌᆞ 져ᄀᆞᆯ ᄌᆞᄃᆡᄃᆞ 오ᄃᆡ ᄒᆞᆯ서
낭ᄌᆞᆼ 서보 뫼ᄂᆞᆫ 물니ᄃᆞ 슬허 일나 ᄲᅡ려 가니 오리ᄂᆞᆯ
울의지 ᄒᆞ리 온 오리ᄌᆞᄌᆞ 차가리라 ᄒᆞᄃᆞ ᄉᆞ 삼아일ᄅᆞᆯ 굽굽
히 ᄭᅳᆫ져 살ᄅᆞᆷ을 본 내여 이 ᄯᅳᄃᆞᆯ ᄀᆡᄲᆞᆯᄒᆞᄃᆞ 낭ᄌᆞᆼ 서
거뎌 ᄒᆞ올 집을 미리 어더ᄃᆞ 다 ᄒᆞᄃᆞ 죵 셰ᄇᆞᆫ 보ᄒᆞ여리
힝ᄋᆞᆯ 굽굽히 ᄒᆞᄂᆞ가 ᄉᆞᄀᆞᆯ 쇠리ᄒᆞ여 노복을 받을
노화 집을 낙ᄒᆡ며 경ᄐᆡᆨ을 나ᄉᆞ리다 ᄒᆞᄂᆞ 이 밧ᄭᅴ가
장져화와 허다 비복을 나ᄀᆞ리ᄂᆞ 울ᄌᆞ져와 ᄉᆞ호부
쇠ᄀᆞᆯ ᄌᆞ리ᄂᆞ 길 나니 위의 거륵ᄒᆞ 더라 ᄉᆞ상 셰이 ᄀᆡᄲᆞᆯ
울 안ᄂᆞᆫ 내 회ᄒᆞ여 죽시 집을 쇠의 ᄀᆡ ᄀᆞᆯ ᄉᆞ서 국진이
숙쇄ᄒᆞ 며조ᄂᆞ기 ᄌᆞ리려니 ᄌᆞᆼ 서 힝쳐 나ᄌᆞᄅᆞᄂᆞ 상셰 심
니외 베마 ᄌᆞ나와 ᄇᆞ다 서ᄅᆞᆨ 만나 반기며 ᄌᆞᆼ 셔ᄅᆞᆯ 살 집을

가ᄂᆞ 집이 당활ᄒᆞᄅᆞ 회져ᄒᆞ미 졀집의셔 ᄃᆞᄒᆞᄂᆞ 짓거
ᄒᆞ며 울부인이 낭ᄌᆞ 졀ᄅᆞᆯ ᄌᆞ니ᄅᆞ 샹셔 집을 와부
므ᄭᅴ 뵈옵ᄂᆞ 부ᄭᅴ 깃브믈이 ᄀᆞ되 못ᄒᆞ여 날오ᄃᆡ 나ᄂᆞᆫ
허믈을 나대그리 말ᄅᆞ 존굴혀 변화외복ᄒᆞ여시니이
런 경셔어ᄃᆡ이시되ᄒᆞ며 낭ᄌᆞ져ᄅᆞᆯ 보매 하현ᄉᆞᄒᆞ
니 칭찬 부믈이ᄒᆞᄅᆞ 므ᄅᆞ즁 셩ᄅᆞᆯ라 가ᄅᆞ즁 ᄃᆡᄌᆞ 비복이
울부 인울 보ᄅᆞ 앙ᄂᆞ 반기며 깃거ᄒᆞ되 업ᄅᆞ 소샹쇄부
뷔 낭ᄌᆞ즁셔 와부 인을 가보ᄅᆞ 울ᄌᆞ져 살와 벋을 덕
울 쳘 만치사ᄒᆞ 더라 울부인이 세 일 업샹 셔리 벌
울ᄃᆞᆺ니 못ᄒᆞ여 셜워ᄒᆞ ᄂᆞᆯ니라 ᄉᆞ 샹쇄ᄀᆞᄒᆞ여 ᄂᆞᆯᄯᆞᆺ
울 먹 엇더니 임쇄의 샹이 샹셔ᄅᆞᆯ ᄎᆡ부 벼ᄉᆞᆯ의 ᄌᆞᆼ시
ᄅᆞ 부ᄅᆞᆷ니 샹쇄 밧비 경셩을 와 사은ᄒᆞ니 ᄎᆡ부 ᄂᆞᆯ 나라

희ᄀᆡ장존듕ᄒᆞᆫ벼ᄉᆞᆯ이라조뎡이극히츅조ᄒᆞᄃᆡ
쳔이ᄂᆞᆼ듕ᄒᆞ며듕경이병부샹셔를젼셰듕ᄒᆞᄃᆡ
ᄉᆞ공극이시랑샹장슈대조죡을은총이극ᄒᆞ
ᄃᆞ마현졍이벼ᄉᆞᆯ이졈졈놉하간의태우를ᄒᆞ엿ᄂᆞᆫ
니라이ᄯᆡ를타소태뷔ᄯᆞᄅᆞᆫ사ᄅᆞᆷ다듕심합녁ᄒᆞ야
녕샹셔를샹갈인원ᄒᆞ니샹이즉시방셕ᄒᆞ시ᄃᆡ
젹블ᄒᆞ엿던거ᄉᆞᆯ나조ᄅᆞᆯ주시니울부인이기별을
이라니못ᄒᆞ여태부ᄭᅴ와ᄯᆞᄅᆞᆫ사ᄅᆞᆷᄃᆞᆯ의게만만치사
ᄒᆞᄃᆞ즉시인마반젼을출혀극호ᄅᆞᆯ보내여길나
가셔녕샹셔를뫼셔오라ᄒᆞ니셔츅ᄶᅡ히셕ᄃᆞᆯ길히
라계우극ᄃᆞ날ᄒᆞ야녕샹셔와부인ᄭᅴ뵈ᄃᆞ뎐은이망
극ᄒᆞ블ᄉᆞᆯ오니한ᄅᆞᆯ터깃거ᄒᆞ며극호ᄅᆞᆯ보ᄃᆞ올

부인부롯심부ᄅᆞᆷ받기더라즉시ᄎᆞᆯ혀회당ᄒᆞ여칠
삭만의절강의ᄌᆞ라와맛집을ᄌᆞ라와보니ᄎᆡ뫼미
키전ᄂᆡᄅᆞᆯ평걸히ᄯᅥᆨ미ᄅᆞ노비친척가저잡불을네
ᄯᆞᆯ을다ᄎᆞ자뒤호ᄒᆞ여엿노니라부쳬쳐부뫼만부갓사
ᄒᆞ야ᄒᆞ며울부인을만나보매엇ᄌᆞᆨ즈은사ᄅᆞᆷ만
낭ᄃᆡ곳ᄌᆞᄉᆞ랑ᄒᆞᆷ을은평이네ᄀᆞᄒᆞ더라녀상뵈ᄃᆞᄌᆞ자사
ᄅᆞᆷ의신ᄉᆞᄒᆞ여ᄌᆞ라오게ᄒᆞᆫ은혜ᄅᆞᆯ갑ᄂᆞᆫᄉᆞᄒᆞ여ᄂᆡ
연기당ᄒᆞᄅᆞ소상쳐부부와마ᄌᆞᆨ일ᄀᆞᄅᆞᆯ나청ᄒᆞ여
인간긴미셩찬을거ᄅᆞᆨ이셩히ᄒᆞᄅᆞ각셕ᄒᆞᆼ누ᄅᆞᆯᄀᆞ
ᄒᆞ와삼일을잔쳐ᄒᆞ며부라휘쳐살와별은혜ᄅᆞᆯ갓
ᄂᆡ인ᄉᆞᄒᆞ더라울부인이뒷블밧노리ᄅᆞ적의게ᄌᆞ으
블ᄅᆞᆺᄅᆞ오ᄅᆞᆯ며와ᄅᆞᆯ날ᄅᆞᆯᄒᆞ아위게히ᄌᆞᆨᄌᆞ라ᄒᆞᄅᆞ태

부뫼ᄉᆞᆯ오ᄃᆡ 냥경이ᄌᆞ젼ᄋᆞᆯ부쵹ᄒᆞ야 날ᄋᆞᆯ주
이셔ᄒᆞ 나가ᄂᆞᄅᆞᆯ주여셔ᄇᆞᆯ상ᄒᆞ 여라ᄒᆞᄂᆞ그ᄌᆞ식
ᄋᆞᆯᄎᆞ자ᄒᆞᆨ히고ᄇᆞᆯ주어ᄉᆞ시의졔ᄅᆞᆯ주진이ᄒᆞ라ᄒᆞ
ᄂᆞ졔ᄇᆞᆯᄋᆞᆯ구ᄎᆞᆫ와별애ᄅᆞᆯ보내 여그부ᄃᆡ의가졔ᄒᆞ
라ᄒᆞᄂᆞᆫᄌᆞᆨ홀노ᄂᆞᆫ즁즁의ᄂᆞᆫ즁청ᄋᆞᆯ낫니아ᄂᆞ그신ᄃᆡᄅᆞᆯ
ᄎᆞ자올뎐ᄒᆞ 아다가집ᄉᆞᆫ쳐의염장ᄒᆞᄂᆞ니쳐주ᄅᆞᆯ
ᄎᆞ자뎐길ᄅᆞᆯ만히주어편히살며졔ᄉᆞᄅᆞᆯ굿지아니ᄒᆡ
ᄒᆞ며별애ᄅᆞᆯ즁이즁타ᄒᆞ 여어딘셔방어더셩ᄒᆞᆫᄒᆞ
여집다져산ᄋᆞᆯ구ᄎᆞᆫ주어집거ᄒᆡ져편히살기ᄒᆞ니별
애갑젹ᄒᆞ 여ᄒᆞ 더라ᄋᆞᆯ부인이ᄉᆞᆯᄒᆡ부뫼ᄉᆞᆯ와친부
부ᄅᆞᆯ편보ᄒᆞ 여졀강길길ᄅᆞᆯ틱ᄒᆞ 아안장ᄒᆞᄂᆞ비
부ᄋᆞᆯ여셔ᄉᆞᆯ경ᄒᆞ 여ᄉᆞᆨ보ᄒᆞ 게ᄒᆞᄂᆞᄉᆞ시졔ᄉᆞᄅᆞᆯ친

히니내ᄂᆞᆫ호ᄂᆞᆫ태다습데놉히ᄒᆞ야화직의ᄂᆞᆫ양ᄒᆞ
노영화ᄅᆞᆯ보ᄂᆞᆫ울보인이ᄯᅩᆯ낭ᄌᆞ일월너ᄅᆞᆯ나ᄅᆞ고집
양보ᄅᆞᆨ쥴ᄅᆞᆯ갓가이ᄲᅧ서ᄅᆞᆨ진봉양ᄒᆞ며ᄯᅥ처보와곰슬
중낙이졀일을의셔빈ᄒᆞᄂᆞᆫ마ᄋᆞᆷ젼ᄂᆞᆫ안ᄅᆞᆨ보ᄅᆞᆨ인되
아나다히쥐졉ᄒᆞ야노은ᄅᆞᆼ이ᄅᆞᆨᄒᆞ야여ᄉᆞ굽ᄒᆞ야지ᄉᆞᆯ니블
이년칵ᄒᆞ야엿ᄂᆞᆫ고아ᄅᆞᆯ이ᄃᆡᄌᆞᄅᆞᆨ의영양ᄒᆞ야블넙어ᄂᆞ
킈ᄂᆞᆫ보ᄅᆞ지간의서록졍ᄃᆞᆼᄒᆞ미비ᄒᆞᆯ젹업ᄉᆞᆯ니ᄯᅡ마현
졂이ᄆᆞᆫ친의니ᄅᆞᆨᄒᆞᆯ계ᄌᆞ와졂ᄉᆞᆯ이신ᄭᆞᄒᆞ블ᄲᅵ양
탄복ᄒᆞ야여ᄆᆞᆨᄒᆞᆫ저ᄅᆞᆯ빙ᄀᆞ라ᄒᆞ서셜뫼던일을ᄲᅵ양
니ᄅᆞᄃᆞᄆᆞᆺ다져ᄒᆞᆫᄃᆞᆼ니ᄃᆞᆼ졍ᄌᆞ알ᄃᆞᄆᆞᆺ내오ᄉᆞ더다마ᄒᆞᆫ졔
ᄯᅩᆫ일ᄋᆞᆯᄌᆞ일ᄋᆞᆫ년ᄅᆞᆯ나하ᄌᆞᄉᆞᆯ이만년ᄒᆞ야영화ᄅᆞᆯᄂᆞ리
니ᄉᆞ상셔보ᄅᆞ와마ᄌᆞᄅᆞᆨ부쇄ᄉᆞ황ᄒᆞ야ᄂᆞᆯ졍이ᄇᆞᄒᆞ야

ᄃᆞ졔ᄀᆞᆫ변셩ᄒᆞ여일졀우명ᄒᆞ니아니리로이너기되
업더니ᄇᆞᆯ의ᄉᆞ자ᄅᆞᆷ이어실면내죵내복누이겹졀
ᄒᆞ여영화ᄅᆞᆯ누리ᄃᆞ간악ᄒᆞ야ᄉᆞᆯᄅᆞᆷ을ᄃᆞ해ᄒᆞ면지앙
이죵ᄒᆞ여ᄉᆞᆯ옷죽ᄂᆞᆫ거지질염ᄒᆞᆯ편되라엇니인젹
울ᄒᆞ시오이죵의가ᄉᆞᄅᆞᆷ을일죠잇ᄃᆞ비감ᄒᆞᆯ일
ᄃᆞ말ᄒᆞᄆᆞᆯ이리리ᄅᆞᆨᄒᆞ여일ᄒᆞᆷ을。비ᄉᆞ리라ᄒᆞᄂᆞ니
라

資料

折花奇談

비쇼긔

日本 東洋文庫本 古典小說解題

인쇄일 초판 1쇄 1994년 09월 15일
2쇄 2015년 02월 20일
발행일 초판 1쇄 1994년 09월 25일
2쇄 2015년 02월 23일

지은이 정 양 완
발행인 정 찬 용
발행처 국학자료원
등록일 1987.12.21, 제17-270호

서울시 강동구 성내동 447-11 현영빌딩 2층
Tel : 442-4623~4 Fax : 442-4625
www. kookhak.co.kr
E- mail : kookhak2001@hanmail.net
ISBN 978-89-85465-31-1 *03800
가 격 9,000원